＜ゼミナール＞
日本のマス・メディア

第3版

春原昭彦・武市英雄[編]

mass media

日本評論社

第3版　はしがき

　2004年に刊行した第2版で、マス・コミュニケーション論の教科書執筆は最後になると思っていたが、2014年の年末に日本評論社の岡さんから第3版のお話をいただいた。喜んでお引き受けしたものの、いざ取り掛かってみると、この間のメディア環境の目まぐるしい変化に愕然とした。またこのブランクを取り戻すことが並大抵のことではないことにも気づいたものの、結局はかなりの部分を書き換えることになった。脱稿まで、根気強くお付き合いくださった岡さんには、感謝の気持ちで一杯である。

　今回の改訂版では長谷川と鈴木雄雅先生の担当部分のみ内容を刷新し、武市英雄先生と春原昭彦先生（おふたりとも上智大学名誉教授）に初版時にご執筆いただいた部分はそのままの形で掲載することとした。おふたりにはこの場をお借りしてマスコミ研究者としての長年の御貢献に感謝の気持ちと敬意を記したい。

　気が付いたら大学の教壇を去るまでの時間よりも、これまでの時間の方がはるかに長くなり、すでにもう自身の最終講義の日までのカウントダウンは始まっている。自分のようなものに機会が与えられ、今日まで無事にマス・コミュニケーション論の講義を続けられたことだけでもありがたいことだと思う。毎年新しい顔と出会い、半期の講義を通じて日本のマス・メディアについて一緒に考えてきた日々の集大成になればと思ったが、まだまだ伝えておきたいことがたくさんあるような気がしている。

　東日本大震災と福島の原子力発電所の事故、特定機密保護法案や安保法案、2020年東京オリンピック招致など、日々、様ざまな動きを伝える日本のマス・メディアはどうだったのだろうか？　家にテレビが初めてやってきた日をかすかに記憶し、テレビとともに歩んだ世代でもある筆者は、60年安保デモの中継も、アジア初のオリンピックの聖火が今はなき国立競技場で点火

された瞬間も、ビートルズの日本公演も、アポロ11号の月面着陸も、ブラウン管を通して見守ってきた。走馬灯を眺めているかのように様ざまな記憶をたどりながら、研究室や寓居にある書物や資料をもう一度読み返すことが出来て、2017年度からは生まれ変わって教壇に戻って行けるような気がしている。

　この教科書を使って大学で講義を受ける学生さんたちそれぞれが、マス・メディア研究が、奥の深い広がりを持つ学問であることを理解し、日常生活においても、以前だったら見過ごしてきたようなことに気付くことが、実はとても楽しいことなのだと感じられるようになっていただければと願っている。

2015年クリスマス・イブを目前に

長谷川倫子

はじめに

　情報化社会とか高度情報化社会といわれてから久しいが、今日の日本において、マス・メディアを媒介としたコミュニケーション活動を除いて社会の特徴を説明することはほとんど不可能であろう。人は朝起きてから夜寝る直前まで何らかのメディアとつき合っている。例えば、起きてすぐテレビをつけ、新聞を読みながら朝食をとり……といった具合に、もし自分の一日の行動を 10 分刻みで調べてみたら、実にさまざまなメディアと接触しているのに驚くに違いない。我々はメディアによって媒介され伝えられる情報の渦の中に生きているといえよう。

　さまざまな情報やニュースを伝えるメディアも多様化してきた。新聞、雑誌、ラジオ、テレビが伝統的な従来のメディアであるとすると、地上波のテレビのほかに放送衛星や通信衛星が登場する。それも従来のアナログ形式からデジタル形式へと変化しつつある。個人のレベルでも、パソコン通信も発達しインターネットに接続して、国内外の情報を難なく入手し、未知の人々とコミュニケーションをはかることができるようになった。

　この大きなメディアの変革の中で、我々は自分が日常生きている“定点”がどこにあるのかを見失い翻弄される思いであるが、そういう時代だからこそメディアの本質を探る努力が必要であろう。

　本書は、将来ジャーナリストをめざす学生たちに向けて、日本のマス・メディアを総合的に理解し、今日のメディアがかかえる諸問題について考えるために書かれた入門書である。今、マス・メディアからの情報を主体的に受け止めることのできる柔軟性を兼ね備えた賢い受け手像が、大いに求められているが、その前提として、日本におけるマス・メディアの成り立ち、現状、問題点を、広範囲にわたって知ることは不可欠である。本書では、各読者がゼミや卒論で研究テーマを絞ってより専門的に深く掘り下げる前にマス・メ

ディアの全体を鳥瞰できるよう、具体例をあげながらできるだけわかりやすく解説することに努めた。また、学生はもとより、マス・メディアの世界に身を置く人々にも、社会教育や生涯学習におけるメディア・リテラシー教育の場でも、本書が現代日本のマス・メディアを通じて、社会と個人のあり方をともに考える一助になればと願っている。

その構成として、第1章はマス・コミュニケーション過程、日本におけるメディア進化およびマス・コミュニケーション研究の経過を、第2章ではマス・コミュニケーションの歴史を詳述している。第3章ではニュース報道の特徴やジャーナリズムにおける課題を提示する。第4章では日本における主要なマス・メディア産業の現状を概観し、第5章ではマス・メディアと社会生活との関係を各論で説明している。さらに第6章はマス・メディアの過去、現在を振り返ってみるとともに未来への展望を語っている。

このテキストの内容構成は、江戸川大学社会学部マス・コミュニケーション学科のフレッシュマンを対象にした科目である『マス・コミュニケーション論』を担当する長谷川倫子助教授がそのシラバスをもとに発展させたものである。執筆者の人数が限られていることもあり、カバーしきれていない研究領域が残されているが、なるべく巻末の参考文献で補うことができるよう心掛けた。

また、本書は、上智大学文学部新聞学科の発展に尽くされたふたりの研究者の功績に感謝するために出版することも意図している。

1998年3月をもって定年退職なさった春原昭彦名誉教授(日本新聞学会元会長)の長年の研究・教育活動に対して。春原名誉教授にはまとめの第6章の執筆をお願いした。

1976年まで新聞学科長として、いち早くアメリカのマス・メディア研究を紹介し、日本の新しい時代のジャーナリストの育成を願って新聞学科のカリキュラムの構想を練られた故・川中康弘教授に対して。

日本の戦後の目まぐるしいメディア環境の変化は、生活体験を通じてその流れをつぶさに見てきた者にとっては鮮烈な印象を与えるが、生まれながら

にカラーテレビのある環境で育ち、さまざまな情報・娯楽メディアに囲まれた現在のメディア状況しか知らない学生にとって、メディア環境の変化が個人にもたらす影響の大きさの理解は容易ではないだろう。本書は学童疎開などを経験し、戦争を前後してもたらされた日本の社会体制の大転換や、戦後の高度経済成長のもたらしたメディア環境の変化をつぶさに見てきた世代と、白黒テレビが茶の間にはじめて運ばれた日のことを記憶し、東京オリンピック、宇宙船アポロの中継に見入った世代との共同作業の結果完成したものである。この意味において本書は、これからの高度情報化社会の中で、いかに情報と主体的にかかわっていくかが問われる学生たちへの、アナログ二世代からのメッセージでもあることを汲み取っていただければ幸いである。

　本書はその企画から出版に至る過程において、長谷川倫子助教授の献身的な努力によって完成したといってよい。さらに出版の機会を与えてくださった日本評論社と、執筆の遅れにもかかわらず、忍耐強く指導、助言、叱咤激励してくださり、手間を惜しまぬご尽力をいただいた編集部の岡博之氏に、心から感謝を申し上げたい。

1998 年 11 月

著者を代表して

武市　英雄

ゼミナール　日本のマス・メディア──目次

第3版　はしがき　i
はじめに　iii

第1章　コミュニケーションとしてのマス・メディア
··長谷川倫子　1

はじめに……………………………………………………………………2

第1節　マス・コミュニケーションとは ……………………………3
Ⅰ　コミュニケーションとは何か …………………………………3
Ⅱ　マス・コミュニケーションとは ………………………………6
1●マス・コミュニケーションの特徴
2●ゲート・キーパーとしての送り手
3●マス・メディアの作り出す世界
4●受け手　5●マス・メディアの働き

第2節　メディアの進化とマス・コミュニケーション ……………14
1●口述コミュニケーションの成り立ち
2●筆記コミュニケーションの成り立ち
3●印刷術から活版印刷へ
4●電子通信メディアから放送へ
5●視覚コミュニケーションの手段の進化
6●メディアの融合

第3節　ネットワーク・コミュニケーションとマス・メディア ………27
Ⅰ　ネット社会の出現…………………………………………………27
Ⅱ　ネットワーク・コミュニケーションの変遷……………………28
Ⅲ　オンライン・コミュニティの出現 ……………………………32
Ⅳ　SNSとマス・メディア …………………………………………35
Ⅴ　集合知とマス・メディア ………………………………………37

viii

第4節　マス・コミュニケーション研究の流れ …………………………42
1●マス・コミュニケーション研究の黎明期
2●プロパガンダ研究の始まり　3●効果研究の変遷

第2章　マス・コミュニケーションの歴史 ………………………鈴木雄雅　51

第1節　近代化以前のマス・メディア ………………………………52

第2節　近代化とマス・メディア………………………………………55
Ⅰ　新聞の誕生──幕末から明治維新まで ………………………………55
Ⅱ　明治新政府の新聞政策 ………………………………………………56
Ⅲ　報道新聞の登場 ………………………………………………………60
Ⅳ　戦争と新聞の繁栄 ……………………………………………………61
Ⅴ　大日本帝国憲法の発布 ………………………………………………63

第3節　大正期のジャーナリズム ……………………………………64
Ⅰ　商業新聞への脱皮 ……………………………………………………64
Ⅱ　雑誌の大衆化 …………………………………………………………66
Ⅲ　ラジオ放送の登場 ……………………………………………………67
Ⅳ　映画の発達 ……………………………………………………………68

第4節　統制の時代 ……………………………………………………70

第5節　戦後のマス・メディア ………………………………………74
Ⅰ　占領下のジャーナリズム ……………………………………………74
Ⅱ　競争の時代 ……………………………………………………………76
Ⅲ　民間放送始まる ………………………………………………………77

第6節　マス・メディア時代の到来 …………………………………79
Ⅰ　マス・メディアと大衆文化状況 ……………………………………80
Ⅱ　ジャーナリズムの変質 ………………………………………………82
1●ジャーナリズムの転換　2●マス・メディア批判の噴出

目　次　ix

　　Ⅲ　新聞からテレビの時代に ………………………………………85

　第7節　インターネット時代 ……………………………………………88
　　Ⅰ　インターネットの普及とメディア環境の激変 ………………88
　　Ⅱ　ジャーナリズムの再生 ………………………………………93

第3章　報道の現状と課題 ……………………………武市英雄　97

　第1節　メディアとは …………………………………………………98
　　Ⅰ　外在的世界と内在的世界 ……………………………………98
　　Ⅱ　原事実とメディア化された事実 …………………………… 100
　　Ⅲ　ホット・メディアとクール・メディア ……………………… 101

　第2節　ニュースの特質 …………………………………………… 102
　　Ⅰ　相対的なニュース ………………………………………… 102
　　Ⅱ　ニュースの定義 …………………………………………… 104
　　　　1●原論的な定義　2●説話的な定義　3●即新聞的な定義
　　　　4●倫理的な定義
　　Ⅲ　ニュースの分類 …………………………………………… 107
　　Ⅳ　ニュースの概念 …………………………………………… 108
　　　　1●島崎憲一のニュース加工論　2●シュラムのニュース論
　　Ⅴ　ニュースの今日的な意味合い …………………………… 111

　第3節　ジャーナリズムの特徴 …………………………………… 113
　　Ⅰ　ジャーナリズムという言葉 ……………………………… 113
　　Ⅱ　日本語としてのジャーナリズム ………………………… 115
　　Ⅲ　ジャーナリズムの特質 …………………………………… 116
　　Ⅳ　ジャーナリズムとアカデミシズム ……………………… 117

　第4節　権力とメディア …………………………………………… 121
　　Ⅰ　プレスの概念の変遷 ……………………………………… 121
　　Ⅱ　プレスの機能 ……………………………………………… 125

Ⅲ　権力との闘いの歴史 ……………………………………………… 126

Ⅳ　政治報道の現状 …………………………………………………… 130

第5節　報道と倫理 …………………………………………………… 131

Ⅰ　取材上の問題点 …………………………………………………… 131

Ⅱ　報道の表現上の問題点 ………………………………………… 133

Ⅲ　報道倫理問題の原因 …………………………………………… 135

第6節　報道の行方 …………………………………………………… 136

第4章　社会的コミュニケーションとマス・メディア ……長谷川倫子　139

第1節　社会制度とマス・メディア ……………………………… 140

第2節　プロパガンダとは ………………………………………… 143

Ⅰ　政治的リーダーのイメージ形成 …………………………… 143

Ⅱ　プロパガンダとは ……………………………………………… 145

Ⅲ　戦争とマス・メディア ………………………………………… 148

Ⅳ　ナチス・ドイツとプロパガンダ …………………………… 152

第3節　説得的コミュニケーションと弾丸理論 ……………… 156

Ⅰ　キャントリルの『火星からの侵入』 …………………… 157

Ⅱ　マートンの『大衆説得』 ……………………………………… 158

第5章　パーソナル・コミュニケーションとマス・メディア
………………………………………………… 長谷川倫子　161

Ⅰ　ラザースフェルドの2段の流れ …………………………… 162

Ⅱ　利用と満足 ………………………………………………………… 166

Ⅲ　ロジャーズのイノベーション ……………………………… 168

Ⅳ　テレビと暴力をめぐる研究 ………………………………… 170

目 次　xi

第6章　世論とマス・メディア ……………………………… 長谷川倫子　175

　第1節　世論とは何か ……………………………………………… 176
　　Ⅰ　世論という言葉 ………………………………………………… 176
　　Ⅱ　世論とは何か …………………………………………………… 177

　第2節　世論とマス・メディアに関する先行研究 ……………… 181
　　Ⅰ　マッコームズの議題設定機能 ………………………………… 181
　　Ⅱ　ノエル－ノイマンの沈黙の螺旋（らせん） ………………… 183

第7章　日本のマス・メディア ……………………………… 長谷川倫子　189

　第1節　日本におけるマス・メディアの発展 …………………… 190
　　1●近代化とマス・メディア──明治
　　2●国家統制とマス・メディア
　　3●近代化とマス・メディア──戦後
　　4●イベント・メーカーとしてのマス・メディア

　第2節　日本のマス・メディア ………………………………… 200
　　1●新聞　2●放送　3●出版　4●映画

第8章　国際報道と日本 …………………………………… 長谷川倫子　221

　第1節　グローバライゼーションとニュースの流れ …………… 222

　第2節　国家間のニュースの流れと選別の基準 ………………… 225

　第3節　日本発ニュースの検証 ………………………………… 231

第9章　マス・メディアと現代社会──過去・現在・未来へ
　　　　　………………………………………………… 春原昭彦　243

　　Ⅰ　報道──ニュースの変遷 ……………………………………… 244
　　Ⅱ　言論機能──世論に訴え、社会を変える力 ………………… 247
　　Ⅲ　通信手段とメディアの発展 …………………………………… 250

Ⅳ 20世紀の新しいメディア ……………………………………… 252

Ⅴ マス・メディア研究をふりかえって ………………………… 253

参考文献　257

第1章 コミュニケーションとしてのマス・メディア

はじめに

　現代はマス・メディアによって伝えられるさまざまな情報があふれる時代であるが、コミュニケーションが社会生活の中心で、人びとが互いに理解しようと努力することによって社会が成り立っている点においては、原始的な情報伝達手段に頼って人々が生きていた時代と何ら変わりはない。しかし、マス・メディアの発展がもたらした情報量の拡大とその獲得手段の多様化は、われわれの情報入手活動をますます複雑化させている。今日の私たちには、急速な技術変化への対応が求められるばかりでなく、その結果としてもたらされる社会生活の変容にいかに適応するのかも重要な課題となりつつある。

　メディア・テクノロジーの発達は、物理的に離れた場所で発信された情報をより多くより迅速に送り届けることを常に目指してきた。今日、自宅にいながらにして、遠い場所で起きている出来事をリアルタイムで見聞きすることは、ごく当たり前となっている。これは、メディアが、私たちの視覚や聴覚の及ぶ範囲を拡大させる手助けをしてくれているからである。しかしながら、ここで私たちが見聞きするのは、マス・メディアというフィルター——すなわちメディア・テクノロジーと送り手の意図が相互にからみ合いながら、各マス・メディアの表現様式に合わせてその素材に手が加えられるというプロセス——を通りぬけて提示された世界である。

　また、そのメッセージが到達した先にある受け手の世界では、受け手自身によってその社会的な脈絡の中で、独自の意味解釈が行われる。それにもかかわらず、マス・メディアにツイッターやフェイスブックのようなソーシャル・メディアが加わった情報交換領域の拡大とともに、個人がメディアを媒介とした情報に依存するしか手だてのない機会はさらに増大している。マス・メディアに合わせて加工されたメッセージは、人間の感覚のごく一部を用いて送り届けられる。このような情報行動に大きく依存している私たちは、何を座標軸にすれば送り手の意図を間違うことなく受けとめたり、誤解を招かない情報発信を行ったりできるのであろうか？

　本章では、マス・メディアによりメッセージが送り届けられるまでのプロセス、その機能と手段がいかに進化してきたかという基礎的知識を紹介する。それを踏まえて、これまでのマス・コミュニケーション研究では、何を問題

にしてきたか、また、メディア・コミュニケーション史の視点から、日本の
マス・メディアにはどのような特徴が見られるのかを考察する（第2節）。
次の第3節ではネットワーク・コミュニケーションとマス・メディアの関係
について考察する。

　最後に、これまでの主なマス・コミュニケーション研究がどのような問題
関心に基づき、今日まで発展してきたのかを、アメリカの研究を中心として
概観する（第4節）。

第1節　マス・コミュニケーションとは

I　コミュニケーションとは何か

　マス・コミュニケーション（mass communication）とはマス・メディア
（mass media）を媒介して人々に情報を伝える行為のことを意味するが、同
時にさまざまなレベルで見られるコミュニケーション（communication）行
動の一形態でもある。まずは、コミュニケーションとは何かという問いから
始めよう。

　シュラムは「コミュニケーション」という言葉のルーツをたどり、この言
葉が、ラテン語で「共通の」という意味を持つ"コミュニス（communis
——すなわち英語のcommon）"に由来することから、社会的な存在である
我々が何かを伝えることにより、誰かと"共通のもの"を確立するように努
めること、すなわちコミュニケーションとは他者と自己が情報や思想や態度
を共有しようとする営みを意味すると説明している（Schramm［1954］）。

　コミュニケーションは人間に限らず、動物や昆虫などあらゆる自然界の生
きものにも見ることができる。危険を知らせる鳥の鳴き声や、蜜源を教える
蜜蜂のダンスなど、厳しい自然界で生き残るために生得している何らかの記
号行動による情報伝達活動も、コミュニケーションに含まれる。また生体内
における神経系統を通じて痛みの感覚が伝えられる行為も、コンピュータな
どの機械内部における情報伝達や機械を操作する人間に対応する機械の反応
も、コミュニケーションに含まれる。

図1—1　シュラムのコミュニケーション・プロセスのモデル（1）

図1—2　シュラムのコミュニケーション・プロセスのモデル（2）

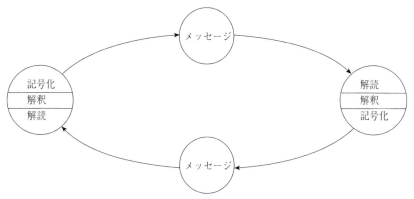

出典：Watson, J., *Media Communication* (Macmillan, 1998) p.37 より重引

　図1—1と図1—2は、コミュニケーションのプロセスを図式化したシュラム（Schramm [1954]）のモデルである。図1—1は、通信などの伝達プロセスの基本概念を人間にも当てはめ、「送り手」が伝えたいと思う情報を「シグナル」に変換して発信し、「受け手」は受信した「シグナル」の解釈を行い、そこにコミュニケーションが成立するさまを示している。送り手と受け手はそれぞれの「固有の経験」（言語、文化、価値観、信念、態度など）を所有しているが、双方が共有している「固有の経験」の部分、すなわちこの図にあるように重なり合う部分がある場合にのみ、相互の「シグナル」を理解することが可能となるのである。例えば、私たちが未知の間柄の人と会話する際には、自分の発した情報に対して相手がどのように理解し反応するのかを、過去の経験や知識をよりどころに、無意識のうちに選別し、相手が何

を求めているのかを判断しながら、双方の「固有の経験」の重なり合う領域を探して、メッセージの伝達を行っている。

　図1—2は双方のコミュニケーションにおいて送り手が受け手になり、受け手が送り手にと、相互に役割を交換するさまを表している。それはまた、送り手が伝えたい内容を「メッセージ」に変換し、受け手は「メッセージ」の解釈を行う。コミュニケーションとは、このような活動の繰り返しである。

　この「メッセージ」は、「シンボル」に変換されて伝えられる。「シンボル」は、送り手と受け手が共有できる記号である。サイン、画像、言葉などの総称を「記号」というが、この記号の最も代表的なものは言語である。この言語の使用が、人間のコミュニケーション活動を他の動物から区別している。例えば、「家」という言葉を例にとってみよう。「家」という記号は、ieという音と共に、その音を聞いたときに思い浮かべる言葉の内容——「記号内容」という——から構成されている。「記号表現」の「家」と「記号内容」が備わって、はじめて記号は記号として意味を持つ。この「記号内容」とieという音にはなんら必然性はなく、はるか昔の日本人がたまたま決めたために用いているに過ぎず、michiという音でも良かったのである。この「家」という言葉から、家族が暮らす様子を思い浮かべることもあれば、建物を連想する場合もある。この言葉からそれぞれが抱くイメージの可能性は、限りない広がりを持っている。このように、ある記号を用いて特定の内容を表すことを「シンボル化」と呼ぶ。記号からイメージの広がりを持てる能力は、人間のみに与えられている（池上［1984］）。言語活動による人間のコミュニケーションは、このような行為の繰り返しによって成り立っている。

　「シンボル」に変換した「メッセージ」が伝えられ、その言葉の意味を共有する相手の「受け手」が「シンボル」を解読することによって、情報が伝達される。「受け手」は送られた「メッセージ」に対する反応を送り返すが、これを「フィードバック」という。この「フィードバック」によって、「送り手」の意図する「メッセージ」が伝えられているがどうかを確認する。対人コミュニケーションにおいて、双方が発信者と受信者の役割を自由に交換し、両者は役割交換のバランスをとりながら、お互いの理解を深める。「フィードバック」を受け取った時に、自分が発信する時点で伝えたいと思った

ことをシンボル化した「言葉」に対して、相手がほぼ似通ったイメージを頭の中に描いてくれたかどうかを確認し、もし相互のイメージの重なり合う部分が見出せない場合は、他の「言葉」や表現方法を用いて、再確認のための「メッセージ」を送り直すことになる。

Ⅱ　マス・コミュニケーションとは

1　マス・コミュニケーションの特徴

マス・コミュニケーションとは、マス・メディアによって媒介されるコミュニケーションの形態で、ラスウェルはマス・コミュニケーションを以下の五つの構成要素に分け、マス・メディアのコミュニケーションの流れを考えるうえで基礎的な概念として提示している（Lasswell［1977］）。

(1) Who 誰が──送り手

(2) Says What 何について──メッセージ（情報）

(3) In Which Channel いかなるチャネルによって──メディア

(4) To Whom 誰に対して──受け手

(5) With What Effect いかなる効果をねらって

(1)の「誰」は、情報の発信者である。(2)の「何について」は伝えようとするメッセージの内容である。(3)の「チャネル」にはコミュニケーションの手段や、メッセージを変換して伝える技術やメディアも含まれる。(4)の「誰」はメッセージの受け手や聴衆を示している。

図1―3は佐藤によるマス・コミュニケーションのモデルである。ここではマス・メディア産業である送り手集団からそれぞれのメディア装置に合わせて加工されたメッセージが受信メディアを通じて受け手集団に送り届けられ、その受け手は形のない匿名的な集団を形成するさまが示されている。

このラスウェルの構成要素と佐藤のモデル図を念頭に置きながら、マス・コミュニケーションの特徴を考えてみよう。

マス・コミュニケーションにおける「送り手」は専門的技能をそなえた製作者の集合体で、彼らの生産現場は役割が専門分化した組織である。行為者はほとんどの場合個人ではなく集団を形成し、その内部にはりめぐらされたコミュニケーション・ネットの相互作用によって、メッセージが形成されて

第1章　コミュニケーションとしてのマス・メディア　7

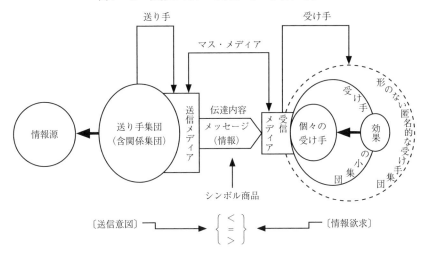

図1―3　佐藤のマス・コミュニケーションモデル

(注)　送信意図と情報欲求の関係で
　　　＜　前史的ジャーナリズムの時代、たとえば手書新聞時代、情報欲求が大
　　　＝　両者の均衡、ジャーナリズムの成立期

出典：佐藤智雄『ジャーナリズムとマス・メディア』（日本放送出版協会、1985）19頁

ゆく。
　「メディア」（チャネル）とは、新聞、ラジオ、テレビ、映画などの大規模で特殊な技術的装置で、メッセージの製作と伝播に専門的な技術と経費が求められる。また、メディアの所有形態や経営や運営のあり方、法律の規制や外部の圧力による制限を受けやすいかどうかによって、そのメッセージの形式や送り内容は異なる。
　「メッセージ」は、それぞれの送り手がメディアの持つ表現形式に合わせて選別・加工した象徴的な内容であり、それぞれの流通経路を経て大量に送られる。それはまた、送り手や受け手が所属する社会の価値観やイデオロギーを反映している。メッセージが、利潤を追求する商品として送られるか、それとも公共性を目指すものかなど、送り手の意図も内容に強く反映される。
　「受け手」は不特定多数の人びとから成り立ち、物理的にも社会的にも遠すぎて互いに接触できない人びとである。また、「受け手」がどのように反

応したかを示す「受け手」から「送り手」へ送られるメッセージのことを「フィードバック」と呼ぶが、このフィードバックは実際には発信元に届きにくい。このような一方通行のコミュニケーションが、マス・コミュニケーションの特徴ともなっている。

アベリーは、マス・コミュニケーションの特徴として、(1)対面性が欠如していること、(2)システムの複雑さ、(3)フィードバックの方向が限られていること、(4)送り手が限定されているにもかかわらず受け手の数が無限定に多数であること、(5)受け手が質的にも無限定であること、(6)広範囲にわたる受け手に即時的、同時的にメッセージを流すことができる、という六つをあげている（Avery［1981］）。

2　ゲート・キーパーとしての送り手

マス・コミュニケーションのプロセスからみたマス・メディアの送り手はメッセージ創出の働きをしている組織体であるが、実際の行為者はそれぞれの役割を分担する個人であり、社会や組織から制約や影響を受けながら情報の選別によってメッセージを送り出している。

マレツケはメッセージに影響を与える六つの要素に着目し、送り手自身の「セルフ・イメージ」や「パーソナリティ」に加え、送り手がともに働く「チーム」、「組織」、また「社会的環境」や「そのときの社会情勢」などの社会関係の重要さを唱えている（Maletzke［1965］）。客観的であることと中立な立場をとることは、ジャーナリストに求められるが、実際は各個人がそれぞれ持つ偏った価値観が送り内容に反映されたり、ともに働く上司・同僚や組織の上からの圧力などの小集団の影響を受けたり、そのときの社会情勢も、社会的な圧力として送り手に影響を与える要因となりうることを示唆している。

マス・メディアを通して個人から他者へ情報伝達の仕事に直接携わる人々や、編集作業に当たる職業集団としての組織を「ゲート・キーパー」と初めて呼んだのは、ルウィン（Kurt Lewin：グループ・ダイナミクス研究の先駆者）というアメリカの心理学者である。「ゲート・キーパー」とは、図1―4にあるように膨大なフィルムを編集して作品に仕上げる映画の製作者や、ニューズ・バリューに基づき紙面のトップに扱う記事とそれ以外の記事を区

図1−4　ゲート・キーパーのモデル図

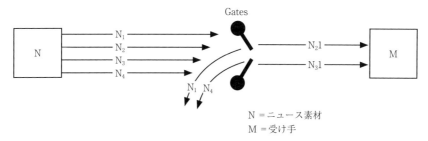

出典：Watson, James,
　　　Media Communication: An Introduction to Theory and Process
　　　（MACMILLAN PRESS LTD, 1998）P. 108

分けする新聞編集者などである。その仕事内容は、情報の流れを制限したり、付加情報をつけたり、独自の視点や考えを加えることによって内容をふくらませたりして、情報の再編成や再解釈を行うことである。組織において誰が情報選別の決定権を持ち、どのような意識や価値観を持った者がその任務に当たっているかによって、メディアの伝える内容は大きな影響を受ける。

　ホワイト（White［1955］）は、新聞の編集部に、自らが加わり、ゲート・キーパーの行動を調べた。この「参与観察」によって明らかになったのは、通信社から送られてくるニュースをチェックするスタッフが、主観的な判断に基づいてニュース項目の選別を行っているということであった。受信デスクで通信社から配信を受けたニュース1万2000本のうち、紙面に載せたのは約1300本であった。不採用の理由は「スペースがない」「おもしろくない」など個人的な価値判断による答えがほとんどであった。

　通信社から新聞社の編集局に流れ込む膨大な情報が、ゲート・キーパーのニュース選別によってそぎ落とされてゆくという意味合いにおいて、紙面に掲載される情報は数量的にも限られる。ゲート・キーパーの選別機能を経て送り届けられた紙面も、すべてが読者に読まれるとは限らない。メディアの伝える内容はゲート・キーパーの門をくぐりぬけ、質的にも変化したものであることからも、情報源からのニュース素材がマス・メディアのフィルターをくぐりぬけ、加工されて受け手のもとに届けられるまでの変化の可能性を

念頭に置く必要があるだろう。

3　マス・メディアの作り出す世界

マス・メディアの作り出すメッセージは、ひとにぎりの専門家集団によってメディアの表現様式に合うように選別・加工され、技術的装置を通過してきたものであり、現実の世界で受け手がじかに接する環境とは厳密には異なる世界である。

この点に早くから気づいていたリップマン（Lippmann [1987]）は、人間と現実環境との間に人々が現実環境について頭の中に描くイメージが存在するとし、そのイメージのことを「ステレオタイプ」（stereotype）と呼び、マス・メディアが提示する世界を「疑似環境」（pseudo-environment）と呼んだ。一般的な社会生活において現実の環境を個人の能力で直接的に知ることには限界があるために、人々はマス・メディアの作り出す疑似環境に依存するようになる。この疑似環境から得た情報に応える行動は、実は受け手の現実環境への働きかけであり、予期せぬ反応が現実環境から返ってくることもある。この現実環境と疑似環境のギャップは情報化の進展とともにますます広がり続けようとしている。

ブーアスティンはリップマンの考えを受け継ぎ、マス・メディアが作り出す出来事を「疑似イベント」（pseudo-event）と名づけた（Boorstin [1962]）。現代社会では、情報の収集をマス・メディアにますます依存し、疑似イベントの氾濫の中で、我々は現実を認識する機会を失いがちである。人びとは、受け手の興味をそそるようにドラマチックに加工された疑似環境を媒介として、空間的・時間的な自己の世界を拡張するとともに、疑似環境の作り出す世界を共有するようになる。このような状態を藤竹は「疑似環境の環境化」と呼び、情報化社会において、人々はマス・コミュニケーションを媒介にした情報共同体に生きていると述べている（藤竹 [1987]）。

また、ベンヤミンは『複製時代の芸術論』の中で、大衆文化は、マス・メディアによって作り出される複製品との接触によって支えられているが、複製芸術に対する人々の感じ方は本物の文化へ接触するときとは異なっていると指摘し、オリジナル芸術はここにしかないという一回性（アウラ）を持っているが、複製芸術は持ちえないが、映画などの革新的メディアにはより高

度の独立性があり、それ自体として新しい「現実」を獲得しているとしている（Benjamin［1970］）。

4　受け手

マス・コミュニケーションにおける受け手像には、さまざまなとらえ方がある。受け手はマス・メディアの影響になすすべもない存在であるのか、それとも能動的な存在として、自己をとりまく世界をよりどころに、メッセージの送り手の意図とは全く異なる解釈をしているのかについては、それぞれ議論のわかれるところである。

マス・メディアにおけるメッセージの流れは、一方的に大量の情報が不特定多数の人に送られ、このような受け手集団では、相互関係を持たない匿名の人々がばらばらに点在していることから、感情的で無批判な傾向を持つ「大衆」（mass）と、メディアを通じて間接的に交渉関係を持ったり、理性的に反応したり、批判性を持つ「公衆」（public）とに二分される。また両者を合わせて大きな一つの集合体とみなす考えもある。

また受け手は個人の集合体であることから、それぞれの生活のなかで、マス・メディアの持つ意味を主体的に考え、その個人をとりまく家族、友人、同僚などとの直接的な接触による相互関係のなかで影響を受ける側面を問う視点もある。コミュニケーション行為において、家族、友人などの身近な人たちからなる準拠集団（reference group）の役割は大きい。個人を取り巻く人々との相互関係は、個人のメディア接触やメッセージ解読に少なからず影響を与えていることは明らかである。

受け手がどのようにマス・メディアと接触し、送り内容を理解しているのか、それは千差万別である。送り手のメッセージは一つでも、個々の受け手が、どのような文化体系の中に存在し、メディアのメッセージを読みとく技能を持ち、メッセージを解釈するのかによって異なる。つまり受け手は能動的な受け止め方をしている、という考えもある。

5　マス・メディアの働き

ラザースフェルドとマートンは、マス・メディアの機能として「地位付与」「社会的規範の強制」「麻酔的機能」の三つを列挙している（Lazarsfeld ＝ Merton［1968］）。

「地位付与」は、マス・メディアがある社会的な問題や人物、組織、物などを取り上げることにより、その対象となったことがらが、社会的に重要なこととして認識されたり、登場した人に注目があつまり一躍「時の人」を作り出すことを示す。これはマス・メディアによって、地位や威光が与えられることを意味する。

「社会的規範の強制」は、マス・メディアが社会的規範を、メッセージを通じて教える働きのことで、社会規範から逸脱した行動を明るみに出すことによって、社会規範の再確認を促す機能を示す。犯罪報道や芸能スキャンダル、政治家の汚職などの報道には、マス・メディアに従事する者の社会規範に対する価値観が反映されている。その価値観が受け手の価値観と一致する場合には、社会規範の再確認の役割を果たし、不一致の場合はそれを教えこむ。

「麻酔的機能」は、受け手には、マス・メディアによって大量の情報を一方的に与えられるために、かえって世の中に無関心な態度が形成されることを示す。マス・メディアがあまりに大量のメッセージを供給するようになると、初めは刺激に反応していた者が、その刺激にやがて慣れっこになり、社会的な倫理感が麻痺してゆくさまを示している。

さらにマクエールは、マス・メディアの六つの役割をあげている（McQuail ［2000］）。

（1）我々の視覚を拡張し、何が起こっているのかを他の人から干渉されることなく世の中の出来事や経験を見せてくれる窓としての役割。

（2）（倒錯やゆがみの可能性はあるものの）世界や社会での出来事を忠実に反映する鏡の役割をはたす。しかしながらその鏡の角度は他者によって決められ、我々は見たいものを自由に見ることはできない。

（3）それが意図されたものであるかどうかはわからないが、フィルターまたはゲート・キーパーとして、人々の関心をある方向に向かわせるために他の視点や声を遮断する。

（4）進むべき方向を誤らないための道しるべ、ガイドとして、または断片的に知らされることが何を意味するのかを教える解説者として。

（5）反応やフィードバックの可能性を含む、情報や考えを受け手たちに掲

第1章　コミュニケーションとしてのマス・メディア　13

供する場としてのフォーラムや演壇としての役割。

　(6)　情報を右から左に単に伝えるのではなく、疑似双方向的に質問に答えることのできる対話者や聞き手として。

引用文献

Schramm, Wilbur. "How Communication Works," *The Process and Effect of Mass Communication* (University of Illinois Press, 1954)

池上嘉彦『記号論への招待』(岩波新書、1984 年) 120—123 頁

Lasswell, Harold. "The Structure and Function of Communication in Society," In W. Schramm and D. Roberts, eds. *The Process and Effects of Mass Communication* (University of Illinois Press, 1977) pp. 84-99

Avery, Robert K. "Communication and the Media," In Jean M. Civikly, ed. *Context of Communication* (Holt, Rinehart and Winston, 1981) pp. 227-243

マレッケ, ゲルハルト／ＮＨＫ放送学研究室：藤沼昌次『マス・コミュニケーション心理学——理論と体系』(日本放送出版協会、1965) 72—74 頁〔原著：Maletzke Gerhard, *Psychologie der Massenkommunikation-Theories and Systematik* (Verlag Hans Bredow-Institut, 1963)〕

White, David M. "The 'Gate-Keeper': A Case Study in the Selection of News," *Journalism Quarterly* 27 (Fall, 1955) pp. 383-390

リップマン, W. ／掛川トミ子訳『世論　上・下』(岩波文庫、1987 年)

ブーアスティン, Ｄ．Ｊ．／星野郁美＝後藤和彦訳『幻影の時代』(東京創元社、1975 年)〔原著：Boorstin, Daniel J. *The Image ; or, What Happened to the American Dream* (Antheneum, 1962)〕

藤竹暁『メディアになった人間——情報と大衆現象のしくみ』(中央経済社、1987 年) 12 頁

ベンヤミン, W／高木久雄＝高原宏平訳『複製技術時代の芸術』(晶文社、1970 年)

Lazarsfeld, P. F., and Merton R. K. "Mass Communication, Popular Taste and Organized Social Action," In W. Schramm, ed., *Mass Communications*, (University of Illinois Press, 1960)〔学習院大学社会学研究室訳「マス・コミュニケーション、大衆の趣味、組織的な社会行動」『マス・コミュニケーション』(東京創元社、1968 年) 272 頁、276—282 頁〕

McQuail, Denis., *McQuail's Mass Communication Theory 4th Edition* (SAGE

Publications, 2000) p.66.

第2節　メディアの進化とマス・コミュニケーション

　メディアの歴史は、人間が道具としてのコミュニケーションの手段を獲得し、情報の収集や、自己の発信した情報を送る範囲を拡張し、情報の伝達がより大量に迅速に行われることを可能にしたプロセスでもある。マクルーハンは、メディアは「人間の拡張」であると述べ（McLuhan [1987]）、メディア自体が人間の感覚のパターンや思考の様式を決定し、ひいては社会や世界の構造にまで影響を及ぼすようになると提起している。すなわちメディアのメッセージではなく、メディアそのものが人々の生活を変えうるものとなるとした。この節では、高度情報化社会である今日に至るまでの、日本のメディアそのものの成り立ちを考察する。

　メディアの歴史はまた、コミュニケーションのための手段の歴史でもある。新しい情報伝達手段が作り出され、普及することにより、人々の生活は変貌を遂げた。ロジャーズはこれまでのコミュニケーションの進化の道程を(1)「筆記コミュニケーションの時代」（前 4000 年の粘土板筆記から現在まで）、(2)「印刷コミュニケーションの時代」（1456 年のグーテンベルクによる活版印刷から現在まで）、(3)「電気通信の時代」（1844 年のモールスによる電信の発明から現在まで）、(4)「インテレラクティブ・コミュニケーションの時代」（1946 年のコンピュータ ENIAC の発明から現在まで）、の四段階に分けている（Rogers [1992]）。

　オングは、コミュニケーションの歴史は、「口承的（oral）」「筆記的（chirographic）」「活字的（typographic）」「電子的（electronic）」の四つのモードが重なり合って発展してきたとしている（Ong [1982]）。新しいモードの登場は、コミュニケーション活動に新しい局面を加え、従来のモードに変化をもたらすが、従来のモードは消失しない。

　図1─5は、コミュニケーション手段の進化のプロセスを図式化したものである。人間が言語とその伝達手段を獲得し、それを道具から機械へと進化させることによって、いかにコミュニケーション活動の重層化を遂げたのか。

第1章 コミュニケーションとしてのマス・メディア 15

図1—5 日本におけるメディアの進化

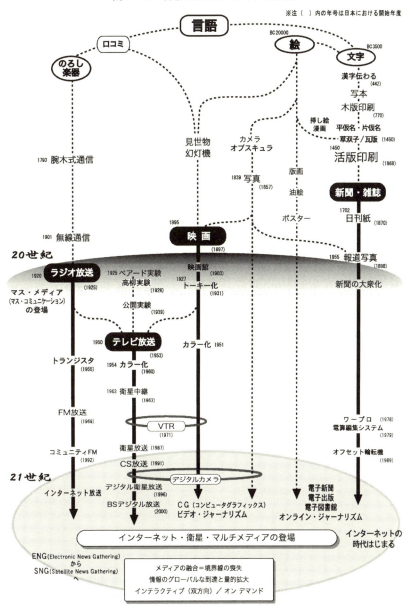

各メディアがさらなるメディアの出現に影響を与え、技術革新の進化を経て、マス・メディアとして成立するまでに至ったのか。マス・メディアがそれぞれ、インターネット・コミュニケーションの世界に組みこまれた結果、どのような局面を迎えつつあるのかなど。以下ではこの図を道案内として、今日のメディア環境を、さまざまな視点から考えてみよう。

1 口述コミュニケーションの成り立ち

人類の進化とともに、身振りや手振りが次第に約束ごとを持つようになり、発声が、意味を持った言語に発展した。言語の出現は、事実を伝えるだけでなく、抽象的な意味を共有し、記録として時代を超えて情報を伝えることを可能にした。記憶力や言語能力に優れている者が「語り部」となり、語り継がれた情報は、時間や空間を超えて伝承された。稗田阿礼の暗唱した『古事記』や琵琶法師の語る『平家物語』は、日本社会における口述コミュニケーションの伝統を物語っている。

封建時代に、移動の自由すらなかった人々にとって、「村」という地域共同体は基本的な生活領域であり、「世間」が情報交換の場であった。自分の所属する「村」と「世間」以外の情報源は、行商人や旅芸人など村から村へ渡り歩くことで生計を立てていた者たちや、伊勢参りなどの旅行から帰った者たちであった。

封建時代に読み書き能力を身につけていた神官や僧侶、村の有力者の役割も重要であった。読み手とテクストを仲介する導師として、彼らの存在は新聞や雑誌などの活字情報が登場したのちも重要であった。文字を読めない人々に対して、識字能力を備えた人々がニュースを読み聞かせ、手紙の代筆もつとめた。明治時代に政府が新聞の読者開拓のために奨励した「新聞会話会」では、学校、役場などに人々を集め、村費で購入した新聞をやさしく読み聞かせた。これは明治政府が地元の新聞を無料で民衆に解放した「新聞縦覧所」とともに、読者開拓を目指して行った支援策の一環でもあった（山本[1990]）。

19世紀の末に、日本に初めて映画が紹介されたとき、映画はまだ音声を持たない「動く写真」であった。大衆芸能の出し物として見世物小屋でデビューした映画は、それを傍らで解説する「弁士」と呼ばれる解説者の話芸と

セットされることで定着し、新たな娯楽として人気を獲得した。映画は「人形浄瑠璃」、「覗きからくり」など、それ以前から愛好されていた同様の出し物の流れに加わって、見せ物の観客たちによって受容された。このような世界に類を見ない映画のパーフォーマンス・スタイルは、やがて常設映画館が全国に拡大し、また日本独自の映画作品を製作する映画会社が誕生し、映画メディアが社会的地位を獲得する礎となったのである。

　日本のテレビのニュース番組やワイドショーでは、全国紙やスポーツ新聞の記事の実物を映しながら、コメンテーターが解説するコーナーを良くみかけるようになった。用いる素材は活字であるが、これも「語り部」の話術を媒介とした視覚空間の共有であり、現代のテレビ番組の中にさえ、そのスタイルを変えながらも、日本人の好む口述コミュニケーション活動の流れを感じさせられる。

2　筆記コミュニケーションの成り立ち

　原始時代の人びとが岩や石にきざんだ絵や記号が、やがて絵文字（象形文字）となり、それに一定の意味を表現する文字（表意文字）が加わり、それぞれの言語の文字へと発展した。文字を発明した結果、口述にたよっていた知識や情報を記録し、時を経ても内容が変化したり、失われたりすることなく保存できるようになった。文字は遠く離れた場所に情報を伝えることを可能にし、権力者の支配の及ぶ領域を拡大し、巨大な国家の出現を可能にした。

　日本語の筆記コミュニケーションの歴史は、朝鮮半島を経て仏教とともに輸入された漢字の影響の大きさから、中国語との関係を抜きには語れない。石川によれば、日本語の歴史は大陸文化圏の一部として漢語＝漢文＝漢字を公用語とする時代（B.C.200～650年頃）を経て、中国語を倭語に翻訳する訓法と、倭語を中国語に翻訳する音法とを持つ万葉仮名の発明によって日本語独自の道をあゆんだ（650～1000年頃）。その後、平仮名（女手）と片仮名からなる日本文字の発明によって現在の日本語の基礎が確立された（1000年前後）（石川［1998］）。ある社会全体において文字の読み書き能力を持つ人びとの比率を「識字率」というが、日本語の歴史において、中国から渡来し公用文字とされていた「漢字」に加えて、「仮名」という音標文字の登場は、文字の普及に大いに貢献し、識字率の向上に寄与した。

3 印刷術から活版印刷へ

　印刷術の発明は、さまざまな出来事や考えを大量に記録し、広い地域の人々に同時に伝えたりすることを可能にした。ヨーロッパでは、1450年頃にグーテンベルクが完成させたとされる活版印刷機により、大量に、より迅速に、しかも安価に情報伝達が可能になる時代が始まった。また、印刷出版物は情報を蓄積させるメディアとしての役割もはたした。社会の近代化に伴い、印刷出版物が定期的に繰り返し発行されるようになり、定期刊行物である雑誌や定期的に必要な情報を届ける新聞が登場する。印刷術の普及によって誕生したメディアがマス・メディア産業へと発展するためには、社会基盤を整える経済発展や、政治的な成熟が不可欠である。また、読み書き能力と購買力を備えつつ、マス・メディアの情報を必要とする読者層の拡大も必要となる。

　日本における最古の印刷物は、奈良時代の『百万塔陀羅尼（ひゃくまんとうだらに）』と呼ばれる仏教の経典であるとされている。その後、11世紀頃から仏典を中心に印刷が行われ、奈良の興福寺で印刷された「春日版」、鎌倉時代に京都や鎌倉の禅寺で「五山版」と呼ばれる印刷物が刊行された。16世紀から17世紀にかけては、九州を中心にヨーロッパの印刷技術を用いた「キリシタン版」の印刷が行われたものの、徳川幕府のキリスト教禁止によりあまねく普及するには至らなかった。金属活字による印刷術の登場は幕末まで実現していないが、そのかわり木版印刷による瓦版は、火事、地震、仇討ち、心中などのセンセーショナルな事件を扱い、庶民の情報源として機能していた。現存する最古の瓦版は1615年に大阪夏の陣を伝えたものである（鶴見＝粉川編［1988］）。

　日本で初めての西洋式のユニット活字を作ったのはオランダ通詞の本木昌造である。1869年、上海の美華書館の館長ガンブルから、活字母型製造法を伝授され、字母（活字の鋳型を作るもとになる字）を完成させるが、それは彼が活字製造を志して20年目のことであった。これから日本における活字文化がさらなる発展をとげる。日本最初の日刊新聞『横浜毎日新聞』は、1870年（明治3年）12月8日に発刊され、この本木昌造の活字を使用している。近代の新聞メディアの時代は、ここから始まった（大輪［1982］）。

活版印刷の普及による新聞や雑誌の氾濫は、それ以前の書物の持つ稀少性を喪失させた。もはや書物は尊崇の対象ではなく、読みやすい商品として消費されるものとなった。永嶺によれば、明治時代の出版界では20年代に木版本から活版本への交代が急激に進行した。その結果として明治30年代には活版本で育った新しい世代が台頭し、音読から黙読への移行、読書量の増加がもたらされたという（永嶺［1997］）。樺山は活字の出現が日本人のコミュニケーション・スタイルをいかに変えたかについて以下のように述べている（樺山［1988］）。

『グーテンベルク聖書』

　アメリカの雑誌『ライフ』は新世紀にあたり、過去1000年を振り返って最も重要な出来事の100選ランキングを発表したが、その一位は「グーテンベルクによる活版印刷術の発明」であった。

　印刷術の発明は、火薬、羅針盤と並んでヨーロッパ近代化の橋渡しの役割を果たした三大発明の一つである。世界最初の活字印刷発明者が、ドイツのグーテンベルクであったか、オランダのコスターであったかの大論争は、まだ結論にたどりついていない。

　グーテンベルク聖書の本文は、2段組、総数642葉、1284頁からなり、上下2巻本。最初のページは40であるが、本文が42行からなっていることから、「42行聖書」とも呼ばれている。この聖書は単に活版印刷の最初の本というだけでなく、インクの品質・活字・行間の取りかた・手彩飾・紙質・製本技術などすべてに現代の書籍の手本となっており、「世界で最も美しく、高価な印刷本」といわれている。

　現存しているグーテンベルク聖書は48部で、現在45部が確認されている。世界で最も貴重な本とされ、滅多に古書市場に登場しないため、オークションに出るときは注目を集める。日本では、1987年10月クリスティーズのオークションにて、丸善が490万ドル（手数料を含めて7億8000万円）で落札したものを慶應大学が唯一所蔵している。以下の参考文献も楽しい読み物である。

参考文献：富田修二『グーテンベルク聖書の行方』（図書出版社、1992年）
　　　　　富田修二『さまよえるグーテンベルク聖書』（慶應義塾大学出版会、2002年）

活字情報の登場はひとびとの音声環境を変えた。すくなくとも、新聞や書物を読みうるものは、いまや字面を目で追うことに満足するようになる。あえて声を出して仲間に読み聞かせることはなくなった。黙読の習慣がしだいに定着してゆく。情報は肉声から離れた視覚メディアの中に固定される。

　ひとたびその技術が普及すれば、印刷メディアの持つ、あまねく人びとに意見を伝える機能は、共通の考えを持つ人びとの層を広げ、人びとが新しい知識を書物から吸収したり、意見を統一したりすることで、世論が形成される。

　その一方で、封建時代には読み書き能力を独占することで人々を支配してきた権力者たちを世論は脅かすこととなり、言論の自由を制限しようとする監督や統制を招く。まずは情報を与えないことで、世の中の矛盾に気がつかず、お上の言うままに何ら疑問を持たないようにすることで支配してきた者たちにとって、支配者の批判まで行う者たちの出現は既得権を侵すことにもなりかねないからである。

　近代化以降、新聞は言論機関の機能を果たしてきた。権力側は、支配に有利な「御用新聞」を優遇し、その反面、不利な言論活動を行う新聞や新聞人を封じ込めた。日本の新聞は、そのようなせめぎ合いを経て、今日に至った。

4　電子通信メディアから放送へ

　20世紀に普及した無線電信の起源は、1864年のマックスウェルによる電磁波の発見、1895年のマルコーニとポポフによる初めての無線信号の送信にさかのぼる。初期の無線通信機は、船舶の通信に用いられ、その威力を世界中に知らせたのは、1912年4月14日に起きたタイタニック号の沈没という悲劇であった。1522名の乗客とともに沈んだタイタニック号からの無線連絡が、時を経ずして世界中に伝えられ、乗客の救援活動にも結びついて、無線通信は人々の注目を集めた（Crowley［1995］）。またこれは、遠く離れた地域で起きた出来事を瞬時に伝達することを可能にし、口承的モードと電子的モードが重なり合うという、コミュニケーションの大きな進化の一段階

であるとともに、交通と通信の分離をも意味するメディアの出現を意味した。

　第一次世界大戦で、無線機は威力を発揮した。それにもまして特筆に値する進化は、定時放送を行う放送局の出現により、娯楽提供のメディアとしてラジオという情報家電が各家庭に普及したことであった（水越［2001］）。その先駆的な役割を果たしたのが、低価格の鉱石受信機とイヤフォンで、音声やレコード音楽を楽しんでいたアマチュア無線家たちの存在であった。双方向メディアの無線機が、受信専用に形を変え、1922年にはスピーカーが内蔵された「音の出る箱」ラジオとなり、「放送」（Broadcasting）がここに始まった。

　大衆消費社会が到来しつつあったアメリカでは、ラジオが家族揃ってのレジャー活動を喚起する道具となり、定時放送を行う放送局が登場する。1920年11月20日、ペンシルバニアのピッツバーグにおけるＫＤＫＡ局の開局は、全米におけるその後のラジオ受信機の驚異的な普及と、放送局の開局ラッシュがもたらすラジオ時代の到来を告げる出来事であった。

　日本のラジオ放送は1925年に始まった。無線電信が脚光をあびた第一次世界大戦以降、その速報性・同時性から、ラジオは官民からの注目を集めていた。新聞社は新機能のメディアを掌握することにより、さらなる発展を遂げたいという意欲を持っていただけに、ラジオ放送の公開実験を積極的に行っている。しかしながら、結局のところ公益法人組織のもとに、東京放送局（ＪＯＡＫ）、大阪放送局（ＪＯＢＫ）、名古屋放送局（ＪＯＣＫ）の３局でラジオ放送が発足し、翌年の1926年には社団法人日本放送協会（ＮＨＫ）に統合された。日本のラジオ放送は、唯一の放送事業者による一元的な番組編制によって運営され、発足当時から番組内容の事前検閲制度が導入されていた（竹山［2002］）。

　日本放送協会は、ラジオ体操、スポーツ放送、ラジオドラマなどを通じて、日本独自のラジオ文化を築いた。満州事変を境に、ラジオは非常時には最も重要な役割を果たすメディアの一つとなった。戦時体制下では、総力戦体制を支える政府主導の重要なコミュニケーション手段となった。その威力は、アジア太平洋戦争の終結を国民に知らせる1945年8月15日の「玉音放送」でも、発揮された。1953年にテレビが登場し、その座を明け渡すまでのラ

ジオは、ニュースをいち早く知ることのできるメディアであり、また一家団欒の輪の中にある娯楽の中心的役割を果たした。

5　視覚コミュニケーションの手段の進化

　視覚コミュニケーションは、まず絵画にはじまる。そのルーツは紀元前のスペインのアルタミラ洞窟の奥深く、旧石器時代の人びとによって描かれた壁画にまでさかのぼる。これは人類が社会を形成し、その体系の秩序を確認する手段として視覚に訴えるシンボルを作り出したことをも意味し、中世の寺院の宗教画や、イギリス王室の紋章、ナチス・ドイツの鉤十字へとつづくのである。

　木版画やリトグラフ（石版画）による印刷物の挿絵に続き、人間の視覚を補助する道具として登場した最初の機器は、写真機である。カメラ・オブスキュラと呼ばれたピンホールを通して風景を映し出す箱の映像を、アスファルト処理した硝酸銀の感光板に定着させたのは、フランスのニエプスであり、1826 年のことであった。1839 年には、ダゲールがダゲレオタイプ式の写真を発明し、イギリスではトールボットが感光紙を用いて多数の写真を複製するカロタイプを経て、写真のハーフトーン（網版印刷）技術を発明した。これによって、送り手の主観的な影響を受けることなく、またシンボル化した抽象表現の介入もなく、風景や人物の顔をありのまま大量に複製して配布し、時間を越えて記録することが可能になった。日本にダゲレオタイプの写真機が初めて輸入されたのは 1848 年（嘉永元年）であった（中川［2001］）。

　写真に次ぎ、視覚的なイメージを記録し、連続的に再生することを可能にしたのが映画であった。映画は 1895 年にフランスのリュミエール兄弟がキャプシーヌ通りにあったグランカフェの地下の「インドの間」で、工場を出る労働者や列車の到着を公開したのが始まりとされている。それ以前には、絵画が動いているように見せるさまざまな装置や視覚的実験の積み重ねがあり、映画というシステムは、撮影カメラやフィルムの改良などのテクノロジー発展が凝縮された成果として誕生した。

　18 世紀の末のヨーロッパには、「ファンタスゴマリア」と呼ばれたトリックを用いた見世物が登場していた。「マジックランタン」と呼ばれる幻燈機を用いて悪魔やフランス革命で断頭台の露と消えた者たちの亡霊を礼拝堂の

第1章　コミュニケーションとしてのマス・メディア　23

暗闇に映し出す幻想の世界に観客は酔いしれたという。この装置もやがて日本に紹介され、日本独自のスタイルに変えられ、1803年に登場している（当時の人びとは幻燈機のことを「風呂」と呼んだ）。太夫の語る説教節に合わせて投影するスライド（種板と呼ばれる）には、さまざまな仕掛けが仕組まれていた。これは「写し絵」と呼ばれる芸能として、今日まで伝えられている（広瀬＝矢牧［2002]）。

　視覚の残像を利用して静止画を次々に映していけば動いているように見える。この原理を実証したのは、1877年に競馬場で馬の連続写真をとった写真家マイブリッジであった。リュミエール兄弟と時期を同じくして、「ヴァイタスコープ」を1889年に発明したアメリカのエジソン（Edison）が、1891年に「キネトグラフ」と呼ばれる覗きからくりの装置の特許を得た頃から、映画の発展は加速する。

　映画が社会の底辺にいる人びとから支持を受け、最も大衆的なメディアへと成長したのには、さまざまな要因が考えられる。リュミエール兄弟のシネマトグラフは、興行師ジョルジョ・メリエスの手によって科学的な見世物へと変貌し、さらに、まとまった資本を集めて多くの観客の興味をそそる映画作品を作らせる娯楽産業へと発展した。アメリカでは、大衆的な娯楽を求める市場の存在と、読み書きのできない移民でも楽しむことができるという映画メディアの特性から、映画は労働者階級の最大の娯楽となった（Sklar［1994]）。日本でも映画は見世物興行の一つとしてデビューを果たし、弁士による語りが加わることで大衆娯楽の世界で地位を確立した。さらには、その社会的な影響力から、映画による国民の精神的統合を果たす道具へと発展し、トーキー化以降の映画はプロパガンダの一手段として、国威発揚をうながす国民的なメディアへと変貌した。

　絵を走査して再生する技術であるテレビジョンのルーツは、19世紀に遡ることができる。1925年には、イギリスのベアードがニプコー円盤の原理を用いて映像の送受信に成功したことにさかのぼる。日本でも高柳健次郎が、1926年にブラウン管を用いて、「イ」の字を送ることに成功した（高柳［1986]）。世界最初のテレビ実験放送は、ＮＢＣが1939年のニューヨークのワールド・フェアの様子を放送したものであった。第二次世界大戦のためそ

の本放送は戦後にまで持ち越されるが、ラジオ・ネットワークがすでに戦前から整備されていたので、テレビ放送普及の基盤はすでに作られていた。また、敗戦から立ち直った日本の高度経済成長という時代の流れに乗ることにより、電化製品（耐久消費財）普及の流れの一環としてテレビ受像機は急速に家庭に浸透し、テレビ放送は産業化を容易に成し遂げた。それまで君臨していた映画とラジオに取って代わったテレビは、洞窟画、木版画、写真、さらに映画へと発展した視覚メディアの流れに電波送信装置が加わることで、戦後の日本のマス・メディア状況を一変させ、大衆消費社会における視覚文化の新時代を築いた。

6　メディアの融合

印刷の現場では電算写植機が、手作業で鉛の活字を拾い上げていた活版印刷の組版にとって替わった（中西 [1994]）。分厚い本に代わって手のひらサイズの CD-ROM に大量のデータが収録できる「電子出版」、資料検索・資料収集を家庭からインターネットで即座に行える「電子図書館」が、出版の世界を大きく変えた。家庭のテレビ画面により、インターネットを通じて、好きな時に、好みの番組や映画、テレビゲームなどを取り出し楽しんだり、新聞を読んだり、買い物をしたり、生活情報を相互に交換したりすることも日常化している（赤木ほか [1998]）。

さらにメディア環境を大きく変えることで社会生活のありようを一変させたのがコンピュータである。コンピュータが登場したのは第二次世界大戦後であるが、当初は複雑な計算をこなす巨大な機械にすぎなかったものが、より迅速に大量の情報の処理を可能にしながら、しかも小型化を進めるとともに、コンピュータ相互の情報交換を可能にするネットワーク化がはかられた。また、パーソナル・コンピュータは、個人のレベルでの情報交換を可能にする装置へと進化した。

コンピュータのもたらしたものは、まずインターネットの普及により、映像や文字とともに、音声や大量のデータを蓄積し、またそれらをいつでもどこでも伝達することが可能となったことである。送信できる情報量の増大と、その到達範囲とそれに要する時間の短縮は、光ファイバーの出現によってますます加速され、生産・供給され、蓄積される情報量も無限に拡大している。

第1章　コミュニケーションとしてのマス・メディア　25

　また、オンライン化やネットワーク化により、ＬＡＮ（Local Area Network）やＩＮＳ（Information Network System）が形成され、従来のメディアがほかのメディアと結びつくことにより情報交換の可能性がより拡大され、映像メディアと活字メディアとの融合、放送と通信のクロス・オーバー化が促進された。その結果、メディア相互の境界線が消滅し、従来は各メディアがそれぞれの領分の中で発揮していた機能が、渾然一体となった。パソコンをつなぐことにより、手紙に変わってメールをやりとりし、映画を見る、新聞でしか知り得なかった海外のニュースを知るといったことは今ではごく当たり前であるが、登場して間もないこれらの手段に驚かされたのはすでに過去のことになっている。

　コンピュータはマス・メディアの一方通行性にかわり、双方向のコミュニケーションの流れも可能にした。これまでの最大公約数の人々に受け入れられるようなマス・メディアのサービスに替わり、情報の受け手を、居住地、属性などにより限定して提供する個別化サービスを、コンピュータは可能にした。不特定多数の視聴者を相手にした放送を意味する「ブロードキャスティング」に対して個別化された情報サービスを提供することが可能になり、これは「ナローキャスティング」と呼ばれている。

　また、放送の現場では、かってフィルム取材によっていた方法から、ビデオカメラを用いる方法であるＥＮＧ（Electronic News Gathering）によるニュース取材が一般化して、さらなる進化をＳＮＧ（Satellite News Gathering）が可能にした。これはイラク戦争で威力を発揮した通り、通信衛星であるJCSCATやスーパーバードを利用する取材方法で、現場に対通信衛星用の機材を持ち込んで、ニュース素材を衛星を経由して局に送る仕組みで、これにパソコンや衛星電話が加わって、速報性・同時性のさらなる新しい局面を展開させた。

引用文献

McQuail, Denis., *McQuail's Mass Communication Theory 4th Edition*（SAGE Publications, 2000）p.66.
マクルーハン，M.／栗原裕＝川本仲聖訳『メディア論——人間拡張の諸相』（み

すず書房、1987 年）

ロジャーズ，E．M．／安田寿明訳『コミュニケーション科学——マルチメディア社会の基礎理論』（共立出版、1992 年）

オング，W．J．／桜井直文、林正寛、糟谷啓介訳『声の文化と文字の文化』（藤原書店、1982 年）

山本武利『新聞記者の誕生』（新曜社、1990 年）88—99 頁

石川九揚「新説・日本語はこうして作られた」『中央公論』1998 年 3 月号　284—305 頁

鶴見俊輔、粉川哲夫編『コミュニケーション事典』（平凡社、1988 年）72—75 頁、147—148 頁

大輪盛登『メディア伝説——活字を生きた人びと』（時事通信社、1982 年）117 頁

永嶺重敏『雑誌と読者の近代』（日本エディタースクール出版部、1997 年）2—10 頁

樺山紘一『情報の文化史』（朝日選書、1988 年）47 頁

クローリー，デイヴィッド他／林進、大久保公雄訳『歴史のなかのコミュニケーション　メディア革命の社会文化史』（新曜社、2002 年）248—255 頁。［原著：David Crowley & Paul Heyer, *Communication In History : Technology, Culture, Society.* (Longman Publishing Group, 1991)］

水越伸『メディアの生成　アメリカ・ラジオの動態史』（同文館、2001 年）

竹山昭子『ラジオの時代　ラジオは茶の間の主役だった』（世界思想社、2002 年）

中川邦昭『カメラ・オブスキュラの時代』（ちくま学芸文庫、2001 年）

広瀬秀雄＝矢牧健太郎『図説映像トリック——遊びの百科全書』（河出書房新社、2002 年）

スクラー，ロバート／鈴木主税訳『アメリカ映画の文化史：映画が作ったアメリカ』上（講談社、1995 年）［原著：Sklar, Robert, *Movie-Made America : A Cultural History of American Movies. Revised and Updated* (Vintage Books Edition, 1994) p. 3.

高柳健次郎『テレビ事始——イの字が映った日』（有斐閣、1986 年）

中西秀彦『活字が消えた日』（晶文社、1994 年）

赤木昭夫ほか監修『いまの生活「電子社会誕生」』（晶文社、1998 年）156—192 頁、217—230 頁

第3節 ネットワーク・コミュニケーションと マス・メディア

I ネット社会の出現

　ネット社会へと私達のコミュニケーション環境を大きく変えたインターネットは、アメリカの国防総省高等研究計画局（ARPA = Advanced Research Projects Agency）が軍事研究目的のために考え出した「アーパネット」（ARPANET = Advanced Research Projects Agency Network〈1969 年〉）がその嚆矢とされ、インターネットの基幹技術はこのネットワーク上で開発された。1990 年代以降、パソコンの小型化と検索システムが改良されることで、インターネットはコミュニケーション活動になくてはならない社会インフラとしての立ち位置を獲得した。ＩＴ革命と言われるインターネットが牽引した社会変化の世界的なうねりは、企業活動や個人の生活のありようを大きく様がわりさせた。より迅速でより効率的な情報交換の大量化・低コスト化を実現させたネットワーク環境の整備によって、そのリアルタイムな情報拡散の範囲もグローバルな規模へと広がりを見せた。さらに、理論的にはいかなる市民も情報の送り手になれる（双方向性）という点も、インターネットがもたらしたコミュニケーションの新しい局面であった。

　イニス（Harold A. Innis）は、その社会の主流であるコミュニケーションの手段がタイプの異なるメディアにかわることによって、社会構造までにも影響を与えるさまを、『メディアの文明史』（1987）のなかで歴史的な観点から論じている。イニスによれば、技術革新によってひとたび新しい情報伝達手段が創出され普及すると、それまで情報を独占していた既得権の保有者たちの力が衰える代わりに、新時代に求められる知識へのアクセスを可能にする新しいインフラを手にした者たちが台頭し、新しい勢力が形成されるという。これは、どの歴史的な流れを見ても、コミュニケーション・メディアは特定の民族や階級によって独占される傾向にあり、それはまた知識や権威の独占をも伴うものの、対立する傾向を持った新しいメディアが登場すると、

それによって新しいグループに独占され、その結果として彼らが新たな権威としてその社会の主流を形成する。このようなメディアをめぐる覇権争いの結果、新しい制度、ルール、イデオロギーまでもが取って代わることをイニスは示唆している。

封建時代から近代化への橋渡しをしたとされているグーテンベルクの活版印刷術を例にとっても、印刷物の普及はそれまで君主や聖職者が所有する知識の独占や権力の象徴であった羊皮紙製の書物の時代を終焉させ、あまねくゆきわたったさまざまな印刷物がもたらした知識は、市民階級を台頭させ、またローマ教会の絶対的支配に揺さぶりをかけた宗教改革の原動力ともなった。イニスによれば、これもまた、新しいメディアの登場による歴史的な必然であったことになる。

はたして、通信・情報媒体の技術革新に牽引された現在進行形のＩＴ革命は、それを手中にした新興勢力の台頭を導き出し、新たなエリート層を形成し、知識や権威までも独占するようになるというイニスの歴史観に当てはまるものとなるのだろうか？　目新しいメディアが無条件にもてはやされ、それを喧伝する空気が社会全体を覆っている段階において、この問いへの答えを得ることは容易ではない。その確証を得るためには、ネットワーク・コミュニケーションの手段が、社会のあらゆるレベルにまで浸透し、個人や組織に与えた影響が、そこここで少しずつ姿を見せるようになるまで、長いスパンで動向を見守る必要があるだろう。

Ⅱ　ネットワーク・コミュニケーションの変遷

以下では表１―１を参照しながら、2015 年までの日本におけるネットワーク・コミュニケーションの変遷をたどってみよう。

1980 年代から本格的に登場したインターネット上における情報の共有を可能にした仕組みの一つであるウエブ（Web）がもたらしたものは、人と人とのつながり方の変化であった（「WWW ＝ワールド・ワイド・ウエブ」とも呼ばれている〈1991 年〉）。このウエブの出現によってメール交換だけでなく、チャット（Chat）という匿名ユーザー同士が会話のような筆談に近いやり取りをオンライン上で行うことのできる場の出現により、ネットワーク上に個

第1章　コミュニケーションとしてのマス・メディア　**29**

人間でコミュニケーションを行うヴァーチャルな空間が創出された。ＰＣ、携帯電話によるパーソナル・コミュニケーションの新しい形は、さらにスマートフォンの出現によってさらに進化をとげている。

2011年に日本で開設された無料通信・メールアプリであるライン（LINE）は国内に5400万ユーザー（2014年12月3日）を獲得するだけにとどまらず、さらに世界的なひろがりを見せている。ＰＣやスマートフォン上で、音声だけでなくお互いの顔も見ながら無料でもやり取りすることを可能にしたアプリであるスカイプ（Skype〈2004年〉）もまた、フェイス・トゥ・フェイスのグローバルなコミュニケーション活動を簡便なものに変えた。

当初は個人間の情報交換が中心であったネットワーク・コミュニケーションの技術はさらなる進化を遂げ、無限大の人たちに情報を提供するという、従来はマス・メディアが担っていた領域においても、その威力を発揮するようになった。

その一つが、1990年代の中頃から、ウエブ上に登場したホームページである。これは、企業や個人がネット上に常設のサイトを開設し、メッセージや写真などを掲載できる場所のことである。正式にはウエブサイト（Website）またはウエブページと呼ばれるもので、今日通称となっている「ホームページ」という言葉は、本来はアクセスしたときに最初に現れる画面のことを示している（以下では、ホームページとする）。

ネット上にメッセージを公開しておけば、それに関心を示してくれる一般の人びとがそのページを閲覧（アクセス）してくれる。すなわち、理論的には無限大の受け手に対してメッセージを伝えることのできるというホームページの機能に着目した企業が、その広報活動やサービスの一助として採用するようになった。ジャーナリストや広告代理店を媒介してメディアに働きかける従来のパブリシティや広告活動とは別の手段として、今日においては、それぞれの企業活動を紹介し、またステークホルダー（その企業となんらかのかかわりを持つ者）との関係性を向上させるうえで、ホームページの開設は幅広く浸透している。さらにこの動きは、オンライン・ショッピングやネット・オークションというネットを用いた商品購入や商取引などにまで発展し、人びとの社会生活やライフスタイルを大きく変えつつある。また、誰で

表1—1　日本におけるネットワーク・メディアの変遷(各年度は日本国内での開始年度)

	インフラ、デバイス	プラットフォーム、アプリ、サービス等
(1985年〜1994年) **大型コンピュータから** **PC／インターネットへ**	1985年　電電公社民営化 1988年　NTT、ISDN 1991年　ウエブカメラ	 1991年　WWW
1995年〜1999年 　　　　**Web1.0**	1998年　iMac 1999年　NTTドコモ、iモード	ホームページ普及 1995年　Windows95 1996年　Yahoo! Japan 1997年　楽天市場 1999年　2ちゃんねる
(2000年〜2004年) 　　**ブロードバンド** **クラウド・コンピューティング**	2000年　NTT、ADSL 2001年　iPod	2000年　Google日本版 2000年　amazon.co.jp 2001年　Wikipedia 2001年　WindowsXP ブログ普及 2004年　mixi 2004年　Skype 2004年　Gメール
(2005年〜2009年) 　　　　**Web2.0** 　**動画投稿・視聴** 　　　**タブレット** 　**スマートフォン** 　　　　　**SNS**	 2008年　iPhone3G 2009年　Android搭載端末	2005年　YouTube 2006年　Twitter 2006年　ニコニコ動画 2006年　ワンセグ放送 2007年　USTREAM 2008年　Facebook日本版
(2010年〜2015年) **Wearable Media?**	2010年　iPad 2015年　iWatch	2010年　電子書籍元年 2011年　LINE 2012年　キンドル日本版

参考資料：電通総研『情報メディア白書2015』(電通総研、2015) 30-39頁。
　　　　『日本の論点』編集部『その先が見えるビジネス年表』(文藝春秋社、2009
　　　　年) 80-90頁。
　　　　日経パソコン『デジタル・IT用語事典』(日経BP社、2012)

第1章　コミュニケーションとしてのマス・メディア　　31

も過分な金銭的・技術的負担もなしに開設できるホームページは、個人のレベルにおいても広く浸透している。

　さらにその延長線上に登場したのが2000年頃から爆発的な流行となったブログ（blog）という手段であった。ブログとは「ウエブに残された記録」という意味を持つWeblogということばから派生した用語で、登録した投稿者が、その書式に合わせて、定期的にコンテンツを提供していくことができるウエブサイトである。誰でも（匿名も可）投稿者になることができ、その内容は、日々のエッセイから専門性の高い論評までバラエティに富み、ブロガーと呼ばれる自ら表現活動を行う者の中には多数の読者を獲得している者もある。

　このブログも、時にはマス・メディア以上の威力を発揮することもある。世論の注目を浴びそうな話題性のあるメッセージが掲載されたブログでは、アクセス件数がうなぎ上りになることもある。また、企業がブロガーと呼ばれる投稿者を雇って行う商品の宣伝活動や、広報活動に活用することもあれば、有名人の中には、記者会見の開催をブログで代用している者もある。さらにジャーナリズム活動においても、ブログからの情報をそのまま伝えるというニュース・ストーリーでさえも、今日では珍しくない。

　ネット上で支配的な地位を獲得している総合的なウエブ・サービス・サイトであるYahoo!（ヤフー：日本では1996年に開設）などのトップ画面には、既存の印刷系新聞社からのニュースが日々提供されている。また、若者を中心としたネット世代の間では、従来の新聞からではなく、ネット経由でニュースを入手する者が圧倒的に増え続けている。新聞を定期購読している読者層の高齢化などによる先細りが確実で、ネットによる無料の情報収集に慣れている若年層のスマートフォン・ユーザー層からの読者開拓の見通しが立たない新聞メディアにとって、紙媒体だけでなくネットによるニュース配信の領域で確固たるビジネスモデルを確立することで生き残りを図ることは、避けて通ることのできない課題となっている。

　音楽メディアに目をやると、楽曲をネット経由で送ることを容易にした容量を圧縮する音声ファイル技術（エムピースリー：MP3：MPEG audio layer 3）には、さらに動画配信の技術も加わることでその産業構造に大きな変化

をもたらした。この技術をビジネス化し楽曲のオンライン購入システムを確立したアップル社の携帯音楽プレイヤーである iPod（アイポッド：2001 年発売）の登場は、従来の輸送系音楽ソフト・パッケージの販売拠点でもあった地域のレコード店やレンタルショップを駆逐し、業界のランドスケープを大きく変えた。

さらに、出版の世界も大きな転換点を迎えている。書籍や雑誌の売上高が年ごとに落ち込む出版不況に頭を悩ませ続けてきた出版業界に、米国のオンライン書籍販売の大手であるアマゾンの開業によってオンライン書店が登場し、オンライでの書籍の購入に先鞭をつけた。またタブレット型端末であるアップル社の iPad（アイパッド）の日本発売（2010 年）に伴って電子書籍も登場し、さらにアマゾンの電子書籍キンドルも日本では 2012 年から入手できるようになった。このように電子書籍の装置が整った今後の日本において、人びとの読書行為や出版活動のありようが、どのように変貌するのか興味深いところである。

Ⅲ　オンライン・コミュニティの出現

各個人間のつながり方を変えたネットワーク・メディアは、21 世紀を迎えるとさらなる進化を遂げた。その最も大きな功績は、参加型のオンライン・コミュニティをネット上に出現させたことであった。ネット社会の新しい局面をまず実感させられたのは、匿名掲示板である 2 ちゃんねる（1999 年）の登場であった。誰もが閲覧だけでなく自分の意見を書き込むことができて、自由な意見交換ができる場の出現によって、居住地域や社会的立場の制約を超えて討論者を集めることが可能となった。このような日本語の語りの場がネット空間に創出されたことは画期的な出来事であった。

この公に開かれた掲示板 2 ちゃんねるでは、あるテーマに関連した一連のメッセージ群を分類したスレッドごとに情報提供や意見交換が可能となっている。各個人がマス・メディアでは取り上げないような情報を提供し、日常的には接触できない人からの共感できる意見を確認し、納得できる異論を知るといったような、議論の場がネット上に出現したことを実感させられた。

しかしながら、このような立場にとらわれない自由な発言を可能にしてく

れる匿名の者たちによって形成されるオンライン空間は、ひとたび間違うと暴走を招きかねない「もろ刃の刃」でもある。その人気があがるにつれて、2ちゃんねるでは投稿者たちが罵倒し合うことで終始するスレッドや、ヘイト・スピーチの大合唱になるスレッドまで現れるようになり、理性的な議論を期待していた投稿者をがっかりさせた。

　ひとたび、感情に支配された投稿者たちによって、冷静さを欠くような発言の応酬が続くようになると、実りのある議論を期待していた者たちは去り、一部の者たちによる不毛の投稿だけが延々と繰り返されることになる。当時の日本人の民意度のバロメーターでもあった2ちゃんねるは、投稿者すべてが、情緒や感情に流されない、犯行声明や反知性的な批判や悪意に満ちた中傷によるはけ口の場ではなく、他者を尊重する市民による冷静で理知的な議論の場として終始していれば、ミレニアムに登場した理想的な「公共圏」になるはずであった。

　2ちゃんねる以降も、ネット・ユーザー同士の社会的な関係の構築を可能にするＳＮＳ（ソーシャル・ネットワーク・サービス：Social Network Service、以下ではＳＮＳと略記）が、世界中に次々と産声をあげている。その後の日本では、登録された人たちによるコミュニティである mixi（ミクシー：2004年開設）やそのアカウント獲得（フェイスブックに加わるために求められる情報やパスワードなどを登録することで使用する権利を得ること）の際には個人名の使用が前提となっている Facebook（フェイスブック：2008年開設）が普及している。

　より使い勝手を良くするための機能的な改良に加え、日々小型化・軽量化を続ける携帯電話端末は、メディアの個別化をますさらに促進している。オフィスやビルなどの狭い範囲内でインターネットへワイヤレスの接続を可能にした無線ＬＡＮ（local area network）である Wi-Fi（ワイファイ）の普及は、いつでも、どこでもアクセスが可能な情報端末を誰もが持ち歩くことを実現させた。この Wi-Fi は、スマートフォンの爆発的な普及の立役者となり、誰でも表現者になれるネット社会の実現を牽引した。

　従来の携帯電話からスマートフォンへのシフトが進む今日であるが、スマ

表1―2　携帯電話とスマートフォンの使われ方の比較（行為者の比率：％）

	スマートフォン	携帯電話
携帯メールの交換	92	59
写真撮影	92	59
インターネットへのアクセス	84	15
写真・ビデオを誰かに送る	80	36
メールのやり取り	76	10
アプリのダウンロード	69	4
オンライン・ゲーム	64	12
音楽再生	59	12
ビデオクリップの撮影	59	15
SNSへのアクセス	59	8

出典：Biagi Shirley *Media/Impact : An Introduction to Mass Media* TENTH EDITION (2013, WADSWORTH CENTAGE Learning) P. 198　The Pew Research Center（米国）が2011年にアメリカ国内で実施した調査から抜粋した図の引用。

ートフォンはユーザーの社会的なコミュニケーション活動をどのように変えつつあるのだろうか？　表1―2は2011年にアメリカのピュー・リサーチ・センターが実施した調査の結果である。これは携帯電話とスマートフォンのユーザーに対して、それぞれの行為ごとに実践していると答えた者の比率を比較したものである。このデータが示すように、携帯情報端末は、スマートフォンへとシフトすることで、ますますコミュニケーション・ツールとしての存在感を増してきている。

　中でも特筆に値するのは、スマートフォン・ユーザーでインターネットにアクセスする行為者の比率が圧倒的に増えているという点である。これはスマートフォンのユーザーがマス・メディアを唯一の情報源として仰ぐことなく、検索機能を用いることで、自分の関心のある情報を、自らの手の上でどこにいても探し出せるようになったことを意味している。またネットにニュース情報や写真や映像を掲載し、また友人が掲載してくれたメッセージに共鳴する書き込みへの意思表示をしたりすることもごくありふれた日常となっ

ている。今ではテロなどの歴史的な事件の速報を知る手だてとしても、スマートフォンは威力を発揮し、かつてテレビが新聞メディアから奪い、これまで請け負ってきていた「第一報を他のどのメディアよりも早く送り届ける」という役割を、スマートフォンに明け渡しつつある。もはや、社会生活の基本となるようなコミュニケーション活動の機能のすべてが、スマートフォンに取り込まれ、さらにコミュニケーション活動が集約されてゆくという動きは、今後も止まることなくすすみ、マス・メディアの牙城に迫る勢いはさらに増してゆくことだろう。

Ⅳ　SNSとマス・メディア

　ネットワーク・コミュニケーションの新時代を考える時に、2005 年前後に登場した Web2.0（ウェブにてんゼロ）を忘れることはできない。Web2.0 は、先進的なウエブ・サービスとそれを支える技術で、音声回線による音声通話のみだった携帯から、データ通信を利用するメッセージ・アプリの機能まで付与し、ネットワーク・コミュニケーションにおける発信者としてのユーザーの可能性をさらに拡大した。2000 年に日本にもお目見えした Google（グーグル）が牽引した Web2.0 は、数多くの SNS（Social Network Service）を誕生させた。それぞれが世界中から莫大な数のユーザーを獲得し、今では広告メディアとしても一目置かれる存在となっている。以下では、現時点で、日本では最も普及し、今後のマス・メディアのあり方そのものにも影響を与えると考えられる代表的な SNC（ソーシャル・ネットワーク・サイト：Social Network Cite 以下では SNC と略記）を列挙してみよう：

mixi（ミクシー）
　2004 年 3 月にサービスを開始した。ユーザーが共通の関心を持つグループに加わり、またそこで新しいユーザーとの出会いを可能とする SNC の一つ。ここにはメンバーが日記を公開することや、関心のあることをユーザー同士が掲示板でやりとりすることが可能な機能が備えられている。

ツイッター

2006年に開設された。140字以内のメッセージを不特定多数にリアルタイムに投稿して知らせることのできるコミュニケーション・サービスである。ツイッターは、緊急性を要するときの情報伝達や何らかの意見表明にその威力を発揮する。企業や自分の顔写真やプロフィールの公開が必然的に伴うような立場にある公人や有名人が利用しているものも多くみられる。誰もがつぶやくという意味を持つツイッターのメッセージは、日々、無限大に拡大し続け、ネット上に蓄積されている。今日ではビッグ・データとなるまでに蓄積されたメッセージの膨大なテキストをシステマティックに内容分析することで、世論の動向を探り、広報やマーケティング活動の参考にする方法も、すでにビジネスとして確立されつつある。

YouTube（ユーチューブ）

米グーグル社が運営するインターネットでの動画投稿・共有サイト（video hosting service）である。2005年12月に開設され、2006年10月に、米グーグル社に買収された。サイトに登録したユーザー自身が撮影し投稿（アップロード）することができて、そのビデオ映像は誰でも視聴できる。各ビデオクリップのページには掲示板（ＢＢＳ = bulletin board system：不特定多数の人に向けて、メッセージを書き込むことや、それを誰でも閲覧できるシステム）が付随されており、その動画を視聴したユーザーが感想を述べる機能や、関連動画を選び出し継続して提示し続ける機能も備えている。またそれぞれのビデオクリップはアーカイブ性を持ったライブラリーの中に保存される。また、各投稿動画は、ブロガーやＳＮＳのユーザーが、ブログやＳＮＳのページにテキストの一部として貼り付けることで、資料代わりに提示することも可能となっている。

Facebook（フェイスブック）

2009年には世界最大の規模を誇るネット交流サイトとなったフェイスブックは、月間アクティブ・ユーザー13.5億人（2014年9月30日）を誇っている。このフェイスブックは、実名での参加が前提となっており、プロフィ

ールを登録したユーザー同士が認証し合うことで、友人同士のコミュニティを形成する。メール交換に加え、それぞれが投稿（アップロード）したメッセージ、動画、写真を共有できるが、その公開に際して投稿者は、友人間のみに限定するのか不特定多数のフェイスブック加入者に公開するのかといったように、その公開対象者の範囲を選択できるようになっている。また、友人のアップロードしたメッセージや写真に「いいね」を始めとする様々な反応を示すボタンを押すことで投稿への意思表示を可能にし、また友人の投稿した動画やメッセージを自分のページに張り付ける（シェアする）こともできる。このシェアがリレーされることで一個人によって投稿されたメッセージのテキストが無限大に拡散し続けることもある。時には、どれだけの人によって共有されたかを示す指標ともなる、「いいね」ボタンを押した人の数と「シェア」した人の数が、マス・メディアの受け手の数に匹敵するほどの数値をたたき出すこともある。

USTREAM（ユーストリーム）

インターネットに接続し、デジタルカメラによって、それぞれのＰＣやスマートフォンに生放送のような映像のストリーミング配信ができる動画投稿・共有サイトである。画面にツイッターが統合された使い方を行うことも可能となっている。このサイトを用いれば、スマートフォンを用いて誰もが自分のいる場所からの映像中継も可能である。このような一般人による自発的な現地レポートは、歴史的な瞬間をとらえ、記録する貴重な資料となることもあれば、誹謗中傷や誤解を招き、誰かを傷つけることにもなりかねないものとなる。

Ⅴ　集合知とマス・メディア

20世紀初頭から登場したマス・メディアによるマス・コミュニケーションはメッセージを同時に多くの者に送り届けるコミュニケーション方式を構築し、トップダウン形式のコミュニケーションがスムーズに行われるシステムが形成された。新しい世紀をまたいで登場したインターネットが実現させたソーシャル・ネットワーキングによって、さらに、誰もが参加できるコミ

ュニケーションの仕組みが加わった。これによって、マス・コミュニケーション一辺倒の時代には不可能であった独裁者による社会的・経済的な抑圧の可視化や、政治・経済の世界における倫理観の欠如を暴くようなボトムアップ型の情報の流れも、すぐさま拡散され共有されるようになった。

　Web2.0 時代の覇者は検索エンジン（search engine：検索機能を提供するシステム）を無料で提供した Google 社であるが、その最大の恩恵は「集合知（collective intelligence）」のネットによる構築を可能にしたことであった。集合知とはインターネットを利用して、見ず知らずの他人同士が知恵を出し合うことで形成された知の集合体（西垣［2013］：20 頁）のことで、物理的にも接触することが不可能な他人同士であるネット・ユーザーたちが、ネットを通じて共有することで、各個人の知恵の断片が集められ集合的なものへと構築されることを示す言葉である。この集合知は、学者や特権階級が保有する「専門知」をはるかに超えるような知の集合体として、ネット市民に共有されることもある。

　過度の専門分化が進み、産学共同化の加速によって専門知への社会における絶対的な信頼感が揺らぐ今日の社会にあって、集合知による新しい地平の可能性を端的に示してくれた一つの事例が 2011 年 3 月、福島の原子力発電所に起きた惨事であった。

　2011 年 3 月 11 日、東日本大震災による津波に襲われ、電源を消失した福島第一原子力発電所の様子を伝えるテレビや新聞は、水を絶え間なく循環させて冷却させることが不能となった格納庫の燃料棒に起こるであろうメルトダウン（発電に用いる燃料棒が熱で溶けてしまうこと。危険な放射性物質を放出することで、深刻な環境破壊を起こすと言われている）の可能性について、決してリアルタイムで言及することはなかった。

　連日にわたる福島からのテレビ中継をつなぐ地上波テレビの画像では、格納容器を覆う建屋から白煙が立ち上り、さらには屋根まで吹き飛ぶさまが映し出されても、テレビの実況中継では、コメンテイターを務めていた日本の原子力研究の権威とされていた御用学者たちや、その安全性を主張し続ける政府のスポークスマンのメッセージをそのまま流すだけで、日本のマス・メディアは、「社会の木鐸」、「布衣の宰相」（ジャーナリストの理想的なあり方で、

第1章　コミュニケーションとしてのマス・メディア　39

人びとに迫りくる危機を先んじて知らせること）の特権を放棄した。

　そのような大手メディアと同時並行的に、ネット上では不都合な真実を確信させてくれる集合知が形成されていった。ネット・ユーザーが提供する膨大な情報には、海外の研究所が観測した福島からの放射能が世界中に拡散していることを示すデータや、国の原子力政策に異議を唱えたためにメインストリームのマス・メディアがそれまで排除してきた研究者や有識者による納得のゆく情報提供、福島の現場で収拾がつかない中で作業を行っている者からの悲鳴に近い内部告発に至るまで、玉石混合ではあるものの、さまざまなものが含まれていた。断片的な情報がふるいにかけられ次第に集約されることで、ネット・ユーザーの間で、福島第一の原子力発電所内ではまさにメルトダウンが進行し、「福島第一は、実は深刻な状態にあるのでは？」という仮説が共有されるのに時間はかからなかった。

　このようなマス・メディアの受け手の思いをよそに、「問題はない」と一貫して主張し続けた為政者や企業側のスタンスに立ち続けた日本のマス・メディアの記憶は、これからのマス・メディアと受け手の関係にいかなる影響を与えるのだろうか？

　ソーシャル・ネットワークは、「アラブの春」と呼ばれる、2011年に中東社会を席巻した民主化要求の大きな社会的なうねりの折にも、その威力を発揮した。民主化要求のデモを拡大させ、圧倒的な権力を誇った政治的リーダーのもとで確立されていた盤石な支配体制まで崩壊するに至ったこの革命は、ＳＮＳなくしては成し得なかったことであろう。この出来事はまた、ネット社会以前には効果を発揮した従来のマス・メディアを用いたトップダウン式のプロパガンダは、専門家でさえ到底たどり着けそうもない民主主義社会の理想でもあった集合知の創出を可能とし、また物理的には接触することの不可能なサイレント・マジョリティの声をまとめあげるだけでなく、さらに大きなうねりを作り出すような潜在力を持つネット社会においては、もはや通用しないことを確信させるものであった。

参考文献

イニス，ハロルド・アダムズ／久保秀幹訳『メディアの文明史——コミュニケー

ションの傾向とその循環』（新曜社、1987 年）＝ Innis, Harold *Empire and Communication* (Oxford University Press, 1950)

大谷和利『iPod をつくった男──スティーブ・ジョブズの現場介入型ビジネス』アスキー新書 048（株式会社アスキー、2008 年）

神田敏晶『YouTube 革命──テレビ業界を震撼させる「動画共有」ビジネスのゆくえ』（ソフトバンククリエイティブ、2006 年）

小寺信義『USTREAM がメディアを変える』ちくま新書 874（筑摩書房、2010 年）

佐々木敏尚『電子書籍の衝撃』（ディスカヴァー・トゥエンティワン、2010 年）

電通総研『情報メディア白書 2015』（電通総研、2015 年）30─39 頁。

西垣通『集合知とは何か──ネット時代の「知」のゆくえ』中公新書 203（中央公論社、2013 年）

日経パソコン『デジタル・I T用語事典』（日経BP社、2012 年）

『日本の論点』編集部『その先が見えるビジネス年表』（文藝春秋社、2009 年）80─90 頁。

Biagi Shirley *Media/Impact-An Introduction to Mass Media* TENTH EDITION (WADSWORTH CENTAGE Learning, 2013)

少年事件と今のメディアについての雑感

　2015 年 2 月 20 日、多摩川の河川敷で中学 1 年生の少年が殺害され遺体を遺棄される事件が起きた。その発生直後から加害者とされている遊び仲間の少年たち 3 人の逮捕までの進捗状況を見ていると、今の私たちは、IT 化が進んだメディア環境におかれていることを実感させられる：

　　被害者と加害者の少年たちは直前まで LINE でやりとりしており、少年が殺害されるほんの少し前まで、被害者の少年の交信の記録が残されている。

　　街中のあちらこちらに設置されている監視カメラは、加害者とおぼしき少年たちの特定には貢献した。

　　警察の正式な発表の前から、犯人と決め付けられた少年たちの名前や顔写真が何者かによってネット上に投稿され、それは今でもネット空間に漂い続

けている。その中には、事件とは無関係であるにもかかわらず、犯人である
とレッテルを貼られて個人情報をアップロードされた少年たちの分までも含
まれており、投稿者を特定することはほぼ不可能と言われている。無関係な
人のものも含めた個人情報や誹謗中傷の言葉の数々は、いくら削除しても、
際限なくコピーが繰り返されているため、いつまでたっても消し去ることは
できないだろう。

　USTREAM を用いて、加害者とされている少年の家の前から、スマート
フォンで生中継を行う少年まで登場した。当然のことながら、中継を自撮り
で行っているこのような画像には個人情報保護の配慮はない。このビデオク
リップは現時点においても YouTube で閲覧が可能であるが、ひとたびアッ
プロードしたならば、いかなる内容も消去することは不可能である。今や誰
でも、どこからでも、録画したものを無限大の対象に公開することが可能と
なったこのような活動を、誰も制止することは出来ない。

その一方で、大手メディアの新聞記事やニュース番組のビデオクリップだけ
では、少年たちがなぜこんなことになってしまったのかということを解明する
手がかりを見いだせない日が続いた。筆者が個人的に気になったのは、加害者
に呼び出された被害者の中学生の少年が夜の 11 時に家を出ていくことを誰も
制止しなかったことであった。少年の置かれた場所が、家族や地域の人たちで
青少年を見守り育てる機能を失ってしまっているのだろうか？　はたしてこの
事件の少年たちの家庭環境は特殊なものであったのだろうか？　犯人の少年た
ちをこのような犯行に導いてしまった心の闇とは？　この筆者自身の素朴な疑
問を解く鍵は、筆者が日常的には接触しないどこかのマス・メディアに詳しく
書かれていたのかもしれないものの、少なくとも、当時日常的に見聞きするこ
とが可能なマス・メディア媒体では見つけられなかった。
　疑問を解くための答えのひとつにようやくたどりついたのは、筆者が利用し
ている Facebook のニュース・フィード（ユーザーが投稿したものや、友人が
押した「いいね」ボタンのテキストが順番に閲覧できるページ）で見つけたも
のであった。
　それは、経済的事情で塾に通うことが出来ない子供たちに学習支援をおこな
う活動をしている NPO 団体に所属しているという女性が、炎上（賛否の反応
が多数寄せられることにより収集がつかなくなること）覚悟で彼女の日常を綴

り、掲載（アップロード）していたものであった。Facebook は匿名ではないため、その発言には一定の信憑性があるのではということで読んでみた。

　その彼女が日ごろの支援活動で接触している中学生たちは、今の日本で議論されている格差社会にあって、様ざまな家庭的な事情でメインストリームから取り残され、いくらあがいてもそのギャップを埋めることのできない環境におかれている子どもたちで、その社会的なハンディは学習能力の遅れにまで及んでいる。彼らが属する学校という社会は、競争や集団の圧力を感じずにはいられない場でもあり、彼らのようなハンディを負った子どもたちにとって、その学力競争に参入することは容易ではない。この投稿者によれば、この事件の加害者・被害者双方の少年たちは、彼女が支援している子どもたちとそのプロフィールが重なり合う部分が大きい子どもたちであるということであった。彼女の投稿と出会わなければ、おそらく筆者にとってのこの事件は、あまりに悲惨でありながら解明できない謎が多く残る出来事の一つとして、いつしか忘却の彼方に消え去ったことだろう。事件は衝撃的であったものの、これまでに繰り返し見聞きしてきた幼児虐待、いじめによる自殺の報道と同様に、数日もするとマス・メディアの表舞台からは消え去った。

第4節　マス・コミュニケーション研究の流れ

　日本のマス・コミュニケーション研究は、アメリカの研究成果に負うところが大きい。人間行動の解明やそれを取り巻く社会とは何かを理解するための研究が早くから進められてきたアメリカでは、社会学、社会心理学、政治学などの伝統の上に、新聞やラジオの登場によって、マス・メディアの受け手としての大衆のあり方が早くから議論されてきた。ここではアメリカにおけるマス・コミュニケーション研究を中心として、その代表的な考え方を解説してゆく。

1　マス・コミュニケーション研究の黎明期

　アメリカにおけるマス・コミュニケーション研究の黎明期をたどると、20世紀の初頭における新聞の発展をうけて、職業訓練の必要性からジャーナリ

スト教育が始まった時期にまでさかのぼることができる。近代社会へと姿を変えつつあった当時のアメリカでは、新聞があらゆる階層に普及し、ニュースを知る媒体としての新聞の役割が大きくなったこともあり、ジャーナリスト養成を行う高等教育機関が産声を上げたのも不思議なことではなかった。まずは 1904 年に、ウィスコンシン大学でジャーナリストの育成が開始され、1908 年にはミズーリー大学にジャーナリズム学科が、また 1912 年にはニューヨークにあるコロンビア大学にも新聞王ジョセフ・ピュリツァーの遺志によってジャーナリズム専門の学校が開設された。

　やがて、ジャーナリズム教育の枠を超えてその研究範囲は拡大し、マス・コミュニケーション研究は次第に社会科学としての立ち位置を獲得してゆく。その先駆けともなったのが、今でも読み継がれる古典的名著でもあるウォルター・リップマンの『世論』（1922 年出版）であるが、この本の出版は、その後のマス・コミュニケーション研究のさらなる発展を予見するものであった。

　移民を大量に受け入れていた 20 世紀初頭のアメリカでは、安価なだけではなく、読み書き能力が備わっていない者でも楽しむことのできる映画が、娯楽の手段として圧倒的な人気を誇っていた。1920 年代になると、家電としてのラジオ受信装置が普及し、スポンサーをつけてコンテンツを提供するラジオ放送局の開局ラッシュが続き、番組編成による定時放送を提供するラジオというメディアが急速に普及した。これによって、放送産業が著しい成長を遂げたことも、マス・コミュニケーション研究の進展を促進した。商業的な価値を持つようになった新聞・ラジオ・映画への社会的な関心の高まりは、教育や娯楽の視点からも、その潜在的な可能性に注目が集まることになった。

　アメリカにおけるコミュニケーション研究の学祖とも言われているシュラムは、「学問の十字路」という言葉で 20 世紀に登場したコミュニケーション研究のスタンスを表している。これは、学際的で諸科学の交錯領域の上に成り立つ学問でもあるコミュニケーション研究は、その後、社会学、歴史学、社会心理学、政治学、経済学、法学、美学、情報科学、心理学など、数えきれないほどの学問領域からの研究者たちが参入することで、さらなる発展を

遂げたことを意味している。また、このような時期と重なり合う第二次世界大戦は、戦争遂行への奉仕という大義のもとで多くの社会科学系の研究者の協力を促し、それはまたアメリカにおけるマス・コミュニケーション研究のさらなる発展へとつながった。

ウイルバー・シュラム先生の講義ノート抄訳

　筆者は1980年代の初頭にアメリカ・ハワイ州ホノルルにあるイースト・ウエスト・センターの奨学生としてハワイ大学マノア校社会学部に学んだ。以下はそのオリエンテーションにおいて、シュラム先生がイースト・ウエスト・センターでこれから学ぼうとする環太平洋地域から到達したばかりの、各国の奨学生にアメリカにおけるコミュニケーション研究の歴史をお話しくださった時のもので、筆者の講義ノートから書き起したものの一部である：

　　約2万年前にフランスのラスコーの洞窟に描かれた絵画は人類が初めてメッセージを記録したものの一つです。古代ギリシアやローマでは修辞学と呼ばれる雄弁と説得のメカニズムの解明を試みる学問が発達し、それが今日に至るまで西欧社会におけるコミュニケーション・スタイルのベースとなってきました。このように私たちは、社会生活においてお互いの考えを伝え、思いを共有するコミュニケーションとは何かという問いに対して、長い間いろいろな思索を重ねてきました。たとえコミュニケーション学という冠がついていなくても、様々な学問領域において、私たちの存在意義を問うコミュニケーション学の扱う問題意識は、二十世紀以降に確固たる学問として確立されるはるか以前から遡上にあげられてきたのです。

　　このように広範な範囲をカバーするコミュニケーション学ですが、アメリカではまずジャーナリズムとスピーチ・コミュニケーションへの関心からスタートしました。二十世紀になり、アメリカでは新聞が大きく発達しました。近代化を遂げた社会では読み書き能力を備え、情報に対する対価を支払うことのできる読者層が出現し、ニュースを知る媒体としての新聞の役割が大きくなったのですが、これはアメリカでも例外ではありませんでした。

　　そこで登場したのがジャーナリストを育てるための教育機関です。アメリカでミズーリ大学やコロンビア大学にジャーナリズム・スクールが産声を上げたのは二十世紀初頭のことです。その後、ジャーナリスト育成プログラ

第1章 コミュニケーションとしてのマス・メディア　45

ムの充実を意図して、ジャーナリズムとは何かということを教える科目が加わるようになり、コミュニケーションの歴史、政治や社会の在り方を教える科目に加え、その他の社会科学系の科目も開講されるようになりました。しかしながら、あくまでもこの時代のカリキュラムでは、効果的な取材方法とか記事を書く上での作法とか、ジャーナリスト養成の実践的な側面に重きが置かれていました。

　元来、アメリカの研究のもとになっているのは、Confronting real world problem という考えで、これは実社会の問題の解決のために学問はあるというものです。1925 年から 1940 年にかけて、多くの社会科学者がこの研究分野へやってきて、コミュニケーション研究は、学際的な学問へと発展します。

　この頃のコミュニケーション研究を牽引したコミュニケーション研究の先駆者 4 名を紹介しましょう。アメリカにおけるコミュニケーション研究は、まさにこの 4 人から始まりました。

　まずは、内容分析によるプロパガンダ分析に先鞭をつけた政治学者 H・ラスウエルです。2 番目が、グループ・ダイナミクスや組織コミュニケーション研究の先駆者となった心理学者 K・ルウィンです。3 番目が社会調査による選挙投票行動の分析を通じてマス・コミュニケーションの効果研究の第一人者となった社会学者 P・F・ラザースフェルド、そして個人の態度変容に関する研究の始祖として説得や効果研究の基礎を築いた心理学者 C・ホブランドが加わります...（以下省略）

　　　イースト・ウエスト・センター、コミュニケーション研究所にて 1981
　　　年 8 月 4 日の講義ノートから
　　　長谷川倫子「コミュニケーション研究とアメリカ」東京経済大学コミュ
　　　ニケーション学部編『コミュニケーション学部の 20 年とコミュニケー
　　　ション学　コミュニケーションという考え方』（東京経済大学、2015
　　　年）159—167 頁。

2　プロパガンダ研究の始まり

　第一次世界大戦から第二次世界大戦に至る過程において、ファシズムの台頭という時代背景の影響をうけて、アメリカでは「プロパガンダ」（propaganda）と呼ばれる政治宣伝の分析が発展した。ドーブはプロパガン

ダを「ある社会のある時点において、人々が非科学的であったり、予想外の考えを持つにいたるようになるまで、個人のパーソナリティに影響を及ぼしたり、その行動をコントロールしようとすること」と定義している（Doob [1966]）。

　政治的指導者が説得活動を行う際に駆使する手段としての「プロパガンダ」の役割が重要視されるようになった背景には、近代国家の出現、戦争の近代化、マス・メディアの出現などに代表される20世紀初頭以降の趨勢がある。第一次世界大戦では、大量殺戮が可能になった兵器の出現により、戦場は従来と比較にならないほど拡大したが、その結果、戦争を遂行するために国民総動員体制で国民の意識をいかに導くかが政府の急務となった（Taylor [1980]）。これ以降、一般国民を戦争に動員し、ナショナリズム意識の共有を図るプロパガンダの道具として、マス・メディアは、情報戦における有効な武器となり、参戦諸国は情報宣伝にしのぎを削り合った。「戦場では勝利したが、情報戦で負けた」といわれるドイツには、第一次世界大戦と第二次世界大戦との谷間にファシズムが台頭し、マス・メディアを駆使する独裁者ヒトラーの情報操作は、ホロコーストと呼ばれるユダヤ人への残虐行為にまで発展した。

　アメリカのプロパガンダ研究は、情報操作によっていかに世論を導くべきかという時代の要請に応えるべく盛んになった。その創始者ハロルド・ラスウェル（Harold Lasswell）は、第一次世界大戦中の英仏独三国の対外プロパガンダ機関の活動と実践を詳細にわたって調査した。ラスウェルは「政治権力者」「プロパガンダによるコミュニケーション」「受け手」の三者間の関係を社会科学のテーマとして捉え、アメリカにおけるマス・コミュニケーション研究の方向性に多大な影響を与えた（Lasswell [1971]）。

　また、アメリカでプロパガンダ研究が興隆した遠因には、1933年から始まったヒトラーの反ナチ知識人の弾圧もあった。ユダヤ人を中心とする研究者たちが、ドイツ国内の大学を追われてアメリカに逃れ、プロパガンダ研究の担い手となったからである（広井 [1978]）。その中には、コロンビア大学の「ラジオ研究所」の所長として、数々の古典的研究成果を世に送り、アメリカにおけるメディア研究の創始者の一人ラザースフェルド（P. F.

Lazarsfeld) もいる。その他に、アドルノ（Adorno）、ローウエンタール（Lowenthal）、ヘルツオーク（Herzog）、クラカウアー（Kracauer）、ドーブ（Doob）など、その名前を一部列挙しただけでも、アメリカのマス・コミュニケーション研究の発展が、これら亡命社会科学者に負うところがいかに大きかったかわかるだろう。1938 年、ラスウェルがシカゴ大学から、ワシントンＤ．Ｃ．に移って連邦政府の政策研究に加わり、これら研究者同志の交流が図られた（Rogers [1997]）ことも、研究の領域の確立に影響を与えた。

　1920 年代から 1930 年代にはラジオが普及し、マス・メディアの効果と影響をめぐる多くの古典的研究が生まれるが、戦後にはテレビが研究対象の主流となった。プロパガンダ研究の流れは、戦後も冷戦下における共産主義国家の戦略分析の一環として持続するが、この研究領域で培われた「内容分析の方法」「メッセージ効果の測定方法」などは、選挙や商業広告の分野に応用された。コマーシャル・メッセージに送り手の意図を盛り込み、商品の売り上げに貢献させる方法、選挙活動における政治家のイメージ作りのためのマス・メディアの効果的な使い方など、商業主義・民主主義社会における実践活動と結びついて、アメリカのマス・コミュニケーション研究は枝葉を広げ、多彩な研究成果を生み出した。

3　効果研究の変遷

　マス・メディア効果をめぐる議論は、まず効果が存在するのかどうかの確認を行い、それが認められたときに、マス・メディア自身によるものなのか、受け手自身によるものか、それとも集団や他者などの受け手を取り巻く環境によるものか、それ以外の要因によるものかを検討する。とりわけ説得の手段としてのマス・メディアに多大な期待を寄せる者たちにとって、送り手たちのメッセージが意図にかなって伝わっているかどうかの確認が最優先の課題であった。

　これまでの効果研究では、個人の「先有傾向」（人々が経験を通して形成した態度、意見、関心、知識、価値などの総合体で、マス・メディア内容との接触や理解に際してその選択傾向に影響を与えるもの）や「所属集団」などさまざまな要因との関連が検討されてきた。しかし、社会的存在としての人間が研究対象であるだけに、その効果や影響を見出すことは容易ではない。たとえ

実験室における観察の結果や、アンケート調査の集計結果が、数量的に効果を示していたとしても、現実の社会生活における複雑な人間行動においても当てはまるかどうか、常にその実証作業の難しさに直面するからである。

図1—6はアメリカにおける主な効果研究の変遷を、その影響力の強さと時系列な研究の流れからアメリカの研究者が図式化を試みたものの日本語訳である（Servin & Tankard［1992］）。この図には、1910年代から1980年代にかけてアメリカで発表され、それぞれの年代において、マス・メディアの効果についての知見を確立した代表的な先行研究が紹介されているが、日本語に翻訳されている文献が限られているということもあり、一般的に日本ではこの区分による解説が中心となっている。その効果の度合いによって、ここでは大まかに以下の三期に区分されている：

第一期　弾丸効果（皮下注射針効果）モデルの時代　1920年〜1940年前半
第二期　限定効果モデルの時代　1940年代中頃〜1960年代中頃
第三期　適度効果モデルの時代　1960年代後半〜

第一期は、戦時体制下でもあり、プロパガンダによるメディア戦略が大きな位置を占めていた時代でもあった。ラジオ放送による予想外のパニック現象や挙国一致体制下でのラジオ・キャンペーン番組によるメディア・イベントが大きな反響を呼んだ事例など、マス・メディアの影響力の大きさを実感させられるような出来事の分析を行った研究成果をそのよりどころにして、「弾丸理論」とか「皮下注射針理論」と呼ばれている。本書では、**第4章の第3節**で、図1—6には掲載されていないが、その代表的な研究とされている、**キャントリル**の『**火星からの侵入**』と**マートン**の『**大衆説得**』を詳述する。

第二期の主な研究成果は、マス・コミュニケーション研究において、大規模な資金援助を受けた社会調査が実施された成果でもあり、マス・メディアからのメッセージの受容に際して、マス・メディアからの直接的な働きかけよりも、各個人の先有傾向や小集団におけるパーソナル・コミュニケーションを通じた流れの方が重要な役割を果たすことが立証されたものである。本

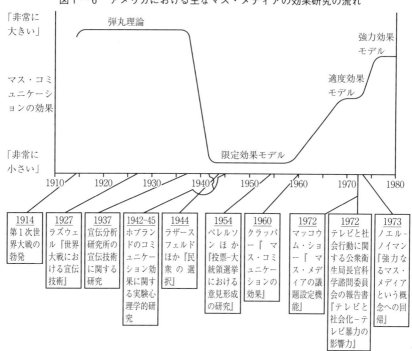

図1-6 アメリカにおける主なマス・メディアの効果研究の流れ

出典：佐藤毅「コミュニケーション主体の現代的状況」青井和夫監修『コミュニケーション社会学』ライブラリー社会学7（サイエンス社、1982年）151-211頁。図は199頁より、筆者により一部省略。

書では、**第5章**で、ラザースフェルドが実施した大規模調査の成果でもある『ピープルズ・チョイス』と『パーソナル・インフルエンス』、ラジオ研究所の**ヘルツォーク**による連続ドラマ聴取者の研究から始まったとされている「**利用と満足研究**」、ロジャーズがアイオワ州の農民の間で、トウモロコシの種の新種がいかに伝播されていくかを追った**イノベーション**研究の成果を紹介する。

　第三期において発表されたものは、第二期に確立された、「マス・メディアよりも、パーソナルなつながりの方が、各個人に対してより大きな効果や影響力を及ぼす」という知見を発展させることで新たな境地を見出した研究

成果である。マス・メディアの効果を、異なった側面から再検証することに
よって、マス・メディアによる影響力は皆無ではないことが再確認されたこ
とで、この時代区分は、「適度効果モデル」と命名された。本書では、**マッ
コームズの「議題設定機能」とノエル–ノイマンの「沈黙のらせん」**の仮説
を、それぞれ**第6章の第2節**で詳述する。

　この効果研究の流れは、田崎篤郎＝児島和人編著『マス・コミュニケーシ
ョン効果研究の展開』（北樹出版、2004年）や小島和人『マス・コミュニケー
ション受容理論の展開』（東京大学出版会、1993年）にまとめられている。

引用文献

佐藤毅「コミュニケーション主体の現代的状況」青井和夫監修『コミュニケーシ
　ョン社会学』ライブラリー社会学7（サイエンス社、1982年）151—211頁

Servin, W. J. =Tankard Jr., J. W. *Communication Theories* 3rd eds. (Longman,
　1992) p. 261.

Doob, Leonard W. *Public Opinion and Propaganda* 2nd Edition (Archon Books,
　1966) p. 240.

テイラー，A．J．P．／倉田稔訳『目で見る戦史　第一次世界大戦』（新評論、
　1980年）［原著：Taylor, A. J. P. *The First World War: An Illustrated History*
　(Hammondworth, 1966)］

Lasswell, Harold D. *Propaganda Techniques in World War I* (The M.I.T. Press,
　1971)

広井脩「アメリカ初期プロパガンダ研究と亡命社会科学者」『新聞学評論』27号
　（1978年）92—107頁

Rogers, Everett. M. *A History of Communication Study : A Biographical Ap-
　proach* (Free Press, 1997) pp. 210-213

第2章　マス・コミュニケーションの歴史

第1節　近代化以前のマス・メディア

　日本で近代的な新聞が社会に登場するのは1860年代、幕末・明治初期のことである。それは、そのまま日本が近代化を遂げる過程の中で必須の社会的条件を満たす結果であったともいえる。その後140年あまりの間に印刷メディアは新聞ばかりでなく書籍、雑誌、そして大正末期からのラジオ、戦後のテレビといった放送メディアに広がってゆく。さらに20世紀末の平成時代に入り、インターネット（サイバースペース）によるデジタル基盤の社会が登場すると、メディアの拡大が一層促進する。マス・メディアが現代社会の中で多量な情報を発信し、我々はそれらを享受し、互いのコミュニケーションの増幅をはかるものの、時にその行き過ぎや誤った情報による判断に自らを含めて憤りを感じることもある。

　社会が近代化を遂げる過程で我々を取り巻くメディア環境、特に急速な技術革新による情報の普及速度は近年人間のそれをはるかに凌ぐようになったのではないか。知られるように、グーテンベルクによる金属活字を使った印刷術が発明されたのは15世紀後半のことである。1枚刷りの不定期な印刷物から近代日刊紙がヨーロッパ社会に出現するまで数世紀を要するが、このグーテンベルク時代の始まりは長い間の口頭コミュニケーション時代の終わりを意味するものとなり、今日になお続く印刷コミュニケーション時代（書き記し、残すという意味も含めて）をもたらした。しかしながら、おそらくは19世紀前半におけるS．モースの電信の発明そして世紀末のG．マルコーニの無線という電気通信分野領域への参入は、それから100年以上たった今日、その加速度を一気に増し、我々はまた新しいコミュニケーション時代を迎えようとしている。

　急ぎ足でマス・コミュニケーションの歴史を振り返ってみよう。

　人類の起源はともかく、我々の祖先はジェスチャーといった身振りや、手振りから、共同体の成員に共通に理解されるような、抽象的なシンボルとしての言葉をコミュニケーションの重要な手段として認識する。そして3万年前のアルタミラの洞窟画に代表されるような絵画を経て人間が文字を持つよ

第2章　マス・コミュニケーションの歴史　53

うになるのは、紀元前3000年頃のメソポタミア文明からであろう。

　古代文明の発展はインクや紙の発明、改良を促したが、情報を伝達、保存し、それらの重要性が幅広く民衆に知られ、利用されるまでには、長い年月がかかった。

　古代ローマにおいて、カエサルが発案した『アクタ・セネタウス』（*Acta Senatus*）や唐の玄宗皇帝時代の、いわゆる『邸報』（方［1988]）は、官報の域を脱するものではなかった。その後筆写・写本という形式も、複製の概念を生んだが、安く多く生産し、流通することにはまだ不向きであった。これらは文字のクセによる読みにくさもあったが、何よりも文字を読解する者が僧侶や貴族、上層知識人と限られていた。11世紀までに中国で木版が普及し、ヨーロッパにもたらされ、グーテンベルクよりも1世紀ほど前までにドイツでは製紙業（羊皮紙だが）が普及するようになっていた。しかしながら、情報の伝達や保存の有効性、いわば時間的、空間的および表現上の制約からの大きな解放に気づいたのは、権力を手中におさめようとした、あるいはその同心円にいる人々が主であった。

　それでも、ヨーロッパではグーテンベルクが出現するまでに、ある一定の意味内容のものが公にされ、一般民衆にも示され、伝えられる、という行為が社会的に顕在化しようとする基礎ができあがっていた。その過程において紙やインク、印刷機といった製作技術の改良と、版のような編集内容の改革といった2側面の発展が深く関与している事実を見逃すことができない。金属活字による活版印刷術は、綴字の画一化、言語のステロ版化による読みやすさ、言語の標準化を促した。読解能力を持つ人々（受け手）はまだ少なかったにせよ、最初の商品である書籍を大量かつ廉価に生産することを可能にしたのである。その結果、それまで文字や書籍に接する機会が奪われていた民衆が読者として出現するようになる。そして写本の時代には写す者の、またテキストを朗読者が伝える場合にも朗読者の恣意的なコミュニケーションがそこに潜在的に存在していたのに対し、不特定多数の人々に、機械的に印刷された均一の情報内容をコミュニケートするというマス・コミュニケーション条件が成立したのである（山本［1982]）。

　『42行聖書』の印刷、出版というグーテンベルク時代の始まりは、印刷人

という新しい職業を世に生み出した以上に、「ルネサンスの三大発明」といわれるように世界の発展に貢献した。羅針盤の発明はヨーロッパ文明の世界への拡大を促進したが、他方火薬が生み出した銃や兵器は、植民地主義時代、その後の帝国主義時代、そして現代にも破壊的かつ抑止的な道具として我々の社会に存在してきた。

　15世紀東ローマ帝国の没落によるヨーロッパにおける庶民運動の高まりは中世ヨーロッパの社会体制を崩壊させ、荘園・農奴体制から解放された自由主義商業経済が芽生える。15—16世紀手書き新聞（manuscript, hand writing）と呼ばれるニュースシート・ニュース通信（代表例はアウグスブルグのフッガー家が編集、発行した *Fuggar Zeitung*）が出始めたのも、金融や投機・貿易に携わる豪商の台頭による情報収集の必要性からである。古代から情報収集行動は軍事上（交通上）、政治上不可欠なものであったが、やがて飛脚・馬・駅伝・伝馬・駅制のような社会的システムの中に組み込まれるようになっても、長い間ニュース媒体として旅行者や商人、吟遊詩人、大道芸人、放浪芸人、十字軍、留学生、僧らの、いわばコミュニケーター自身、J.フィスクのいう「現示的メディア」であった。それがなんらかの「テキスト」の形態を持つ「再現的メディア」が社会の中で民衆への情報流布に重要な意味合いを持つ時代に入ったといえる（香内［1987]）。

　印刷人が移住・移動することは、とりもなおさず印刷技術の普及につながった。ヨーロッパのみならず、新大陸や植民地にもたらされてゆく。他方、16世紀までに急速に普及したヨーロッパではラテン語の急激な衰退が見られ、自国語のリテラシー拡大に伴って、書物はヨーロッパ各国語で印刷されるようになった。

　そして不定期の、1枚刷り程度の情報媒体はやがて定期性を持って発行されるようになり、17世紀に入るとイギリスやオランダで盛んとなり、ニュース媒体として「クーラント」「コラント」の名が残り、さらに18世紀には日刊の新聞が登場する。それはヨーロッパ大衆社会 mass society の出現前夜となったこの時期と一致する。大衆新聞の発達がイギリスやドイツ、フランスあるいはアメリカで本格化する19世紀はまさに大衆社会の出現、それはとりもなおさず、受け手民衆の成長であり、その背景には産業革命に端を

第2章　マス・コミュニケーションの歴史　　55

発する科学、技術の発展、産業経済の高度化、人口の都市化、都市の成長、
教育の普及があり、さらには船舶にかわる陸の交通路の発達があった。

第2節　近代化とマス・メディア

I　新聞の誕生——幕末から明治維新まで

　徳川幕府（1603〜1868年）は鎖国のもとで『和蘭陀風説書』（長崎のオラン
ダ商館長から年1回、長崎奉行経由で海外事情を報告させた）により海外ニュー
スを独占しており、一般庶民は長い間国内外で起きていることを知る定期的
な手段を持たなかった。まして国内、それもほんの身の回りのできごとを除
くと、世相を知る上で人々の間に流布する噂のたぐいや、諸国を旅する者か
らの情報、あるいは「かわら版」が庶民の情報欲求を埋めたにすぎない。

　それ以前にも、宣教師が布教活動のために携えた木版印刷機から印刷物が
国内に出た時代もあったが、特定の目的、特定の少数をねらったメディアの
域を脱しなかった。他方、マス・コミュニケーションの機能的な側面を重視
すれば、落書や落首のたぐい、1枚刷りの木版印刷で売られたものはその系
譜に属するかもしれない。特に江戸時代以降の少なからず当時の政治や社会
の風刺、庶民感覚からの鋭い時事批評であった点を注視すれば、社会的な事
件を広く報道する目的でつくられたものと理解される。特に「かわら版」あ
るいは木版の1枚刷りは江戸中期頃から、半紙1枚大かそれを2つ折りした
ものを数枚綴じた大きさで、大火事や天変地異、仇討、珍事件などが起きる
と、市中に出回り始めた。出版元は不明な場合が多く、香具師が製作したと
見られ、読み売りであったり、絵草紙屋の店先に並べられたりした。中でも
有名なのは、大阪落城（慶長20年5月、わが国のかわら版第1号といわれる）
である。

　開国・攘夷の声が渦巻く時代に入ると、諸藩の海外ニュースの要求が高ま
り、開国政策の宣伝にもなると考えた幕府は、蕃所調所（のち洋書調所）か
らオランダ領ジャワで発行されていた*Javashce Courant*を翻訳した『官板
バタヒヤ新聞』（文久2年2月＝原本1861年8月31日〜11月6日）を発行する。

世界各国のニュースを翻訳し、木版で印刷された。

　これより先の文久元年5月（1861年6月）、長崎の外国人居留地で英商人 A．W．ハンサードが発行した隔週刊英字紙 *Nagasaki Shipping List and Advertiser* を嚆矢に、幕末、明治初期にあたる1860年代、横浜や神戸の外国人居留地で彼らの手による欧字新聞が登場した。それらやさらに香港・上海で発行された漢字紙・英字紙などを翻訳・翻刻・筆写した邦字紙がいくつも現れた。

　慶應元年（1865年5月）にジョセフ・ヒコと岸田吟香らが創刊した『海外新聞』は月1〜2回発行され、民間人が創刊した最初の日本語新聞といわれる。100部ほど発行されたが、定期読者は数名で、先の欧字新聞は少ないとはいえ数百人の読者がいた。

　会訳社出身の幕臣柳河春三が慶應3年、「……西洋諸国出版のマガゼインの如く、広く天下の奇説を集めて…」編集した『西洋雑誌』は雑誌の草分けとなった。翌慶應4年（明治元年）、明治新政府は『太政官日誌』、柳河が『中外新聞』を創刊する。どちらも「翻訳ではなく日本人の手より創作された新聞」をめざした。この年『中外新聞』を筆頭に多くの新聞が江戸で発行されたが、ほとんど徳川幕府に同情的な立場をとり、京都で発行された『太政官日誌』を別にすれば、新政府を支持する新聞は大阪や京都で発行されたものだった。最も人気のあった柳河の『中外新聞』は発行部数が1500部もあり、当時としては最高の売れ行きを示した。これらの新聞が佐幕派・尊王派と分かれたのは、早くも次の時代の新聞の役割を示すものであった。

　やがて新聞は日刊紙の時代を迎える。英字紙は広告主体であったがすでに1860年代から日刊紙があった。日本人の手による邦字日刊紙の最初は、明治3年12月（1871年1月）に横浜で刊行された『横浜毎日新聞』（のち東京横浜毎日新聞、毎日新聞、東京毎日新聞などと改題、現在の毎日新聞とは別）である。従来の雑誌体裁の綴じ本ではなく洋紙1枚刷りの大きさで、鉛活字が使われた。紙面は貿易・株価が主であったが、広告も載せている。

Ⅱ　明治新政府の新聞政策

　慶應4年（明治元年）官軍の江戸入城とともに、ようやく育ち始めた新聞

第2章 マス・コミュニケーションの歴史 57

は板木没収などによる発行禁止にあい多くが姿を消した。福地源一郎の『江湖新聞』が新政府批判の論文を掲げ官軍に捕えられたことがわが国の筆禍事件の最初といわれ、新政府が新聞だけでなくすべての出版物の許可制を発令したのは改元以前の慶應4年6月である。その結果、残った新聞といえば、外字紙やヴァン・リードの『もしほ草』あるいは『太政官日誌』といった官板に近い内容のものだった。

　新政府は明治2年2月28日、さらに新聞紙印行条例をしき、発行許可制、編集責任や記事制限（政治評論の禁止）をうたうが、新聞の発行を促進する政策を打ち出す。先に発行停止した新聞が復刊され、また新しい新聞や雑誌が続々と世に出るが、佐幕的傾向を持つ内容は一切なく、新政府の政策を持ち上げ、文明開化を謳歌するものであった。

　さらに明治4年には『横浜毎日新聞』、参議の木戸孝允が創刊させた『新聞雑誌』、明治5年に入り『東京日日新聞』と『日新真事誌』の計4紙を政府が買い上げ、各県に3部ずつ配付するようになる。新聞の普及促進に努めた政府の、いわば新聞保護育成政策はこの買い上げによる積極的な東京・地方読者獲得のほか、郵便制度の確立による新聞の地方郵送、新聞朗読の集会や新聞解和会（懇和会）、新聞縦覧所の設置などがあった。

　いずれも、新聞を通して新政府の施策を全国津々浦々にまで浸透させ、また先進諸国の文化・文明を紹介するものであり、明治4年の廃藩置県をもって維新期における中央集権体制が完成する中で新聞が社会的に果たす役割がそこにあったといえよう。明治4〜5年までに郵便・電信制度の導入、鉄道の新設などコミュニケーション・インフラストラクチャーの完備は、国内における情報網の拡大に大きく貢献したのである。

　こうした上意下達的なコミュニケーションの役割を担う新聞の存在が明らかとなり、県令（県知事）の推奨があったにせよ、通信や鉄道の発達と歩調を合わせるかのように新聞は各地に普及し、多くの地方紙が登場している。それはとりもなおさず紙面内容、新聞の多様性を生み出した。

　地方に目を向けると、『峡中新聞』（明治5年）は『山梨日日新聞』の前身であり、同様なものは『長野新報』（明治6年）が『信濃毎日新聞』、秋田の『遐迩新聞』（明治7年）が『秋田魁新報』として現在に至る。廃藩置県

ののち明治7年頃までに多くの県庁所在地に新聞が現れた。中央の政令を県下に広く知らせることを目的に、布達などを印刷し発行する必要から印刷所を設け、そこの余力をもって新聞を発行したところと、まず新聞発行を進めて、それだけでは経営上成り立たぬため行政上の印刷を請け負わせたものがある（西田［1966]）。いずれにしても、そこで働いた印刷人や使用した印刷機がのちに県下での民間新聞の発行に多かれ少なかれ関係している事実は、マス・メディアの発達・成長過程における類似点として見出すことができる。

『東京日日新聞』はかつて福地の『江湖新聞』を助けた条野伝平らが明治5年に創刊した新聞で、東京最初の日刊紙だった。のちに福地源一郎が主筆、岸田吟香が編集長という当代一流の編集陣を持って有力紙に成長する。太政官記事や公報の独占発表媒体として政府寄りの立場をとり、「御用新聞」との批判を受けるが、当時は政府の御用＝信頼を高める図式で読者を獲得した。

この『東京日日』と対立する新聞として『郵便報知新聞』が知られる。同紙は郵便制度の創始者である前島密の発案で、明治5年6月に創刊された。郵便制度にある新聞紙の送達と新聞原稿の無料郵送制の促進がねらいだった。当初は政府寄りの新聞だったが、矢野文雄や犬養毅ら福澤門下生が入った頃から、民権派新聞として頭角を現す。

明治7年11月に創刊された『読売新聞』のような、民衆を対象とする「小新聞」は市井の雑報や小説を口語体、ルビ付きで編集された。翌年には200部から1万部、5年後の12年には3.3万部の発行部数を記録した。1日の部数でいえば、明治17年東京有力紙が5000〜8000部のところ、『読売』は1万6000部と群を抜いていた（山本［1981]）。また『東京仮名書新聞』（明治6年創刊）のように、婦女子向けに読みやすい仮名書きで書かれた新聞もあった。他方、「大新聞」は漢文調の文体で、官令や政治論説、社説、投書などを主体とした紙面作りから、政論新聞として旧幕臣や上級エリート層を読者とした。

ところが、征韓論や国会開設をめぐる議論を通して、それまでの上意下達から下意上達的ジャーナリズム機能が社会の中で顕在化すると、政府の態度はそれまでの新聞保護・普及促進から弾圧へと転じる。

中でも、英人J．R．ブラックが創刊し、左院の御用機関紙的存在でもあ

った『日新真事誌』（明治5年2月創刊）は明治6年、下野した井上馨や渋沢栄一の財政意見書をスクープ、明治7年1月には民撰議院設立建白書案をいちはやく報道して論議を高め、政府と真っ向から対立する姿勢の新聞となった。その影響で、早期開設を唱える民権派（『東京曙新聞』、成島柳北の『朝野』や『郵便報知』、『横浜毎日』）と、漸進派（官権派）の『東京日日』との対立が浮き彫りにされたように、ひとつの世論形成の中で対立する意見を表明する新聞機能が明らかとなる。

　その結果、明治政府は幾度か新聞取締法令の改正を経て、明治8年までに出版内容の取締りを目的とする新聞紙条例と讒謗律を公布する。

　新聞紙条例は、新聞雑誌によって「人を教唆して罪を犯さしめたる者」、「政府を変壊し国家を転覆するの論を載せ騒乱を煽起せんとする者」などに体刑を課し、讒謗律はわが国最初の名誉毀損法といえるもので、狙いは官吏に対する誹毀の防止であった。以後、急進派ジャーナリストの弾圧が起き、最初の犠牲者である『東京曙新聞』の末広鉄腸（重恭）をはじめとして明治10年までに300人以上が逮捕処罰され、自由民権運動の高まりと言論界への弾圧は、明治10年代に入り一層激しくなる。

　明治10年の西南戦争は新聞の報道機能を社会的に認知させるものであったが、武力による新政府打倒に代わって、激しさを増したのは自由民権運動であり、また政府内の対立に新聞が呼応する。中でも明治14年の政変（国会早期開設を主張した参議大隈重信が、別個の問題で免官となり政府から追放され、薩長藩閥による権力体制が固まった）をきっかけに政党結成が進み、それらの政党が言論を武器として戦うようになった。新聞のキャンペーン機能が政局を動かす原動力と認識され、議会準備のために政党組織化が活発になると、新聞は政党機関紙として論争を繰り広げるといった、新しい局面を迎えた。いわば政論新聞から政党機関紙への転換をそこに見ることができる。政府も世論指導を目的とする『官報』（明治16年）を創刊した。

　当時の新聞の系列化を眺めてみると、次のようになる。

　　自由党系　『朝野新聞』（末広）、『自由新聞』（馬場辰猪、田口卯吉）、『立憲政党新聞』

　　改進党系　『朝野新聞』（成島）、『郵便報知新聞』（矢野、尾崎行雄、犬養

毅）、『東京横浜毎日新聞』（沼間守一、島田三郎）

　帝政党系　『東京日日新聞』（福地）、『明治日報』、『東洋新報』（東京曙の
　　　　　改題）

　中立　　　『時事新報』（福澤）、『朝日』（村山、上野）

　そうした言論活動は長くは続かなかった。確かに新聞各紙は各党の主張を
代弁したものの、それは互いに足を引っ張り合う競争と化し、読者から見れ
ば不信を抱くもとを作り出したからである。次第に読者が離れる一方、政府
の新聞弾圧は徹底さを増した。この政論新聞から政党機関紙への転換は自由
民権運動の興亡と重なる。

　新聞が生き残るために選択した次の道は、政論第一主義から報道と庶民向
け娯楽的要素を重視した報道新聞と、新聞企業自体の新しいあり方だった。

Ⅲ　報道新聞の登場

　明治12年1月大阪で創刊された『朝日新聞』は小新聞ながら報道を重視
し、部数を伸ばした代表格である。大新聞の部類だが、新聞の政党機関紙化
に批判的だった福澤諭吉の『時事新報』（明治15年3月）は政府・政党に左
右されない「独立不羈」（束縛されない、縛られないという意）をうたい、自
由民権運動の盛衰に関係なく、販売・広告収入を増加させることに力を注い
だ。

　明治20年代に入ると、個人の思想や個性を前面に押し出した新聞、例え
ば国民精神の回復発揚を説いた陸羯南の『日本』（明治22年創刊）や徳富蘇
峰の『国民新聞』（明治23年創刊）など、急速な西欧文明の流入に反発した
国民主義の台頭が新聞界で現れた。発行者の思想と言論が人々に大きな影響
を及ぼした顕著な例であろう。いわゆるパーソナル・ジャーナリズム時代で
ある。

　中でも、黒岩涙香（周六）の『萬朝報』（明治25年創刊）や秋山定輔の
『二六新報』（明治26年創刊）などはセンセーショナリズムで発行部数を伸ば
した代表紙である。イエロージャーナリズム、赤新聞と呼ばれた『萬朝報』
は政財界の一流人の裏面生活を暴露したり、つや種や「恋愛小説」あるいは

懸賞を掲げたりして、人々の関心を得た。

以後、自由民権運動の衰退は大新聞の衰退を意味し、逆に小新聞も社説や投書、報道に力を入れ、両者が歩み寄るような紙面編集・内容で、現在の新聞のスタイルに近づいてくる。

政論新聞の大衆化と大阪商業主義の導入である。前者は明治19年『郵便報知』の組織改革に見られるような、紙幅の小型化、紙面の大衆化（文章を平易に、ふりがな、漢字を制限、連載小説の掲載、販売方法の改善―前金制、直接配達制、定価の引き下げなど）であった。後者は明治21年、『大阪朝日』の東京進出＝『東京朝日』であろう。村山龍平・上野理一らが経営に専念、経営と編集を分離する形で、大新聞と小新聞の中間をいく編集、報道を重視する一方、紙面を政治・経済・社会全体に広げ、社説も載せるなど、現代一般紙の原型を作り出した。それは『大阪毎日』の東京進出（明治44年『東京日日』の経営権を獲得）により、ライバル紙となる。時流にかない、大衆的な情報需要の大量獲得に成功したのである。結果的には小新聞系の流れが太くなり、大新聞系は弱まり、昭和初期までにほぼ消滅し、報道系新聞が主流となる。

IV　戦争と新聞の繁栄

明治期に起きた日清戦争（明治27〜28年＝1894〜95年）と日露戦争（明治37〜38年＝1904〜05年）は、「戦争は新聞を発達させる」といわれる言葉そのものであった。

明治7年の台湾征討の時、岸田吟香は従軍記者でなかったにしろ現地に渡り『東京日日』に記事を送って評判となった。また西南戦争では東京の新聞社は競って従軍記者を派遣した。中でも福地の「戦地採録」（『東京日日』）や犬養毅の「戦地直報」（『郵便報知』）が知られるが、福地が明治天皇に戦況報告をした事実は、国民を驚かすとともに、いやが上にも新聞への信頼を増す結果を生んだのである。新聞の売上げは急激に伸びた。

日清戦争では、戦争不可避と見た新聞は戦争批判の言論を自発的に停止し、挙国一致に変身した。従軍記者の派遣、号外合戦をさかんにしての報道合戦を繰り広げた。『大阪朝日』は二十余名（総数66社114名）もの記者を特派

した（桂［1992］）。戦時報道管制の実施に対しても実に従順で、もっぱら戦況報道の速報戦に力を注いだ。国内では国家の存亡をかけたこの一大戦争の戦況が国民の最大の関心事となり、政党も政争をやめ、新聞報道への期待感は盛り上がった。

　日露戦争勃発直前、新聞界は強硬な主戦論を唱えた東西両『朝日』、『時事』、『大阪毎日』と、非戦論との対立を見、激しい論争を繰り広げる。北清事変（明治33年）や三国干渉（明治28年）といった大陸を舞台とする事件が続き、多くの記者が特派され多量の報道がなされる中で、対ロシア強硬論が国民の中で生まれていた。元老伊藤博文の対ロシア宥和政策に対し、強硬論、主戦論を唱えたのもまた新聞であった。結局内村鑑三や幸徳秋水、堺利彦らが非戦論を唱えた『萬朝』や消極論の『東京日日』も開戦論に転向し、彼らは退社する。戦争が始まると、日清戦争以上に激烈な号外合戦が展開され、特に『朝日』『毎日』『時事』の3紙は華々しかった。主要新聞の発行部数は次のように飛躍的に増加した。

	1903年（戦前）	1907年（戦後）
『報知新聞』	8万部	30万部
『東京朝日』	7万部	20万部
『大阪朝日』	10万部	30万部
『大阪毎日』	9万部	27万部

（内川芳美「日露戦争と新聞」『明治ニュース辞典』第7巻）

　ここで、日露戦争の収拾のために開かれた会議と世論を見てみよう。

　日露戦争の講和会議はアメリカの仲介で、明治38年にポーツマスで開かれた。日本側全権の外相小村寿太郎は戦勝国として幾多の講和条件を示したが、ロシア側代表ウィッテの巧妙な世論操作のもとに、ロシアの強硬な態度に押されて講和条約にやぶれたというニュアンスの報道が飛び交った。しかしながら、日本政府の立場は、戦争報道の中でできあがっていた国内世論——連戦連勝により巨額の賠償金獲得とロシア領土の割譲はあたりまえ——とは真反対の状況認識であった。つまり日本の国力ではこれ以上の戦争の継

続は無理であり、戦勝国としての体面を保ちつつ、講和を実現しなければならなかったのである。講和条約の内容は当時の日本の国力から見ても日本の勝利であった（多くはロシア側の割譲）にもかかわらず、国民の多くは反対に、日本は講和会議で負けた、と思い込んでしまった。それに怒った国民は条約支持に回った国民新聞社を襲ったばかりか、日比谷の交番・派出所が焼き打ちされる暴動にまで発展したのである（高橋［1981］）。

　前述のように、最終的には新聞の多くが日露戦争に対して積極的となり、即時開戦に走ったわけだが、戦争終結と講和についても、政府や小村全権の弱腰を非難している。『大阪朝日』のように、天皇に社説をもって講和条約反対を訴える先頭に立った新聞もある。条約破棄─内閣更迭─戦争継続を訴えたわけだ。こうした新聞世論が大暴動を作り出したともいわれる。

　報道のセンセーショナルさはともかく、多くの新聞は戦争継続不可能の実情を知らず、まだロシアと戦い、決定的な勝利をおさめられると信じていたことが問題であった。国家指導者がそれを知らせることができなかったのは、もし公表したりすれば、それはロシアの戦意高揚につながり、講和会議に応ずるよりも反攻に転じると考えたからであり、新聞にその実情を伝えることができず、国民もまた事実を知ることができなかった。今日では「知る権利」としてマス・メディアにその事実が公表され、屈辱的講和のイメージも一新されたかもしれないが、そうした認識に欠けていたのが当時の国家指導者層であり、国際コミュニケーションに対する認識もその程度であった。

　こうした認識の欠如は以後「事実追認主義」をもって日本のジャーナリズムを泥沼に導いてゆく。

Ⅴ　大日本帝国憲法の発布

　明治22年2月に発布された帝国憲法第29条には「日本臣民ハ法律ノ範囲内ニ於テ言論著作印行……ノ自由ヲ有ス」とある。ここに近代的新聞の自由の制度的根拠の基盤ができたとはいえ、新聞紙条例、出版条例、集会条例、保安条例などで言論の自由に足枷をはめていたのもまた事実である。大津事件（明治24年5月11日、警備中の警官が訪日中のロシア皇太子を襲った事件。新聞原稿が事前検閲され事件電報は差し止められた）で発動された天皇の緊急

勅令条項（帝国憲法第8条）のように、一定の範囲内で言論の自由が認められるものであった。

その後、明治26年の出版法、同33年の治安警察法や行政執行法など、戦前における言論の自由を束縛する法律が次々と施行されるが、最も基本的な言論統制法規となる新聞紙法は明治42年に公布され、発行保証金の倍額引上げや、第23条により内務大臣の裁可で「安寧秩序ヲ紊シ又ハ風俗ヲ害スル」新聞の発売・頒布を禁止し、差し押さえることを認め、さらには内務大臣の行政処分権の復活などと改悪された。

究極の目的は、天皇を頂点とする政体の維持にあった。それに最大限に利用されたのが明治43年の大逆事件であった。こうして、時代は閉塞の度を増しつつあったが、天皇制の擁護・ナショナリズムへの道にジャーナリズムのみならず日本という国家は走り始めていたのである。

第3節　大正期のジャーナリズム

Ⅰ　商業新聞への脱皮

近代新聞の成立と成熟期に入った大正年間、新聞は従来の政論ジャーナリズムから営利ジャーナリズムへ脱皮する。この時代、「社会の木鐸」と称した言論の指導性が拡散され、新聞は「不偏不党」、客観報道を標榜するようになる。それらは、ひとつには藩閥政治打倒と新聞キャンペーンに特徴づけられよう。

新聞は、大正2年の憲政擁護運動で桂内閣の打倒をめざした。『都新聞』『国民新聞』といった桂擁護の新聞社が襲撃される惨事も発生したが、翌3年のシーメンス事件（軍需品購入をめぐり、ドイツ・シーメンス、続いてイギリ

大逆事件

　明治43年（1910年）、無政府主義者の明治天皇暗殺計画という理由で、幸徳秋水ら社会主義者26名が検挙され、わずか半年余りの非公開裁判で全員有罪とされ、翌年12名が死刑となった。その間一切の報道が禁じられた。

第2章　マス・コミュニケーションの歴史　65

ス・ヴィッカーズ社と海軍首脳部との間の贈収賄が露見した）では山本権兵衛内閣を退陣に追い込む。7年の米騒動、シベリア出兵でも寺内正毅内閣を攻撃、そのキャンペーン機能を十二分に発揮し、デモクラシーの推進、普通選挙法獲得運動にも威力を示したのである。

　社会面でのスクープ合戦、特に国際報道スクープにその力を注いだのもこの時期のジャーナリズムの特徴である。大正8年パリ講和会議（第1次大戦講和、ベルサイユ）、10年のワシントン会議、日英同盟の破棄など国際的な舞台に多数の特派員を送り、数々のスクープをものにした。

　いずれも、明治30年代以降、新聞が資本主義的企業として、換言すれば営利企業として発展してきた成果であった。発行部数の増加、足踏み印刷機からマリノニ輪転機への移行、写真版や多色刷り印刷の採用（いわば印刷分野の技術革新）、広告の増加と多様化、そして販売合戦の激化が、明治末から大正期にわたって開化したのである（春原［1990］）。

　また政治部や社会部といった組織改革、取材方法の確立も見逃せない。杉村楚人冠が努力した『東京朝日』に例を見ると、調査部（明治44年）、記事審査部（大正11年）が設けられ、縮刷版が発行されるようになった（大正8年）。このように新聞社が年鑑や縮刷版、『週刊朝日』、『サンデー毎日』といった週刊誌も出版するようになり、また『読売新聞』のようにラジオ放送の開始に伴うラジオ版の特設など新企画が相次いだ。

　ところが、大正7年、新聞史上最大の筆禍事件といわれる『大阪朝日』の『「白虹」事件』が起きる。反閥キャンペーンが終止符を打ったのち民本主義を主張して、言論界で指導的立場にあった『大阪朝日』は寺内内閣を辞職に追い込むが、村山社長らが退陣し、鳥居素川、長谷川如是閑らの実力記者も

白虹筆禍事件

　大正7年8月26日付け『大阪朝日』（夕刊）が掲げた米騒動関連記事中、中国の古典で兵乱の予兆を指す「白虹日を貫けり」という語句があり、新聞紙法41条（安寧秩序紊乱）に該当するとされ、発行禁止の圧力に屈服する。主筆の鳥居素川、長谷川如是閑、大山郁夫、丸山幹治ら急進派を退社させた。この事件を最後に、直接行動的な新聞の内閣倒壊運動はほぼ姿を消した。

退社を余儀なくされ、ここに政府権力と対立した新聞界の一大転換期を迎えた。

　さらに、大正12年9月の関東大震災は小資本の東京系新聞に致命的打撃を与え、大阪系新聞、すなわち村山龍平・上野理一の『大阪朝日新聞』と、本山彦一の『大阪毎日新聞』の全国制覇が始まる。社屋が残った『報知』『東京日日』『都』を除き、焼失の憂き目にあった新聞には完全に没落か衰退の道しか残っていなかった。『読売』も下降線をたどっていたが、内務官僚出身の正力松太郎に買収された大正13年以降、大衆報道新聞の性格を前面に押し出し、見事に再建される。

　従来の東京系新聞は極端な非営利主義や掲げる政論によって、市場が分節化されていたのに対し、大阪系新聞では、本山が言うように、新聞もまた「商品」であるかのように唱えられていた。ある意味でそれは主義・紙面内容よりも、発行部数に新聞の存在価値を見出すものであった。

　そして何よりも大正デモクラシーの限界は、次の暗雲立ちこめる昭和期のジャーナリズムの前兆を暗示するかのようであった。

Ⅱ　雑誌の大衆化

　明治期を通じて雑誌は、新聞の成長とともに広告媒体として成長し、認識されてきた。明治中期までは専門化された雑誌が主で、あらゆる階層に読者を持つ雑誌は出現しなかったが、『太陽』や『文芸倶楽部』で成功した博文館（明治22年）と日露戦争後から『実業之日本』『婦人世界』の実業之日本社（明治30年）が二大出版社として成長し、続いて野間清治の講談社（明治42年）が頭角を現す。

　野間は、明治末期から大衆出版が営業として確立されていく流れにいちはやく目をつけた。中でも、弁論熱の高まりを見て、聞く話を読む話にかえて刊行した『雄弁』や『講談倶楽部』が成功をおさめ、いわゆる"講談社文化"の基礎を固める。両誌はともにまさに講談と演説といった口頭で語られた内容を活字・書物化したものであり、その始まりは江戸時代に遡るにしても、この時代の家庭や向学心に燃える者たちへ入り込んだ。

　さらに大正14年に創刊した『キング』は数年後に100万部を超え、全国

的に読者を獲得することに成功。野間の雑誌戦略は女性、子どもにまで及び、それはあくまでの読者創出という遠大なる計画でもあった。幼児から大人までを対象に講談社の出版物を読ませようとしたのである。戦前の雑誌出版の全盛期となる大正、昭和初期の時代は講談社時代といわれるほどの勢いで、昭和4～5年頃国内雑誌全体の7～8割を講談社が占めるほどの雑誌王国を築き上げた。

この講談社に対抗する出版社として、「岩波文庫」を創刊し、講座や全書、新書を出し知的ジャーナリズムの出版形態を確立した岩波書店（昭和2年）は、インテリ層の支持を受け講談社文化対岩波文化を作り出す。昭和初年の円本合戦（文学全集に1円の定価をつけ、大量出版した。大正15～昭和7年までの間にその数は400種を超える一大ブームを作った）、隆盛を続ける婦人雑誌、総合雑誌そして満州事変勃発までの左翼雑誌といったように、大衆社会の進展を背景に、昭和の出版ジャーナリズムは企画、宣伝に工夫を凝らして大量出版するという、新しい時代に入ったかのように見えた。

Ⅲ　ラジオ放送の登場

大正14年7月から本放送を始めた日本放送協会（NHK）は、昭和20年まで政府の独占事業下で唯一のラジオ放送として国民に普及し、大きな影響力を持った。特にその速報機能、ラジオの威力は昭和6年9月18日の満州事変勃発がラジオの臨時ニュースによって報じられたことで社会的に認識されたのである。

社団法人日本放送協会は大正14年3月から6月、東京（JOAK）、大阪（JOBK）、名古屋（JOCK）の3社団法人放送局が放送を開始したが、放送を国家思想の指導メディアととらえようとした政府と監督官庁の逓信省は、3局の統合ネットワーク化を行い、戦前の放送体制が確立した。

ニュース放送は1日2回、すでに新聞で報道されたものであり、新聞が内務省への事後納本で済んだのに対し、ラジオニュースは放送1時間前に検閲を受けなければならなかった。ただ、事変勃発よりも一足早く、大正天皇崩御のニュースは夜通しの全国放送があったにもかかわらず、ラジオ受信者は崩御のニュースを聞いて寝てしまったという。速報機関としてのラジオ機能

はすでに発揮されていたわけだが、肝心の受信者の方にまだそうした意識が芽生えていなかった。それでも、次第に新聞号外にとってかわり、ラジオが時代の花形になる兆候が現れていた。

　そして大正14年10月の天長節閲兵式実況中継（名古屋）や大正15年8月の劇場中継（名古屋）に続き、昭和2年8月から全国中等学校野球大会を中継し、ラジオ放送は昭和3年11月札幌から熊本までの全国放送網の基幹線を完成させる。それは実は翌年11月に予定されていた昭和天皇即位式を中継するためのものであった。このように全国で同時に同一の番組が聴取できるようになったことは、時間差なしで同時に“知る”という行為に国民が参加しかつ経験し、接していることであり、それは共有体験の増殖促進にほかならない（藤竹［1985］）。まして実況中継（特にスポーツ放送）などはイベントの社会的意味合いを認知させるものであったし、換言すれば、国家的ないし社会的な行事の中継は社会的統合の感覚を生み出し、国民の凝集を形成、促進する作用を果たすことになったのである。

　当初は12時45分、夜7時の1日2回合計30分であったラジオニュースの時間は増え、5年には1日4回となった。そして臨時ニュースの速報性は次第に新聞を圧迫するようになる。ラジオと新聞の対立は満州事変勃発を機に頂点に達するが、現実は新聞に厳しかった。放送開始時には3500台ほどしかなかった受信機はけっして安くなく、鉱石受信機でさえ中流階級以上の贅沢品であった。その数が事変勃発後、戦況ニュース、臨時ニュースを聞くために急増し、同年に100万人、翌7年には140万人の聴取加入者を記録する（『放送五十年史』）。ニューメディアのラジオが登場して10年に満たなかった。社会的事件、イベント化された情報創出がメディアによってよりインパクトが強い形で現れれば現れるほど、メディアの普及、社会的認知度が高まる。

Ⅳ　映画の発達

　さて、映画は大正末期に邦画本数が輸入映画のそれを上回る頃から、映画産業として確立する。まだテレビやラジオのない時代にそれは大衆を吸収する強力なマス・メディアとして発達した。何よりも、その娯楽的機能はそれ

までのメディアを圧倒した。

　明治29年初めて「動く写真」（活動写真）が上映されて以来、1930年代ほ
ぼトーキー化される頃までに、映画館は1000館を超え、年間1億6000万人
が映画を見ており、松竹（明治35年）と日活（日本活動写真株式会社、大正元
年）とが日本の映画界を二分する勢力にのし上がっていた。トーキーの出現
はラジオの登場とほぼ時代が重なるが、戦後テレビが登場するまで聴覚のみ
ならず視覚にも同時に訴えるメディアとして、その座を譲ることはなかった。

　時代劇や現代劇からスターの誕生があり、新聞の連載小説や社会的事件が
映画化され、その音楽がレコード化されヒットしたり、人気俳優や人気大衆
作家が新聞に取り上げられ部数が伸びるなど、大正—昭和初期はまさにマ
ス・コミュニケーション状況が大きく進展する時代でもあった。しかし、小
津安二郎や溝口健二といった名監督が現れてきた満州事変の頃から、映画は
国策宣伝機関（メディア）として、その社会的位置づけが微妙にずれ始めて
くる。

　第1次世界大戦後の大戦景気をきっかけに、日本社会は大衆社会、大衆文
化現象の時代に入り、とりわけ、1920年代の都市大衆社会の出現は、マ
ス・メディアの新しい展開を促進した。新聞は従来の知識層を読者とする大
新聞、庶民を対象とした小新聞の区分がますます不鮮明となり、明らかに大
衆報道新聞として、知識人から大衆までを読者対象とするようになったので
ある。その発展した新聞、出版メディアを核として、ニューメディアとして
登場したラジオ放送、レコード産業は、当初は既存メディアと新興メディア
が対立するという競争図式が予想された。レコード産業はラジオの音楽番組
により売り上げが減るのではないか、と危惧したり、新聞はそのニュース内
容がラジオに速報されると売れなくなるのではないかと危機感を持ったので
ある。

　ところが、実際にはラジオで流されるとその曲のレコードが売れたり、新
聞の夕刊版が発行されるなど、連鎖的にマス・メディアが発達する方向に動
いたのである。出版界の雄となった講談社が『報知新聞』に資本参加し、雑
誌『主婦之友』で成功した主婦之友社がやはり『国民新聞』の経営に参加す
るといった、大手出版社と新聞との資本提携も現れた。講談社は昭和5年キ

ングレコードを発足させている。いわば、こうした新興勢力への既存メディアの参入や小資本と大資本メディアの提携という、メディアミックス的要素は近代日本社会にこのとき初めて現れたともいえる。そして、それは不幸なことに歴史的結果から見ると、一元化されたゆえに続く時代における抵抗を、困難にしてしまうことにほかならなかった。

第4節　統制の時代

　昭和11年頃までに新聞界は紙数、部数、ページ数、広告の掲載量ともに最高を示し、戦前の頂点に達する。中国大陸での武力衝突のニュースが次々と伝えられ、読者の関心は高まり、また新聞社も特派員を繰り出し、結果的に増ページ、日曜夕刊の復活も見られた。

　しかしながら、新聞の論調は大正から昭和ひとけたの軍縮ムードから一転し、軍部の既成事実を追認する方向に動き始めていたのである。そこには、新聞が政党や財閥の腐敗を攻撃することに集中し、ファッショ勢力の進出、軍閥の台頭に目を向ける広がりがなかったとされる。そして、「満州は日本の生命線である」「非常時」という言葉による国論の統一は、例えば、上海事件あるいは五・一五事件に反軍、議会政治の擁護を訴えた菊竹六鼓（淳）の『福岡日日新聞』（昭和7年5月16、17日）、桐生悠々（政次）が『信濃毎日新聞』（8年8月11日）に執筆した「関東防空大演習を嗤ふ」などの記事に対して不買運動、軍部によるいやがらせなどを呼び、新聞人は《挙国一致》のために言論の筆を規制しなければ生きてゆけない時代がいやおうなしに目前に迫っていたのである。

　政府は昭和11年、各省にあった情報委員会を拡大して内閣情報委員会（12年内閣情報部、15年情報局となる）を設置。また、当時の二大通信社である電通の通信部門と聯合通信社の合併によるニュースの一元化をはかり、国策通信社である同盟通信社が誕生する。同盟通信社は国策に沿うニュースだけを各報道機関に提供する対国内的な報道統制の機能と、それ以外の情報を政府・軍部に提出する国家情報機関としての機能、そして政府の声としての対外宣伝の機能、役割を負った。

この年起きた二・二六事件では『東京朝日』が決起した武装部隊に襲撃され、翌日戒厳令が布告されると、関連報道は陸軍省発表以外一切禁止となった。事件をきっかけに軍秩の保持、治安維持を主眼とする不穏文書臨時取締法が公布・施行される。さらに昭和12年の日華事変（支那事変、盧溝橋事件）を境に日本は戦時体制に突入するが、それは思想犯保護法や軍機保護法改正をはじめとした言論統制の道に邁進するものとなる。そして太平洋戦争に向けて軍の政治への発言・介入はますます強まり、ジャーナリズムは政府や軍部を批判する意思、能力を喪失してゆくのである。

昭和13年に公布された国家総動員法により、16年新聞紙等掲載制限令、新聞事業令（新聞事業を許可制にし、政府が新聞の譲渡や合併、廃止、休止を命令できる権限を持った）が出されると、報道内容から新聞事業の経営に至る産業全体に規制強化がなされるようになる。すなわち、国策の方針に従わない新聞は抹殺される社会状況がそこに垣間見られる。新聞用紙の割当て制、減ページへと新聞産業界は追い込まれ、県内新聞紙の統合が始まった。その結果、16年までに東京、大阪以外の一県一紙統合へ進み、昭和11年に200社1200紙あった新聞が、18年には55紙にまで減ってしまったのである。推進役は日本新聞会だった。

　東　　京＝『朝日』、『東京日日』、『読売報知』（『読売』と『報知』が合併）、
　　　　　　　『東京』（『都』と『国民』が合併）、『日本産業経済』（『中外産業
　　　　　　　新報』、『日刊工業』、『経済時事』など11業界紙を統合）
　大　　阪＝『朝日』、『大阪毎日』、『大阪新聞』（『大阪時事』と『大阪夕刊』
　　　　　　　が合併）、『産業経済』
　名古屋＝『中部日本新聞』（『新愛知』と『名古屋新聞』が合併）
　福　　岡＝『西日本新聞』（『福岡日日』と『九州日報』が合併）
　北海道＝『北海道新聞』（『北海タイムス』ほか10紙が統合）

　続く大政翼賛会（昭和15年）に代表される国家総力戦への国家体制は、言論報道機関を総動員しての国内世論指導のみならず、国際宣伝戦、思想戦への全面的展開を示す。情報局は陸海軍報道部、内務省警保局、外務省情報部

を一元化し、機構の拡充をはかったのである。ラジオには「特別講演」「時局講演」と称する時間枠が設けられ、検閲を受けた内外の動きが放送されるようになり、内閣情報部と通信省の双方からの支配・監視下に置かれた。国内強化ばかりでなく当時植民地であった朝鮮や台湾、満州にそれぞれ放送協会を置き、国内との結び付きをより一層強めた。さらに、海外放送を設け全世界へ向けての宣伝戦（「ゼロアワー」、東京ローズ）に挑んだのである。

昭和16年年末に「言論、出版、集会結社等臨時取締法」（時局に関しデマはもちろん、本当のことを書いてもそれが人心を惑乱するものであれば処罰できる）が、17年に「戦時刑事特別法」が制定され、19年には紙不足が一段と深刻化し、夕刊の発行停止に加え、朝刊も2頁建てになった。『毎日新聞』（19年2月23日）が掲げた「竹槍では間に合はぬ」に逆鱗した東条英機首相は、執筆した新名丈夫記者を懲戒的召集にしたのである。

日華事変以降、新聞は新聞紙法第27条に基づき、陸・海・外務に関する事項は発表されたもの以外の報道は一切禁止された。まさに思想、情報、言論の規制が完成された。

治安、警察関係＝刑法、治安警察法、警察処罰令、治安維持法、言論・
　　　　　　　　出版集会・結社等臨時取締法、思想保護観察法
軍事、国防関係＝戒厳令、要塞地帯法、陸軍刑法、軍機保護法、国家総
　　　　　　　　動員法、軍用資源秘密保護法、国防保安法、戦時刑事
　　　　　　　　特別法
新聞、出版関係＝新聞紙法、新聞紙等掲載制限令、出版法、不穏文書臨
　　　　　　　　時取締法、新聞紙事業令、出版事業令
郵便、放送、映画、広告関係＝臨時郵便取締法、電信法、無線電信法、
　　　　　　　　　　　　　　映画法、映画法施行規則、広告取締法

太平洋戦争が始まると、「大本営発表」か大本営の許可を受けたものしか報道されないようになり、内務省検閲課が新聞社から送られてくる原稿や写真を検閲し、許可・不許可の決定、修正を行った。ラジオニュースは従来の6回から11回に増えたものの、「大本営発表」は社会全体を情報によって緊

張させ、弛緩させる作用以外の何ものでもなかったし、「空襲警報発令」「灯火管制」もまたしかりであった。そしておそらくラジオ機能の極点を示したのが昭和20年8月15日正午の「玉音放送」であったろう。

新聞の文体・用語の変化は無論、地名や重要な部分などがわからぬような「○○発」の記事が増え、戦時美談を奨励するような記事も多くなった。記事の遅れ（山本五十六元帥の戦死についての記事の差止め）、発行禁止措置などは珍しいことでなくなり、開戦と同時に天気予報が消え、外電の取扱量、内容ともに急減した。また、陸海軍は新聞社、通信社に対して南方占領地域で軍管理のもとに新聞を発行するよう要請し、アジア各地でさまざまな日本語新聞、雑誌、書籍が発行されたのもこの時代の特徴であろう。

大正〜昭和初期の大衆文化華やかな時代を演出した出版界も統制の大波に入り、満州事変勃発の頃から急変する。「満蒙もの」が洪水のように出版されたのとは反対に、左翼系雑誌の発禁件数が高まり、やがてマルクス主義関係書や軍部批判、文学作品でも反戦思想をうたうような書籍は公然たる出版ができない時代がやってきた。出版物への弾圧はマルクス主義から自由主義思想までに拡大され、「国体の護持」が国家の頂点に立つ思想であり、それにいかなる疑問、反対を唱えることもタブーとなりつつあった。天皇機関説を唱えた美濃部達吉は不敬罪で告発され、著書は安寧秩序妨害で発禁となる一方、右翼、国家主義関係書が氾濫の一途をたどった。

雑誌出版界は日華事変の頃から時局を反映した記事が増えた。雑誌用紙の統制による用紙値上げは雑誌数の減少を顕在化させ、次第に軍国主義的な作品以外は発表が難しい時代となる。発禁の数は増え、他方文学は思想戦の武器ということで文化人の動員が目立つようになり、多くの作家や写真家、芸術家が駆り出され従軍させられている。

昭和14年、新聞界のみならず用紙節約という国策のもとで雑誌の整理統合も進められ、全国で4000種以上が廃刊に追い込まれた。昭和15年に作られた日本出版文化協会が一元的統制機関となり、以後出版統制の嵐が吹き荒れる。出版事業令（昭和18年）による統廃合の結果、1年後の出版社数は4751社から1999社に減り、戦争直後には941社になった（山本［1993］）。

この時期の映画ほど、ファシズムと戦争を鼓舞するメディア、有力な宣伝

機関として利用されたメディアはないかもしれない。昭和14年、映画法が
制定され、シナリオの事前検閲から監督、俳優の登録、上映時間の制限など、
すべてにわたり政府の統制下に置かれたのである。16年以降文芸作品は消
え、輸入映画や外国ニュースが消えるとともに、国民の目は強制上映される
ようになったニュース映画に向けられる。

第5節　戦後のマス・メディア

I　占領下のジャーナリズム

　昭和20年8月15日、ラジオの「玉音放送」（ポツダム宣言受諾の詔勅）が
敗戦を伝えるとともに、進駐した連合軍総司令部（GHQ）は日本の軍事力の
一掃と日本の民主化に力を注ぐ。

　9月10日の「言論および新聞の自由に関する覚書」を皮切りに年内に
「プレスコード」（9月19日）、「政府から新聞を分離する件」（9月24日）な
ど矢継ぎ早に指令・覚書・説明が出された。その後ほとんど出されなかった
ことから、言論・報道に関する対策がGHQにとっていかに緊急の課題であ
ったかを窺い知ることができよう。具体的には戦時下の言論統制の廃止、同
盟通信社の解散（社団法人の共同通信社と株式会社時事通信社になる）であり、
新聞は占領軍の直接管理、すなわち事前検閲の対象となったのである（事前
検閲は昭和23年まで続く）。

　ジャーナリズム行政に対する内面指導は民間情報教育局（CIE）、そしてい
わば結果となる内容に対する検閲は民間検閲局（CCD）が行った。マス・メ
ディアばかりでなく、演劇や紙芝居、街頭放送、電信、電話、郵便に至るコ
ミュニケーション手段が規制の対象となった。いいかえれば、昭和21年11
月に公布された日本国憲法第21条にうたっているような言論の自由を保障、
奨励する一方、言論の自由を制限する、という相反する2つの方針が占領下
のマス・メディアに課せられたのである。

　　日本国憲法第21条「集会、結社及び言論、出版その他一切の表現の自

由は、これを保障する。／検閲は、これをしてはならない。通信の秘密は、これを侵してはならない」

　『朝日』は8月23日、早くも社説「自らを罪するの弁」を掲げ、戦時中の言論機関の責任と犯した罪の重さを明示した。さらに11月7日付け第1面の宣言「国民と共に立たん」では、戦争責任人事を明らかにした。これらに呼応したかのように、戦後労働運動の復活は新聞産業も例外でなく、特に三大争議と呼ばれる読売、北海道、西日本新聞社においては社幹部の戦争責任の追及、新聞の民主化運動が高まり、機構改革や人事の刷新が相次いだ。既存56社中44社の代表者が戦争責任を理由に更迭されるに至ったほどである。
　報道取締綱領（プレスコード）の実施により全記事が事前検閲の対象となったが、GHQは旧体制の破壊と言論の自由化を、地方紙の助成と新興紙の育成に期待し、新聞の創刊や復刊が多く見られたのもこの時期の特徴であろう。中でも戦前非合法であった『アカハタ』が10月に復刊され、急激に発行部数を伸ばしている。GHQが重視したのは新聞ばかりでなく、ラジオも民主化政策の重要な手段として考えた。「大本営発表」に代表された戦前の放送からは想像できないほど聴取者が参加する形式――当初の放送、街頭録音、放送討論会などの番組を作った。
　しかしながら、そうした新しい動きも、GHQ（特にCIE）が保守的傾向を強めたことと21年2月1日のゼネスト中止命令を機に一気に下火となり、25年の朝鮮戦争勃発とレッドパージ（政治的信条を理由に記者や従業員を職場から追放）では、逆に『アカハタ』の発行停止や新聞各社での大量解雇が行われた。その数は49社およそ700人にのぼった。ラジオでは風刺番組として人気の高かった「日曜娯楽版」（昭和22〜27年）がさまざまな圧力で消えてゆく。
　終戦翌月の天皇陛下（昭和天皇）記者会見（1945年9月27日）は人間天皇を主張する一方で、「菊」タブーの始まりでもあった。昭和26年サンフランシスコ講和条約の締結により日本は国際社会に復帰、独立する。それは占領期の言論界の指針であったプレスコード、ラジオコードが失効することを意味し、占領が終了する翌27年7月まで、戦前から数十年の後退を余儀なく

されたマス・メディアが、再び社会の中で自由さを取り戻す出発点でもあった。しかし、新憲法が言論・表現の自由を保障しているとはいえ、それはGHQから与えられたものであり、民衆が勝ち取ったものでない事実は明白であり、民主主義の存立基盤にマス・メディアがいかに重要であるかをいまだ認識できない弱さもある。

II　競争の時代

　昭和26年新聞用紙の統制が廃止されると、新聞界は再び自由競争の時代に入った。

　最初に登場したのは読者獲得競争である。統制時代に規制されていた夕刊ワンセット制の復活である。新聞は読者獲得のために当時不足していたナベやカマを拡材（販売拡張材料、景品のこと）として、激しい販売競争を生んだ。

　次に大手各紙は、昭和27年『読売』が大阪に進出したのを最初に、札幌ほか全国各地で印刷発行をするようになる。つまり、締切りの関係から早版のニュースしか載らなかった地域にも、最新のニュースを載せて配達し、読者を拡張しようとしたのである。それを可能にしたのは昭和30年以降の第1次技術革新、すなわちファクシミリ送信の導入、ファクシミリを使っての紙面伝送、写真伝送など新聞社間の伝送経路技術の発達や、製作過程における漢字テレタイプと全自動モノタイプの自動化などがあげられる。そして100年近く行われていた新聞の鉄道輸送も消え去る運命にあった。結果的に新聞の増ページとなり、経済成長と相まっての広告収入の増大につながった。

　昭和40年代半ば以降、技術革新はさらに進み、従来の鉛活字からコールドタイプシステム（CTS）に移行し、そしてコンピュータで入力から整理・校閲・組み版工程までトータルに機械化されるようになった（Computerized Typsetting System）。カラー印刷も含めてこれらの、第2次技術革新は在京の大手紙よりも小回りのきく地方紙が先鞭をつけ、今日では『朝日新聞』のネルソン、『日本経済新聞』のアネックスと称されている電子編集製作により新聞紙面が作られるようになった。

　昭和60年代はじめまで新聞の総発行部数は伸び続け、5000万部台（日本新聞協会加盟の日刊紙、スポーツ紙、朝夕刊セット）にもう一歩のところで停

第2章　マス・コミュニケーションの歴史　　77

滞期に入ったが、その後微増している。

Ⅲ　民間放送始まる

　昭和25年、電波法、放送法、電波監理委員会設置法（いわゆる「電波三法」）が施行され、それまでNHK（社団改め、特殊法人日本放送協会）だけであった放送に、新たに民間放送の参入が認められることになった。26年に入り、名古屋の中部日本放送の第一声を皮切りに6社が開局し、29年までには日本の各地で民間ラジオ放送が聞けるようになった。さらに昭和28年2月にNHKが、8月には民放テレビ第1号として日本テレビが本放送を開始し、戦後のマス・メディア＝電波時代の幕が開いたのである。

　それから約40年の間、国内放送は受信料を唯一の経営基盤とし営利を目的としないNHK（公共放送）と広告収入を基盤とする民間放送（一般放送事業者）の二本立て制度を続けたが、昭和60年からは放送大学が始まった。電波三法のうち電波監理委員会設置法は27年廃止され、以来電波行政は郵政省の所管するところとなり、行政改革の結果、現在総務省が主たる主務官庁となっているものの、デジタル化に代表される技術革新の急速な発展により、放送と通信との領域の融合化が進み、CATVやBS、CS放送などの一般事業者は増え続けている。

　さて、テレビというニューメディアの登場は街頭中継に始まり、29年からのプロレス中継は駅前や広場などに置かれた「街頭テレビ」（テレビ導入期に尽力した正力松太郎の発案）が人気を集めた。さらにテレビの成長に拍車をかけたのが34年の皇太子（現天皇）成婚で、人々はテレビを買い求めた。価格も放送開始当時公務員給与の20倍近くした受像機は、庶民が少し無理をすれば茶の間に置けるぐらいに安くなったのも普及の速度を速めた。洗濯機、冷蔵庫と並んで白黒テレビは「三種の神器」と呼ばれ始める。放送開始から5年後の昭和33年には契約数100万、そしてわずか1年後には200万を突破した。テレビのおもしろさ——そう思ったのは受像機を買い求めた人々ばかりでなく、民放テレビ局にとって唯一の収入先であるスポンサーも同じだった。

　その一方で、年間映画観客数はのべ11億3000万人あまり（昭和33年）と、

映画史上ピークを迎えた。戦後日本映画界は解禁された大量の輸入映画とともに、焼け跡に投げ出された庶民の娯楽媒体として見事に復興し、人々は年に10回は映画館に出かけるほど娯楽の王者に登りつめたように見えたが、以後急落する。5年後には観客数は半分に減ってしまう。そして昭和30年代半ば以降映画はテレビにその座を譲り、「冬の時代」を迎える。

　テレビに追いやられたのは何も映画だけでなかった。NHKと民放の共存・競合は戦前から家庭の中で唯一の電波媒体であったラジオの普及を呼び戻し、昭和33年受信契約数は1460万台（普及率81％）と黄金期を迎えた。しかし、テレビ視聴者の拡大と視聴時間量の増加が進んだ数年後、ラジオ離れは深刻化する。それまで家庭の茶の間や高いところに鎮座していたラジオの居場所にいつの間にかテレビが座り始めていた。ラジオが新たに見つけ出す受け皿とは、高度経済成長下で現れた受験生をターゲットとする深夜放送のようなオーディエンス・セグメンテーションの編成、カーラジオ、FM放送であった。

　昭和20年代後半は週刊誌が続々と登場した時代である。

　戦後の出版界は復刊された『中央公論』、『改造』や『世界』といった総合雑誌ブームと大衆娯楽誌として数百種も発行されたというカストリ雑誌ブームに始まり、続いて『平凡』や『明星』といった「歌と娯楽の雑誌」時代を迎える。総合雑誌ブームや新興雑誌の創刊は、戦争終結により既存の新聞社や出版社が解体されたドイツやフランスと異なり、戦前からの大資本のメディアに対抗する意味合いが強かったといえる。

　これに次いで起きたのが週刊誌ブームである。戦前から続く新聞社系週刊誌『週刊朝日』、『サンデー毎日』、『週刊読売』（27年から週刊）に『週刊サンケイ』（現『SPA』）が加わり、この4誌が市場を形成してきたところに、31年の『週刊新潮』を皮切りに新たに出版社系週刊誌が参入したのである。直接のきっかけはテレビと同様、いわゆる「ミッチーブーム」であったが、特に芸能、娯楽を中心とした『週刊女性』（昭和32年）、『女性自身』（33年）といった女性向け週刊誌など、34年までに20誌あまりの週刊誌が創刊され、早くも週刊誌の総発行部数が月刊誌のそれを超えるようになった。

第6節　マス・メディア時代の到来

　昭和20年代半ばを境に戦後日本のジャーナリズム状況が大きく変化した。いいかえれば、コミュニケーション・メディアが大衆化、大量化し（マス化）、文字通り「マスコミ」もしくはマス・メディア時代が到来したことであろう。この現代的なマス・メディア時代の到来は、新井直之はおおむね次のような社会背景から説明されるという（内川＝新井［1983］）。

　第一に日本の奇跡の経済復興、経済発展、高度経済成長である。朝鮮戦争に始まる特需景気は高度経済成長政策のもと神武景気、岩戸景気などを呼び、昭和40年代初頭まで続く。人々の生活は戦前の水準に立ち戻るまでに10年を要したのち、安定化から上昇志向へ進んだ。耐久消費財産業や家電、自動車などが消費市場の主役となり、モノが溢れるばかりになると広告費が増大し、広告媒体として新たに出現したテレビをはじめとして、それはそのままマス・メディア産業の成長へつながった。

　第二に技術の発達である。戦後日本の経済成長の一因でもある技術革新はコミュニケーション・メディアの領域でも大きな起爆剤となった。テレビ受像機の国産化政策は外国産の受像機を締め出し、カラー化や受像機の廉価を生み、トランジスタの開発はラジオ受信機の小型化ばかりでなく、あらゆるメディア産業にも重要な意味を持つようになる。

　以上の2点と関連して、さらにメッセージと情報の大量流通が可能となる社会的インフラの整備が進んだことは見逃せない。例えば、高速道路の発達や情報網、transportation、telecommunications の発達である。また昭和39年の東京オリンピック、昭和45年の大阪万国博覧会開催など国をあげての一大イベント事業の達成に、これらインフラの整備は必死であった。

　第三に受容者である受け手の成長である。今日大衆の肥大化や拡散、疎外感の進行はあるにしても、従来の新聞や雑誌といった活字メディアばかりでなく、新しいコミュニケーション・メディアの家庭への普及は、いうまでもなく情報の拡散であり、情報環境の平準化を促した。労働時間以外の余暇時間が増えて、ライフサイクルに変化が生じ始めると、それを促したのもマ

ス・メディアだが、マス・メディアが送り出すさまざまなメッセージ自体が消費される娯楽商品として社会の中で大きな影響を与えるようになった。

I　マス・メディアと大衆文化状況

1920年代（大正末期～昭和初期）における、いわば大衆文化の出現（萌芽期）は庶民文化や常民文化との接点、重複するところがあり、庶民や常民、民衆が部分的に形態転化したものといわれる（中野［1985］）。エロ・グロ・ナンセンス、モボ・モガといった都会の流行・風俗、下町の歓楽街、都会的な生活様式にあこがれる人々の行動は、相対的に所得水準の上昇や余暇時間の増加、政治的平等の実現、教育水準の上昇、旧来の階層構造の弛緩と都市社会の拡大を生んだ。この時代が日本の大衆消費社会という現代文化生活の原点といえよう。

しかし、戦後の大衆文化の出現は、明治期に始まる富国強兵、殖産興業の振興、帝国主義、大東亜共栄圏構想そして敗戦といった大きな流れの延長線上にある中で、「文化国家の建設」＝平和と民主主義の実現という、いわば国家理念が大きく作用している。その文化創造＝欧米の模倣の過程では外国映画の輸入、公開スポーツ競技の興奮、欧米の風俗・流行の輸入といった海外の大衆文化の大量流入があり、マス・メディアの胎動がそれらを加速させたともいえる。

戦後の経済発展は、かつての開国—明治初期の西欧文明崇拝と似たような雰囲気を醸し出し、メディアがもたらす大量の外来文化は、先進国の日常生活へのあこがれを人々に植え付けた。中でもテレビ草創期における米国製輸入ホームドラマは衣食住、特に家庭の電化製品の充実などの夢をもたらした。経済復興による生活の安定から人々が一定の購買能力を持つようになると、それ自身が商品市場としての役割を担い、マス・メディアはそこに大量販売の可能性を持つ「商品」そのものとして、また大量販売のための「広告媒体」として、注目されるようになる。

別の見方をすれば、大衆層の拡大と大衆的規模の文化的機会への参加は、戦前の主役が第一に男子であったのに対し、女性と子どもはラジオあるいは雑誌文化の享受者に限定されていたものが、戦後の大衆文化はむしろ女性と

子どもを巻き込んでいったところに大きな特徴がある。「モノ」、「コト」、機会、サービスの生産と分配、受容は資本主義的な商品生産様式、高度産業社会における大量生産、大量消費のメカニズムに組み込まれ、流動的でかつ不安定さが常にあるものの、大衆文化そのものが商品のように生産され、循環し、消費され、大衆は商品としての文化の消費者となってしまった。

　したがって、戦後文化の大衆性は常にマス・メディアが介在したものとなり、芥川賞受賞者や歌舞伎の役者が話題性を持ち、大衆層の生活水準の上昇と余暇の拡大により、従来エリートに専有された歌舞伎、新劇、クラシックコンサートを団体鑑賞するなど、大衆文化による高級文化の侵犯が見られるのもまた事実である。そして、ある面からとらえると「大量化した情報の形態」（中野［1985］）である大衆文化は、新しい情報形態としてテレビ文化の普及やマンガ文化の台頭といった現象を巻き起こす。特にテレビは、包括性・総合性によって高級文化に関する情報を含み込むことが可能であり、佐藤毅が「今日の大衆文化の中心はテレビを媒介とした視聴覚文化」（佐藤［1995］）というように、マス・メディアの中でテレビの社会的意味合いは強くなる一方である。

　ところが、文明がある屈折を余儀なくされた時代といわれる1960年代、若者たちの激しい懐疑・不快感・違和感の台頭があり、高級対大衆の対立でもなく、大衆文化の創造の意思もないまま、「若さ」という領域、全体文化に対する対抗文化（カウンター・カルチャー）が発生した。エスタブリシュメントの周縁の存在であった彼らの行動は反体制的、前衛的、価値変革（創造）的な要因を含み、ビートルズのような大衆的な音楽や映像作品をメディアは数多く世に送り出したが、結局はマス・メディアを中心とした既成の文化ネットワークに組み込まれてしまう（中野［1985］）。そして、大道芸や大衆演劇、アングラ劇、旅芸人の芸、地域に固有の伝統芸能、方言までもが、マス・メディアの作用にのり文化の中心と循環し始める。そこに、高級文化対大衆文化という枠組みを排除した、まったく新しいジャンルとしてテレビやマンガを見る眼が生まれたといえよう。

　受容の選択基準はニュースや娯楽に枯渇する時代を経て、日常的な生理・心理的欲求・欲望、享受における報酬が即時的なもの、消費的な娯楽志向へ

と動き始めたのである。

Ⅱ　ジャーナリズムの変質

1　ジャーナリズムの転換

　戦後のジャーナリズムで大きな転換期と見られるのは昭和 35 年、いわゆる 60 年安保による「七社共同宣言」を機に新聞の持つ論評活動が大きく後退したことである。新聞のキャンペーンは従来、政治、暴力、汚職追放などの社会悪を対象としていたが、新たな社会派キャンペーンとして親探し運動や親切運動などを展開し、新聞の指導的機能は復活したかに見えていた時である。

　日米安保改定反対闘争が繰り広げられる中、自民党が強行採決に入ると、条約の批准をめぐって激しい実力阻止行動が国会周辺で起きた。同年 6 月 17 日付けの全国紙 5 紙と『東京』『東京タイムス』の 7 紙が「暴力を排し議会主義を守れ」と題した共同宣言を掲載。48 の地方紙も掲載した。この共同声明が混乱した政局の収拾に大きく影響したことは明らかだが、それだけに、新聞論調が当時の岸信介内閣反対のキャンペーンを展開し、結果的に暴力的風潮を促して泥沼化したと見るや鎮圧の姿勢をとったと見られたのである。首尾一貫性に欠けた新聞は自らジャーナリズムの持つ指導性を失墜させてしまった。

　もっとも、20 世紀初頭から新聞が商品として大量発行部数と読者獲得に走りだして以来、新聞の持つ論評機能は低下する一方であった。代わって総合雑誌が担い手となり、戦中の弾圧から復興したのち一時は言論活動機能を発揮するが、それも週刊雑誌の興隆の前に力を失い始めていた。

　この安保闘争は、政府に対世論操作、特にマス・メディアに対する危機感を抱かせたのである。1960 年代ほどテレビ史の中で放送中止事件が多く起きた時はない。それはヌードやヘアー、人権やプライバシーの問題ではない。多かれ少なかれ「政治」がからんでいた。テレビが「第五の壁」（W. リンクス）として茶の間でその画面を通して見せた臨場感の味わい、中でも豊かな団欒にあると思い込んだとき、それは他方において虚構の世界を生むものであったのだが、テレビはその急速な発展と影響の強さに非政治化させられ

第2章 マス・コミュニケーションの歴史　83

る運命に大きく傾いたのである。

　一連の放送中止事件の代表とされる「ひとりっ子」（昭和37年、RKB毎日）や「南ベトナム海兵大隊戦記」（昭和40年、日本テレビ）などの社会派ドラマは、自衛隊の問題やベトナム戦争を取り扱ったもので、直接的な政府干渉、スポンサーへの（からの）圧力、局幹部への抗議により中止に追い込まれた。中でも、TBS「ハノイ田英夫の証言」（昭和42年10月30日）は北ベトナム側から放送された衝撃的な内容であったが、政府、自民党の介入により当時看板の報道番組であった「ニューススコープ」キャスター田英夫の降板、退社を余儀なくされた。他方、広報予算の強化は自衛隊PRのような広報番組を増大させたのである。当時、ベトナム反戦運動、日韓闘争、大学紛争と政治をめぐる社会闘争が続き、佐藤内閣・自民党がアメリカの外交——日米韓の軍事一体化——と緊密だったことがその背景として分析される。

　こうして、育ち始めた放送メディアは早くも脱政治化に追い込まれ、新聞メディアとともに、ジャーナリズムの論評活動において、戦前と比較するのは適当でないかもしれないが、マス・メディアがもはや政治を左右するほどの機能があるのかという疑問が明らかとなってしまった。それはのちに起きる沖縄密約漏洩事件（昭和47年）やロッキード事件（昭和51年）でも、結末は同じであったといえよう。

2　マス・メディア批判の噴出

　戦後出現したマス・メディアの消費者である大衆が高度経済成長の終焉とともに、変容し始めた。高度経済成長下で成功した読者のニーズを吸い上げる対応——スポーツに代表される軟派ニュース系と国際、経済記事の拡大と結果的な増ページ、あるいは住宅・福祉・物価・公害などの社会的摩擦や矛盾に応える——は、もはや通用しなくなってきた。同質の庶民の不満や主張を代弁するだけで、あるいは読者ニーズに応えるような単純情報を伝達すればよかったかわりに、ジャーナリズムとしての判断が安易に流れた（後藤[1986]）。

　「一億総中流意識」とか「新中間大衆」が盛んに喧伝され始めた1980年代、画一的にとらえにくくなった新大衆がメディアの受け手として見え始めると、マス・メディアは大きく変質する。それまで「月光仮面」「正義の味方」的

存在であったジャーナリズム、とりわけ新聞ジャーナリズムは受け手の成長と変容、そしてマス・メディアの多様化を前に、「負の遺産」（天野ほか[1994]）をかかえている状況を認識せざるをえなかった。潜在的にあったマス・メディア批判が活火山のように噴出するという形で表面化したのである。それは大別すれば、三つの大きな流れがあった。

　ひとつは一連のロス疑惑報道（昭和59年1月〜60年）や大阪・豊田商事会長刺殺事件（昭和60年6月）をはじめとする犯罪報道における人権の無視や、パック・ジャーナリズムへの批判、あるいは事件報道の上での人権配慮のなさへの怒りである。加熱した写真週刊誌報道（ビートたけしの講談社『フライデー』殴り込み事件、昭和61年）や松本サリン事件の誤認報道（平成7年）もこの範疇に入るだろう。

　第二に、いわゆる"やらせ"という言葉に代表される、誤報や捏造が続出した。テレビ朝日の「アフターヌーンショー」（昭和60年）やNHKのドキュメンタリー番組「ムスタン」では、スポンサーの撤退・番組の終了、さらに局のトップが画面で陳謝するという前代未聞の状況に追い込まれた。同様に、新聞記者による捏造「サンゴを汚したK．Yってだれだ」（『朝日新聞』平成元年4月20日夕刊）が発覚し、社長の引責辞任となった。

　そして第三の流れは、一部マス・メディアが独占的な支配を続ける記者クラブ体制問題や発表ジャーナリズム、皇室報道、皇太子妃報道での自主規制など、マスコミ機構・システムそのものに向けられた。それらは、バブル華やかなりし頃、リクルート事件（昭和63年）でマス・メディア各社の幹部が株の譲渡で辞任したことや、椿発言（平成5年）に見られるような放送の政治報道に対する姿勢を問うものまでさまざまである。

　総じて、こうしたマス・メディア批判はジャーナリズム活動における「倫理性の欠如」として総括されがちであるが、先の二つは、匿名報道や被疑者の呼び捨て廃止、書かれる側の人権重視など、それまで地道に続けた努力を一瞬にして消し去ってしまう恐ろしさがあり、後者はいまだに日本のマス・メディアに「インディペンデント」が確立していない証左ともいえる。

Ⅲ　新聞からテレビの時代に

　かわって、マス・メディア機能の中で重視され始めたのが娯楽機能である。特に民放テレビ局は初期において報道活動に力を入れたものの、スポンサーの意向もあってか次第に娯楽番組に傾斜していく。現実に、テレビが多種多彩な娯楽番組を連日提供し、視聴者がほぼ無料で、茶の間や自室でボタンひとつの操作により楽しめる娯楽手段として発達したといえる。スポーツ紙の総合娯楽化や雑誌の多様化も娯楽志向であった。

　そして、民放 TV は視聴率調査の導入によって、量的数値の高さが競われるような風潮を生み、質（番組内容）について議論することは二の次にされてしまう時代が始まる。

　ドラマやバラエティ、クイズ、「する」から「見るスポーツ」に転化させた各種スポーツ中継、アニメ、音楽、映画など、多様な番組が視聴者を引きつけた。テレビが視聴者を獲得した代表番組のひとつにワイドショーがある。視聴率が期待できないニュース報道は何よりスポンサーがつきにくかった。それに対して、ワイドショーは人々の好奇心を注ぐような話題を提供し、スキャンダルを捜し出し茶の間に放送する。人々はウワサやゴシップに飛びつく。各局総並びで、週刊誌的内容を網羅した、まさにテレビ版週刊誌であるワイドショー番組を、朝、昼、午後と軒並み揃えた。昭和 50 年代初頭、媒体別広告費においてテレビが新聞を抜いて以来、すでに四半世紀がたとうとしていた。

　そうした娯楽志向、おもしろ志向は結果としてマス・メディア、とりわけテレビ・メディアを発達させてきたとはいえ、何でも「芸能化」してしまう傾向は一層高まり、1980 年代半ば以降、その娯楽と情報をジョイントさせた教養番組インフォテイメント（infotainment = information + entertainment）作りが盛んとなり、ニュースショーなるものが編成の目玉となる。例えば TV タレントをキャスターに使った週末の討論・政治番組は政治をわかりやすくしたといわれるものの、月曜日の新聞は安易に「昨日放送された××番組に出席の△△氏は、こう語った」形式をとり始め、細川政権は TV が作り出したともいわれる効果を生み出す一方、現実面での選挙

離れ、投票離れは増し続けた。

　他方、日常的なジャーナリズム性を持ったメッセージ媒体として、テレビがケネディの暗殺（昭和38年）や人類の月面到着（昭和44年）、ベトナム戦争や天安門事件、東欧の崩壊（平成元年）、湾岸戦争（平成3年）などインパクトのあるニュース映像を受け手に送り出している事実は、注目されよう。戦争やイベント、そして例えばハイジャックなどの事件においてもENGの発達による現場生中継が可能となり、作られたイベントでなくとも、何か事件が起きるとメディアは技術的発達の裏返しとして、できごとを社会的イベント化（創出）してしまうことが多くなってきている。

　1980年代までに24時間流される放送サービスの確立は、全国、地方テレビが整備されたことによる多局化と放送サービスの多様化であった。それはNHKと民間放送という二元放送体制のもと、ラジオ・テレビ併存時代へ突入したのち、民放VHF局の大量免許（昭和33年）、同UHF局の大量開局（同43年）、さらにはFM放送の開始などであった。別の見方をすれば、1局で多チャンネルを持ち全国的な放送ネットワークを誇るNHKと、東京をキー局として系列化された地上民放テレビネットワーク（JNN、NNN、FNN、ANN、TXN）により、日本のテレビ放送サービスが構築されてきたのである。しかも、その裏には、全国紙の地方への新聞事業の拡大、有力地方紙との対抗、さらに総合情報産業への転換という大きな命題があった（岡村[1993]）。

　そして20世紀末の1990年代から今日に至る「多メディア・多チャンネル化」は従来の地上波やCATV局のみならず、衛星放送（BS、CS）配信を使って国内外からの放送サービスが百の単位で拡張する時代に突入したのである。生活行動の中の余暇行動時間は、1960年代と1995年とを比べてもそう大差ないわりに、テレビ視聴は1日1時間弱から4倍近くになっている。現代人の情報収集の第一にテレビがあった。

　第二にスポーツ新聞を含んで日刊紙は1日5000万部以上発行されていた。『読売』、『朝日』、『毎日』、『日経』、『産経』の全国5紙が発行部数の5割、そして北海道、中日、西日本のブロック3紙を加えると、この8紙で総発行部数の6割近くを占めていることになる。

第2章　マス・コミュニケーションの歴史　87

　第三に出版分野は 1970 年代からの雑誌ブームが「雑高書低」という言葉に代表されるように雑誌の創刊が相次ぎ、女性雑誌やコミック雑誌などジャンルが広まった。『週刊少年ジャンプ』のように 500 万部も発行されるマンガ雑誌があり、年間 4 万 5000 点、つまりは 1 日 100 点以上の書籍が発行されていた。

　ラジオは、テレビの出現で第三のメディアとなってしまったが、私たちの回りにはテレビ以上にラジオは存在し、国民の 5 割はラジオ利用者であり、そのうち 3 割の人が毎日ラジオを聞いているとなれば、その存在はけっして小さくなかった。これだけでも日本は世界の中で「マスコミ大国」といわれた所以であろう。

　そして、1990 年代に入り、LP レコードやカセットテープに代わって CD レコードや MD あるいはレンタルセルビデオの登場に見られるように、メディア環境における流通と消費の形態の変容が一段と加速した。その背景に従来の機器の技術革新があったにしても、広義における情報機器の普及は目覚ましく、さらには、衛星回線を通しての国際コミュニケーションの拡大は文化的摩擦を生じつつあったが、新聞、テレビのみならずメディアのあらゆる側面においての情報伝達能力を飛躍的に高めていたのもまた事実である。

　「ニューメディア」「高度情報化社会」という言葉が飛び交ってから四半世紀。それはモデル化された個人や青焼き写真であったが、個々人がそれぞれ

放送倫理・番組向上機構（BPO）http://www.bpo.gr.jp/
　放送界における人権侵害に対処するために、NHK と民放各社は 1997 年（平成 9 年）、「放送と人権等に関する委員会機構」（BRO）を立ち上げた。2003 年（平成 15 年）からは放送番組向上協議会（1969 年）と統合し、「放送倫理・番組向上機構」（BPO）となった。放送と人権、青少年、倫理に関する委員会を設置している。新聞メディアも、従来の記事審査室などとは異なった「人権に関する開かれた委員会」（毎日）をはじめとして、各社積極的に外部有識者らを参加させた組織を作ってはいるものの、北欧やヨーロッパ、あるいはアメリカのようなプレス・カウンシル（新聞評議会）、プレス・オムブズマンといった公的、第三者機関を設立するまでには至っていない。

のニーズによって参加できる社会環境が目前に迫っていた。ポケベルや
PHS、携帯電話は若者の新しい情報行動とコミュニケーション様式を生み出
した。ファクシミリやパソコンといった情報機器も、ある意味で旧来のマ
ス・コミュニケーションにおけるマス・メディア機能よりも、より個人が自
由に発信できる機会、あるいはメッセージを受信するばかりでなく発信でき
る能力を与えるものであった。

　1980年代から90年代我々の身の回りに登場したメディアを例にあげれば、
ワープロ、パソコン、ファミコン、携帯用電話、CDなど。それらはパーソ
ナル・メディアであり、衛星放送の開始だった。メディア技術の高度化は、
情報の「大量生産性」「速報性や同時性」「複製可能性」に加えて、「情報処
理の高速化」さらに「現実」と「そのコピーないし複製」あるいは「虚構」
といった区分を越えた新しい現実——仮想現実ないしバーチャル・リアリテ
ィを作り出す社会を目前に控えていた（佐藤［1995］146頁）。

第7節　インターネット時代

I　インターネットの普及とメディア環境の激変

　21世紀に入って、2000年から2015年の間に新聞発行部数は7,100万部台
から5,500万部／1日となり、1,000人当たり570部から436部、そして一
世帯あたりの新聞部数は1部をきり0.8部まで落ち込んだ（日本新聞協会）。
またテレビの視聴時間は減少傾向にあり、出版産業も厳しい状況にあるなか
でこうした環境の激変は、「活字離れ」「新聞離れ」「ニュース離れ」とも言
われる。1995年から2010年でみれば「テレビ離れ」と言われるほどの減少
ではないものの、40代以下、特に10代層での減少率は高い（橋元［2012］
54—55頁）。

　その背景には官民あげてというより、世界的なインターネット社会の創出
が現実であることに疑問をはさむ余地はない。予兆は1995年に米マイクロ
ソフト社のOS、Windows95の発売とブラウザのインターネット・エクスプ
ローラ（IE）が登場した頃から見え始めていた。それは、まずウォークマン

第2章　マス・コミュニケーションの歴史　89

図2—1　インターネットの利用者数及び人口普及率の推移

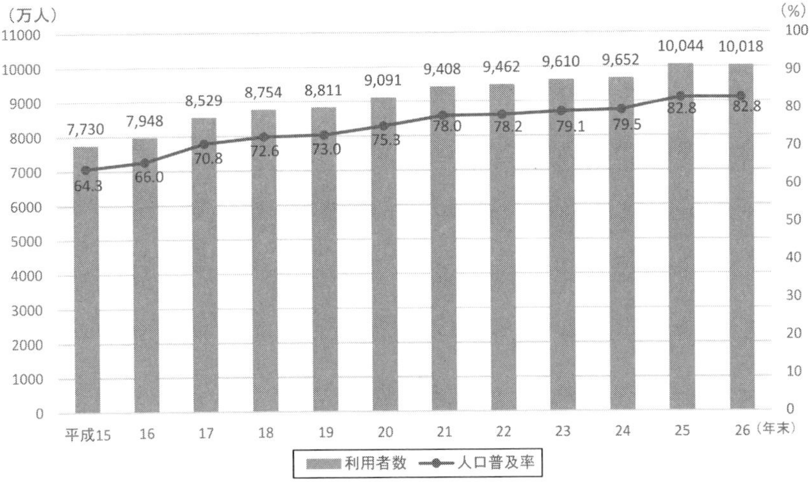

（万人）　　　　　　　　　　　　　　　　　　　　　　　　　　（%）

利用者数：7,730　7,948　8,529　8,754　8,811　9,091　9,408　9,462　9,610　9,652　10,044　10,018

人口普及率：64.3　66.0　70.8　72.6　73.0　75.3　78.0　78.2　79.1　79.5　82.8　82.8

平成15　16　17　18　19　20　21　22　23　24　25　26（年末）

■利用者数　―●―人口普及率

出典：総務省「平成26年通信利用動向調査」から
http://www.soumu.go.jp/johotsusintokei/statistics/statistics05.html

（1979年）による移動しながらでも音楽を楽しめることから始まったが、次第にテレビ・映画の番組、映像やラジオの音声までもがコンピュータに取り入れられるようになり（YouTube、2005年）、そのコンピュータがデスクトップという固定型から持ち運べる移動型に発展することにより進化している。

　「高度情報化社会」から「高度情報通信社会」に突入した現代社会において、従来情報を独占的に発信してきたマス・メディアの存在は、コンピュータ及び関連情報機器（情報を蓄積できかつ手軽に持ち運べるUSBやマイクロカード、CD、DVD、BD、あるいはデジタル、光ファイバーを使ってのインターネット利用）を個人が安価に所有、利用することにより相対的に崩れ始めているかのように見える。

　新聞や書籍雑誌、放送が旧態のままのマス・メディア（最近は"伝統的メディア"とも称される）であるとすれば、デスクトップからラップトップ（ノートパソコン）、携帯、スマートフォン（スマフォ）、タブレットといったコミュニケーション・ツールの進展は、インターネットが有線（LAN）から無

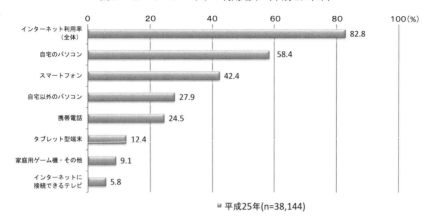

図2—2　インターネット利用端末（平成25年末）

※当該端末を用いて平成25年の1年間にインターネットを利用したことのある人の比率を示す

出典：総務省「平成26年通信利用動向調査」から
　　　http://www.soumu.go.jp/johotsusintokei/statistics/statistics05.html

線（WiFi）と融合することでさらに加速度を増した。それらをマス・コミュニケーションの拡張ととらえることはできるものの、利用や影響、効果の側面で従来のマス・メディア理論や機能、役割で十分に説明できない側面もある。それは従来の送り手（マス・メディア）―受け手という流れでなく、受け手が情報の消費者のみでなく生産者ともなりうるプロシューマー（prosumer: producer+consumer）社会の出現とも言えよう（A．トフラー[1980]）。

　家庭や会社で利用するコンピュータやインターネットへのアクセスは右肩上がりで急増している。利用者にとっては、マス・メディア以上に、何時でも、何処でも情報にアクセスできるという利点が強調されるインターネットは、受動的な情報接受者に陥りやすかったマス・メディアとは異なり、手軽に発信する手段（ツール）として、また一方向性から双方向性メディアとして急速に普及した。

　1990年代後半、簡単に作者の体験や日記などを公開できるブログが広ま

第2章　マス・コミュニケーションの歴史　91

表2―1　世界の新聞・通信メディアの主な買収例

（金額は買収額。当時の換算レート）

年	買収した側	買収された側
2007	ニューズ社（米国） メディア複合企業	ダウ・ジョーンズ社（米国） ウォールストリート・ジャーナル発行 約6600億円
2007	個人投資家	トリビューン社（米国） ロサンゼルス・タイムズを発行 約9800億円
2008	トムソン（カナダ） 金融情報大手	ロイター通信社（英国） 約2兆1000億円
2010	実業家グループ	ルモンド社（フランス）
2011	AOL（米国） ネットサービス大手	ハフィントン・ポスト（米国） ニュースサイト 約250億円
2013	ボストン・レッドソックスのオーナー	ボストン・グローブ（米国） ニューヨーク・タイムズ社傘下の地方紙 約69億円
2013	アマゾンの創業者	ワシントン・ポスト（米国） 約246億円
2015	日本経済新聞社	フィナンシャル・タイムズ（英国） 約1600億円

出典：朝日新聞2015年7月25日

り、2000年代に入り、My Space（2003年）、Facebook、GREE、mixi（2004年）、Twitter（2006年）といった書き込みが手軽で、情報を共有・蓄積できるSNS（ソーシャル・ネットワーク・サービス）が登場した。年代による利用状況に差がある（若者層＞高齢層、若者層の4割が「毎日利用」）、あるいはどの年代も「従来からの知人とコミュニケーションをとるため」「知りたいことについての情報を探す」が高いなどの特徴とは別に、「商品・サービスの購入・取引」や動画投稿、共有サイトの利用など新しいコミュニケーション行動が起きている（総務省「平成26年通信利用動向調査」）。

　この、コンピュータを介したネットワーク社会の進展は1970年代以降わずか半世紀ほどの歴史しかないが、ネットワークの接続が商用化されて以来、

「パンドラの箱」を開けてしまった今日、マス・メディアに続く新しいコンピュータ・ネットワーク社会に突入したことは間違いない。これを既存のマス・メディアが取り込み、各社が競ってニュースサイトをインターネット上に発信しているほか、デジタル世代のニュープレーヤーたちもニュースサイトを構築する時代から伝統的メディアも生き残りをかけて、合併、融合時代を迎えている。

　コンピュータ・ネットワーク社会の恩恵は書き出したら切りがない。ある意味で主体的なコミュニケーションの拡張とも言える。大人でも、子どもでもコンピュータという機器を使いこなせれば、時、場所を選ばず、相手が特定、不特定であろうと自分のメッセージを世界に向けて発信でき、さらにまた容易に欲する情報にアクセスできるということである。双方向性コミュニケーションの利便性がそこにある。言い換えれば、個が一方的な情報の受け手でなく、限り無く自ら情報の発信が可能になりつつあることで、それがコンピュータを介して行われるようになったのである。それだけに、自らが情報の送り手にもなれるインターネット利用する一人ひとりのマナーが問われている。

　しかしながら、それに伴い、新たな問題も生じてきていることに目を向けなければならない。

　第一にクラッカー、ハッカーと称される人々に代表されるインターネットへの不正侵入。特に官公庁への不正アクセス、サイトの書き換えは国内ばかりでなく、海外からも増えている。近年ではサイバーテロも増加。ウェブページへの攻撃による閲覧サービスの低下（DoS攻撃）やページの改ざんなどから、軍事目的による集中的な不正アクセス（主に不正プログラムによるシステムの破壊）や「イスラム国」（IS）のようにサイバースペース上でプロパガンダ・テロ戦略をとる者たちも現れている。

　第二にインターネットを使っての犯罪行為──詐欺行為、麻薬などの違法物の売買、プライバシー、著作権の侵害、ポルノサイトなど。いずれも従来の法律のなかで取り締まることのできない盲点をついたものである。匿名性に起因したネット犯罪（サイバー犯罪）も増加した。2014年までの5年をみると年平均7,000件を超え、うち8割から9割がネットワーク利用犯罪であ

る（平成27年度警察白書）。詐欺行為、児童ポルノやストーカーまがいに他人のプライバシーを侵害しているもの、ハンドルネームを使って女性名を語り、結婚詐欺を騙る者（その逆はあまり聞かないが）、ネズミ講まがいのサイトなどなど——雨後の筍のごときである。

　第三に、2007年にその存在が明らかになったウィキリークス（WikiLeaks）。J．アサンジが創設した匿名による政府、企業、宗教などに関する機密情報を公開するウェブサイトの一つである。アフガン戦争（2001年）、イラク戦争（2002年）の軍事機密の公開や米外交公文書流出（2010年）など、権力者にとって不都合な情報が次々と露呈したため、各国がネット検閲を高める一因となったが、情報提供者（内部告発者）の保護や情報の検証が十分でないとの批判もある。

　こうしたインターネット・コミュニケーションの進展は、一般の家庭内においてもそれらに取り込まれてしまう環境が成立し始めた。一番の問題は家庭にまで浸透した新たなネットワーク・メディアによって何が生じているか、将来生じるのかが把握しにくいことだ。それほど成長の早いコミュニケーション・メディアを社会は今世紀初頭から取り込み始めたのである。インターネットは使っている本人の気付かぬところで「自己増殖」している。

　逆説的な言い方をすれば、世界と家庭が繋がることは、これまで得られなかった経験・体験、情報に接することを可能にする反面、未知の世界に容易に触れるある種のリスクを背負うことを十分承知し、対応しなければならないことでもある。すなわち、Take Your Own Risk（自己責任）の概念が第一に必要なのである。

Ⅱ　ジャーナリズムの再生

　旧来のマス・メディア産業は20世紀末までに、新聞産業で言えば、メディア不信——報道被害の批判、プライバシーの侵害、記者クラブの弊害——閉鎖性・排他性、癒着・発表ジャーナリズムや犯罪報道と人権の問題を抱えながら、さらにビジネスモデルの破綻——部数減すなわち下降線をたどる広告など制度疲労からくるものも少なくない。放送産業はデジタル化への動きの中で、オンデマンドやSNSを積極的に展開しての生き残り策を模索して

いる。2000年11月日本に上陸したインターネット書店アマゾン・ドット・コム（Amazon.co.jp）が書籍業界のみならず、社会の物流形態を大きく変えた。

出版書籍業界は活字離れ、読書離れの動きに一番影響を受けているかも知れない。近年では老舗の中央公論社の倒産（1999年、読売新聞社に経営譲渡。現中央公論新社）、学術書籍の流通部門に強かった鈴木書店の倒産（2001年）、写真週刊誌『フォーカス』（同）の休刊など、あまり明るい材料がない。また、婦人画報社がフランス系大手出版社アシェット社に買収され（1999年）、その後米国ハースト傘下になる（2011年、現ハースト婦人画報社）など、単なる雑誌の提携のみにとどまらず、出版業界への外資系の参入も目立つ。

出版点数は右肩上がりなのだが、出版売り上げ（推定）は1996年の約2.7兆円をピークに2014年には1.6兆円まで落ち込んでいる。出版市場におけるマンガ（マンガ誌とマンガ本＝コミック）は全出版物の36％と相変わらず巨大な部数を占めている（2011年）ものの、販売部数の減少傾向は20年ほど前から始まっている。TVドラマ化やアニメ化あるいはキャラクター商品からのロイヤリティー収入など新しい収益先に活路を見出している。

「雑高書低」もいまや「雑低書低」である。女性誌のみならず、雑誌メディアはセグメント化によって90年代まで成功したが、細分化の進行が激しく、ライフスタイルの変化や雑誌を読まない若者層への対応が及ばない。また既存の雑誌以外にも電子書籍キンドル、インターネット上に「ウェッブ・マガジン」と称するオリジナルサイトをアップするなど、新しい読者を獲得している（藤竹［2012］）。

こうした中でデジタル社会への移行がほぼ決定的に認知されたのが、阪神・淡路大震災（1995年1月17日）から16年後の2011年3月11日に起きた東日本大震災・福島第一原発事故である。95年当時通信インフラは携帯やパソコン通信であり、被災状況や安否情報などに活躍したものの、被災後・復興にはテレビや新聞が社会的コミュニケーションとして存在感があった。3.11震災では、SNSや動画がそれに代わったかのようでもあるが、検証のないままのメッセージなどから風評被害が広がったのもまた事実である。風評被害はメディアにも一因があるとも言えるが、それはそのままネット社

会でも起きている。その拡散度は高い。

　災害・防災報道から学ぶことは、総メディア社会のなかのコミュニケーション・メディアの役割の再考であろう——ジャーナリズムの再生、復権なのか。それともデジタル社会でのジャーナリズムのあり方なのか。

　PC インターネットから iPhone 以降のモバイルインターネット時代に入っても、旧来のマス・メディアが付託された第一機能と役割——事実、真実の報道を行う使命は依然として求められている。一方、「ニュース」を求めた人々は、いつの間にか溢れんばかりの「情報」の海に泳ぎ、それを追い求めている。インターネットの開発普及はその源に反せず、軍事・経済体制のなかで多種多様な産業が乗り出すことによって、「コンテンツ」の開発に血眼である。メディア産業もビジネスモデルの変革を迫られている。

　多メディア時代における社会的コミュニケーションは相対的に個々のメディアが持つジャーナリズム性を低下させているように見えるが、問題はジャーナリズムの衰退であり、言論の自由であることをいま一度考えなければならない。

オンライン新聞（online newspaper/web newspaper）

　インターネットあるいは WWW 上で発行される新聞。伝統的な印刷媒体のオンライン化から出発したが、それとは全く独立しているものをインターネット新聞、既存のマス・メディアからインターネットを通じてニュースを提供しているものを「ニュースサイト」と呼ぶこともある。2000 年代に入り、新聞の読者、広告収入が減るなかで、無料から有料課金制を採用するメディアが増えている。

　オーマイニュース（OhmyNews）　2000 年 2 月韓国で設立された市民参加型のオンライン新聞。朝鮮語版のほかに国際版（英語版）もあり、日本語版が 2006 年に立ち上げられたが、2009 年 4 月閉鎖された。

　ハフィントン・ポスト (Huffington Post)　通称ハフポ　2005 年 5 月米国で創刊されたインターネット新聞。2014 年末までに日本版（朝日新聞社と提携）を含む 10 か国以上の版がある。http://www.huffingtonpost.jp/

　バズフィード（Buzz Feed）　2006 年米国で創業。月間利用者は世界で 2 億人を超える。2016 年 2 月日本へ進出。http://www.buzzfeed.com/

引用文献

方漢奇「"邸報"について」コミュニケーション研究第 18 号（1988 年）1—11 頁

山本武利「マス・コミュニケーションの成立」『現代マス・コミュニケーション』
　（有斐閣、1982 年）1—22 頁

香内三郎「メディアとは何か」香内三郎＝山本武利ほか『現代メディア論』（新曜
　社、1987 年）1—14 頁

西田長壽『明治時代の新聞と雑誌』（至文堂、1966 年）30 頁

山本武利『近代日本の新聞読者層』（紀伊國屋書店、1981 年）402—403 頁

桂敬一『明治・大正のジャーナリズム』（岩波ブックレット、1992 年）26—28 頁

高橋正則『政治とマスコミ』（高文堂、1981 年）31—42 頁

春原昭彦『日本新聞通史（三訂版）』（新泉社、1990 年）140—141 頁

藤竹暁『テレビメディアの社会力』（有斐閣、1985 年）8—9 頁

山本武利「戦後メディア史」香内三郎ほか『メディアの現在形』（新曜社、1993
　年）26—57 頁

内川芳美＝新井直之『日本のジャーナリズム』（有斐閣、1983 年）121—131 頁

中野収「大衆文化の成立」中野収＝仲村祥一『大衆の文化』（有斐閣、1985 年）1
　—23 頁

後藤文康「大衆の変容と新聞界の対応」新聞学評論第 35 号（1986 年）120—131
　頁

W．リンクス／山本透訳『第五の壁テレビ』（東京創元社、1967 年）

天野勝文ほか編『現場からみたマスコミ学』（学文社、1994 年）6 頁

佐藤毅『日本のメディアと社会心理』（新曜社、1995 年）101—170 頁

岡村黎明『テレビの明日』（岩波新書、1993 年）

A．トフラー／徳山二郎訳『パワーシフト』（フジテレビ出版、1980 年）

橋元良明『メディアと日本人――変わりゆく日常』（岩波新書、2011 年）

藤竹暁編著『図説日本のメディア』（NHK 出版、2012 年）

第3章　報道の現状と課題

第1節　メディアとは

I　外在的世界と内在的世界

　人は毎日の生活の中でいろいろなニュースに接している。新聞、テレビ、ラジオ、週刊誌などさまざまなメディア（媒体）からニュースを入手している。国内の動きやアジア諸国や世界の動きを知る際、人々は普通、メディアに頼らなければならない。なぜならば、自分自身がいちいちニュースの現場へ赴くわけにいかないからである。マス・メディアは人々の視覚や聴覚を伸ばしてくれる点、大変便利なものであるといえよう。

　そもそも、人は二つの世界を共有している。ひとつは外在的な世界である。実際に見えたり、手に触ったりできる現実の世界である。実体験でそれを確認できる。もうひとつは内在的な世界である。文字や記号、映像などを受け取って頭の中で描き出す世界である。実際には触ることができない。この世界は新聞やテレビ、ラジオ、雑誌といったメディアを通して伝えられる。現場と自分との間に報告者が介在している。人は原事実そのものを見ているのではなく、報告者の目を通して伝えられたものに接しているのである。コピー化したものを見ているのにすぎない。他人の視点で見た原事実の報告に接しているわけである。いわば疑似的な環境に触れているのだが、普段メディ

ウォルター・リップマン（Walter Lippmann　1889—1974）

　アメリカの評論家、ジャーナリスト（コラムニスト）。ハーバード大学卒業後、雑誌ニュー・リパブリックの編集を経てニューヨーク・ワールドの主筆になる。その後 1931 年からニューヨーク・ヘラルド・トリビューンにコラム"今日と明日"を連載し、のちに全世界の主要英字紙に配信された。学者・評論家とジャーナリストの両面を備えた人で『世論』（1922 年）、『幻の公衆』（1925 年）、『良き社会』（1937 年）、『大衆哲学』（1955 年）など世論や大衆社会などを論じた著作が多い。特に第二次大戦後、米ソ関係に関する彼の冷戦論は注目された。1958、62 年にピュリツァー賞を受賞している。

アに浸りきっていると、メディアのもたらす情報が原事実そのものであるかのような錯覚に陥ってしまう人もいる。原事実とコピー化された事実との間にはなんらかの差異があることに気づく必要がある。

　情報の氾濫している今日、人はとかく情報に対して受け身になりがちである。受け手がメディアに対して主体性を持つには、まず原事実とコピー化された事実との間に差異があることを認識するのが第一歩といえよう。メディアを通して接する情報世界はいわば本物とは違う疑似的な環境である。記号化された世界に身を置いているのは、疑似的な環境に浸っていることを意味する。

　頭の中で描いた世界は現実に見た世界とは別である。1922年に世論というものを学問的に説いたウォルター・リップマン（Walter Lippmann）は著書『世論』（*Public Opinion*）の出だしで興味深いエピソードを紹介している。第一次世界大戦が勃発した頃の話で、1914年大洋のある島にイギリス人とフランス人とドイツ人たちが仲よく住んでいたが、2カ月に1回立ち寄るイギリスの郵便船がもたらした情報によって、6週間前にすでにヨーロッパでは大がかりな戦争が始まっていたことを知るのである。この6週間、3カ国の人々は何も知らなかったので、友人同士のように振る舞っていたのである。実体験ではなく、メディアによって事実が認識されるので、認識されるまでに時間のずれが生じたのだった。さらに報道内容が実態そのものだと思いがちである。「我々、自分たちがその中に暮らしているにもかかわらず、周囲の状況をいかに間接的にしか知らないかに気づく。環境に関するニュースが我々に届くのが、ある時は速く、ある時は遅いことはわかっている。しかし、自分たちが勝手に実像だと信じているにすぎないものを、ことごとく環境そのものであるかのように扱っていることには気づいていないのである」とリップマンは語っている（リップマン［1987］）。

　テレビはものごとをありのままに映すから、テレビの映像は真実だと信じている人が多いのではないだろうか。確かに新聞の場合は文字を頭の中で組み合わせて、ものごとを認識するわけであるから、それよりはテレビの方がよりビジュアルで、映像そのものが実態そのものであるかのように思う。

II 原事実とメディア化された事実

　以前、故・佐藤栄作首相が首相を退任する時、最後の官邸での記者会見に出向いたが、途中で記者団と感情的に対立した。「新聞は自分のいっていることを正確に伝えていない」との不満が爆発してしまったのである。反発した新聞記者たちが会見場から退席したあと、首相は、「テレビのカメラはどこですか」といい、カメラに向かって話を始めた。テレビを通じてこそ自分の所信をそのままの形で国民にじかにコミュニケートできると思ったのであろう。確かに演説などの生中継はテレビの映像がほとんど現実の通りであるに違いない。しかし、厳密にいうと、テレビの映像そのものが、現実と食い違っているときもある。

　例えば、相撲のテレビ中継でこんなことが起きることがありうる。土俵ぎわで互いにもつれて倒れた力士の場合、どちらが先に土俵を割ったかが問題になる。テレビのカメラは客席の後の高いところにあるために上から見下ろした形の映像になる。その画面によると力士Aが先に土俵を割ったように見える。しかし、土俵の下から見ていた人は力士Bの方が先に足を外へ出したことに気づいていた。つまり、上から平面的に見ればAが敗れたように見えるが、立体的に見るとBの方が先に土俵を割っていたことがわかる。今のテレビは同時に立体的に映像を伝えることができないので、このようなことは時折起こりうるといえよう。テレビを見ていても真実がわからないことはあるのである。

　テレビは真実をそのまま正確に映すといっても、カメラの位置によって、映し出すことのできるところと、できないところがおのずと生じてしまう。ある広い場所で２台のカメラの前に人だかりがしていてもその場所全体が人々でいっぱい詰まっているとは限らない。２台のカメラの前だけに人々が集まっているだけで、２台のカメラの間には、人々がまばらにしかいなかったということはありうる。その閑散としたところにはカメラの映像が届かなくもっぱらカメラの前の人だかりだけしか映し出されなかったら、視聴者は現実と異なる印象を抱いてしまう。テレビを見ている視聴者は、とかくこのようなカメラのトリックに気づかないでいることがある。やはり現実と、メ

ディアを通して送られてくる"現実"との間には違いがあるわけで、このような違いが起こりうることを承知して見ている人と、気づかずに見ている人との間の距離は大きいといわざるをえないだろう。

カメラはありのままに事実を映すと思われがちだが、現実は必ずしもそうではない。カメラの位置や映せる範囲によって、見えない場所は無数にあるはずである。

このように、人がメディアを通じて得る情報は原事実そのものではない。原事実と受け手との間にはメディアが存在する。そのメディアを操作している人が介在している。その報道者の視点、角度で原事実を観察しており、その人の目を通したものを我々は入手しているわけである。

人がじかに自分の目で確認したものと、メディアを通して見たものとの間には差異が生じてくることがある。原事実と受け手との間に、第三者としての報道者が介在し、その人の視点や価値観でもってカメラなどコミュニケーション手段を操作しているわけであるから、差異が生じるのは当然である。ところが、人々は普段メディアに親しんでいるので、メディアを通したメッセージが原事実そのものと思いがちである。この錯覚に陥らないように自覚する必要があろう。

原事実と、メディア化された像とは違いがあり、メディアに接している受け手は疑似的な環境に浸っているわけである。

Ⅲ　ホット・メディアとクール・メディア

マス・コミュニケーションにおけるメディアは新聞やテレビ、ラジオ、雑誌などである。それぞれに特徴があるが、マーシャル・マクルーハンはメディアを2種類に区分けした。つまり、ホット・メディアとクール・メディアである。ホット・メディアとはラジオや映像などで、クール・メディアとは電話やテレビなどである。これは対比的に述べているわけで、ラジオと電話とを比べると、ラジオはホット・メディアで、電話はクール・メディアである、とマクルーハンは説いている。同じように映画とテレビとを比較すると、映画の方がホット・メディアで、テレビの方がクール・メディアである、という意味である。ホット・メディアとは「単一の感覚を高い精細度にまで拡

張するものである。高い精細度というのはデータが充実している状態をいう」とマクルーハンは説明している（マクルーハン［1967]）。

　ラジオはアナウンサーや放送記者が事故や事件の現場を見えない聴取者たちに微に入り細に入り説明しなければならない。これに対して電話では二人が話し手になったり聞き手になったりする。自分からの参画が求められる。墨絵のように、もやや霧が屋根の一部にかかっているとする。屋根が全部描かれていなくとも、見る人にとっては家全体の構造が想像できる。見ている人の解釈、参画によって、欠落している部分が補われるわけである。見ている人の方が欠けている情報の部分を埋めていかなければならない。これは低い精細度であるので、クール・メディアである。これに対してホット・メディアでは、受け手は埋めたり、補完する部分があまりない。

　このように、我々が外部の社会環境を理解しようとする際、なんらかのメディアに頼らざるをえない場合が圧倒的に多い。自らの目や耳で原事実を確認することは非常に限られている。そういう意味ではマクルーハンが指摘しているように、メディアは我々の五感を拡張してくれる。人間を拡張してくれる便利な道具で、現代社会にはなくてはならぬものであろう。

　しかし、原事実とニュースや情報との間には、なんらかのメディアが介在していることを強く感じていない人々もいまだに多い。ニュースそのものが原事実であると錯覚している。情報があふれている今日ほど、我々はメディアが介在していることの自覚を高めることと、メディアそのものの特質を理解する努力を大いに重ねる必要がある。

第2節　ニュースの特質

I　相対的なニュース

　報道の現状について理解するには、まず原事実と受け手との間にメディアが介在しており、それを動かしている人がいることを認識する必要がある。さらに、メディアを通して送られてくる情報、ニュースとはどのような性質をもったものかを理解しなければならないだろう。つまり、ニュースの特質、

本質を知る必要がある。

　そもそもニュースとは何かというと、ベテランのジャーナリストでも答えにくい。なぜならば、現場のジャーナリストは「これがニュースになるに違いない」という直感によって記事を書いている場合が多く、何かはっきり定まった方程式に当てはめながら記事を書いているわけではないからである。だから、ベテランの記者にとっても、ニュースとは何であるかを20〜30字でまとめて説明、定義してほしいと頼まれたら、かえって難しい。それにニュースというものは生き物のようなところがある。つまり、動いている。50年前の社会では立派にニュースになりえたものが、現在ではもはやニュースにならない場合がある。例えば、自動車が少なく、交通事故があまり起こらなかった時代では、全治3〜4日の軽傷の交通事故でも珍しいので社会面に載った。しかし、現在ではこのような軽いけがの事故はほとんど載らない。被害者が社会的に有名な人とか、原因がよほど特殊な場合なら載る場合があるが、そうでなければボツ（没）になってしまう。なぜなら、この程度の交通事故まで載せていたら、あまりにも多くて新聞全体が事故報道で埋まってしまい“交通事故新聞”になってしまうからである。

　また、普段の日なら当然1面のトップ記事になるような大きなニュースも、たまたま同じ程度のニュースが多く生じたために、準トップ以下に格下げになってしまうこともある。事故、事件が多発している日の場合は、トップ記事になりうる記事が多いため、このようなことが起こりうる。このようにニュースの価値基準は時代の推移によっても、またその日の事件・事故などの発生状況によっても、変化せざるをえない。そういう意味ではニュースは相対的である。だから、ニュースというものを説明するのがやさしくないわけである。

　ニュースを知りたいという人間の欲望はおそらく原始時代では人間が生きるために欠かせないものだったであろう。食べ物を入手するすべを知るためにも、外敵から身を守るにも情報、ニュースが必要であった。人間にはいろいろな欲望がある。新しい経験を求める欲望や安全を求める欲望などさまざま欲望があるが、この二つの欲望を満たしてくれるのはニュースであろう。ニュースに触れることによって新しい代理体験ができる。しかも事故や事件

の現場に行ったような臨場感を味わいながら、高見の見物ができる。

Ⅱ　ニュースの定義

1　原論的な定義

　ニュースの価値基準は社会の状況や、その日のできごとの発生状況などによって相対的に変化するので、つかみどころのない面がある。しかし、断片的であるとしてもニュースについて、古今東西さまざまな定義がくだされているのも事実。かつて日本新聞協会で新聞編集に関する研究会が設けられ、その研究成果をまとめた本の中で、ニュースの定義を四つに分類している（新聞整理研究会編［1966］）。つまり「原論的なもの」「説話的なもの」「即新聞的なもの」「倫理的なもの」の四種類である。

　これらの定義のいくつかを紹介してみよう。まず原論的な定義としては「ニュースとは、最近のできごとの記録であって、そのできごとに関係の有無を問わず、読者の興味をひくものであり、大多数の読者を興ぜしめる最近のできごとである」（グラント・ハイド）との定義がある。この中での要点は"読者にとっての関心""大多数の読者""最近のできごと"といったことがニュースの属性になっている点といえよう。「ニュースとは、読者公衆として知られたる人間の広大なる範囲に関心を喚起し、彼らを教示し、彼らを鼓舞し、または彼らを楽しませうると信ぜられる人間の活動についての、時宜的な記録である」（ウォーレン）という定義がある。この中にはニュースには教育、啓発、娯楽性があり、発表（報道）がタイムリーである必要が説かれている。

　「ニュースとは個人および社会の生存競争裏に生起する新事実の通知である」（ドビファット）は、この世の中のすべての新しい事実がニュースの対象になることを語っている。「ニュースとは、人生の正常、異常な姿の変形であって、最上のニュースとは、こうしたもののうちで、もっとも興味があり、かつ重要性を持ったものである」（ハリントン）は、最も興味性の高いものが最良のニュースだと説いている。これは、興味性が高ければ高いほど、ニュース性が高いというわけである。

2 説話的な定義

　説話的な定義とは抽象的なことをいうよりはたとえ話などを示しながら、直感的な理解を促している。「ニュースとは井戸端会議のトピックスである」とか「聖書の十戒にそむけるものは皆ニュースである」とか「犬が人にかみついたとき、それはニュースではない。人が犬にかみついたとき、はじめてニュースになる」「ニュースとは新婚の夫人が"あら、まあ"というものである」（ジョージ・バスチャン）などである。いずれも共通する要素は「珍しいもの」「異常なもの」「普段あまり起こらないもの」こそがニュースである、という点であろう。まさに「あたりまえでないことは、なんでもニュースである」（ウィル・アーウィン）といえる。

　「ニュースとはN〈North〉、E〈East〉、W〈West〉、S〈South〉、つまり東西南北からの報道である」というのもおもしろい。偶然の一致でNewsのスペリングが東西南北の頭文字になったわけだが、確かにニュースは世界のあちこちから届けられるのであるから、まさに東西南北からの報道といえよう。「ニュースとは、人の気持ちを刺激するすべてのものである」（ライル・スペンサー）という定義があるが、気持ちを刺激するとは、時に怒りであったり、時に喜びであったりで、さまざまな状況が考えられる。

　「ニュースとは善悪の記録である。どちらにもつかぬものは、滅多にニュースにならない」という定義も名言である。報道においては「悪いニュースこそよいニュース」である。全治1カ月のけがの交通事故のニュースより死亡の事故の方が読者により強い刺激を与えることになる。新聞はとかくものごとを善か悪かで分断してしまいがちである。単純化しすぎるきらいをいなめない。その中間のそれほど善でもない、それほど悪でもないといった部分がなかなかニュースに取り上げられない。現実の生活の場ではこの中間層にいる人々が実は一番多いはずだが、メディアにはあまり反映しない。

3 即新聞的な定義

　テレビのなかった時代のニュースの定義は新聞と置き換えてもよいくらいのものがある。第二次大戦前の日本では、すでにラジオは登場し、速報性を発揮している面があったとしても、まだ放送記者が育っておらず、ニュースはもっぱら通信社から受けていた。それに対して、主要新聞社は自らの記者

を多数かかえていたから、報道に一番強いメディアは新聞であったといえよう。その頃の定義は、前提が新聞ニュースになっている場合がある。

例えば「ニュースとは、もっとも新しき、もしくは現在に関連せる古きあらゆる事物の存在・変化・滅失・発生・進展・現象の事実を、多数の人々に興味と知識を与えんがために印刷せる報道である」（関一雄）という定義がある。これは関一雄の『新聞ニュースの研究』（厚生閣、1933年）からの引用であり、大前提が新聞ニュースになっているので仕方がないが、少し手を入れれば今日でも通用する。つまり「印刷せる報道である」の部分を「活字・印字や電子・電波などのメディアを通して行われる報道である」とでも変えれば、現代社会にも使える定義となろう。

「ニュースとは新聞社がこれを掲載すれば儲かる、と信じて印刷に付する一事件の説明である」（カーティス・マクドゥガル）も新聞ニュースが前提になっている。「ニュースとは、新聞紙の印刷するすべてのものをいう」（ジェラルド・ジョンソン）とか「ニュースとは、事件の記事であって、一流の新聞記者が、記者としてこれを記事にし、発表することに満足を覚えるような事件に関する説明である」（同）というのも新聞のことを頭に置いてくだされたニュースの定義である。

4 倫理的な定義

現在のニュースは必ずしもこうなっていないが、将来はこういう方向に変わってほしい、という願いを込めた定義もある。未来志向型の定義である。例えば「ニュースとは、教養ある人の感情を損わぬ事件、人物、人々の活動の公平なる報道である」（カンザス州編集者協会）など、今後めざしたい希望を加味したものであろう。

「ニュースとは、ヒューマン・インタレストを持ち、人類の生活と幸福のために影響をもたらすところの、あらゆるできごと、事件、観念に関する本質的事実である」というのも、人類の幸福を目標にした高い理念の定義である。「いかなるものでも、公衆の安寧に関するもの、いかなるものでも、一個人に興味を起こさせ、もしくは一個人を教育するものはニュースである」というのも立派な目標を掲げている。

このように日本新聞協会の新聞整理研究会編の『新聞整理の研究』（初版）

には、いろいろなタイプの定義が収集され、４種類に分けられており、ニュースの基本的な概念について考える際大いに参考になるといえよう。

Ⅲ　ニュースの分類

　ニュースにはいろいろな種類がある。その中には一見相対立する内容の組合せもある。例えば硬派の記事（Hard News）と軟派の記事（Soft News）というペアーである。前者は一般に政治、経済、国際などのニュースであるのに対して、後者は火事、交通事故、傷害・殺人事件といった社会面ニュースである。スポーツや娯楽関係も軟派ニュースに入る。ただし、これは一応の区分けにすぎなく、はっきりと分けることができない場合もある。例えば国会関係のニュースは一般に硬派のニュースと考えられる。しかし、国の予算が決まった際、一般市民の日常生活に関連した予算（例えば寝たきり老人のための風呂付きバス）などについては、社会面で紹介する場合がある。ある大きなできごとで政治家が国会内で記者会見した際など、その人の顔つきや話の様子などスケッチ風の記事が社会面を飾ることがある。このように国会関係の記事はすべて硬派のニュースと決めつけることはできない。場合によっては軟派サイドの記事も載せるときがある。

　露出した事実であるか心理的な事実であるかという区分けもあろう。前者は交通事故とか火事とかはっきりと目に見えるできごとであるのに対して、後者は犯罪者の犯罪に至るまでの心理とか、政治家の密室での戦略とか、戦争に至るまでの各国の形勢とか、とかく目に見えにくいところのニュースである。当然、後者の取材は難しい。人々の心の中に入った取材が必要であり、価値観を取り扱うことになる。例えば環境問題などで政府の政策面の報道だけでなく、市民の環境に対する意識を分析する取材が求められる。このような心理面、価値観の取材は今後ますます重要性を高めることになろう。

　突発的に発生したニュースもあれば予定されたニュースもある。前者は交通事故や火山の噴火や地震のように予期しにくい。後者は国会の開幕とかオリンピックの開会式など事前に日程が決まっており、予定に従った記事である。

　ある記事を読んだ際に、それが記者自らの客観的な記録であるのか、ある

いは推測であるのか、あるいは予想であるのか、といった区別も大切である。特に読者にとって、記事内容に安易に影響を受けずに、批判的に見ていく際に、このような心がまえが必要であろう。

　記者自身が目撃、観察したニュースか、あるいは伝聞に基づいたニュースかを見分けるのも主体性ある受け手になるのに役立つ。記者は事件や事故の発生後に現場に到着する。しかし、時々、現場に居合わせた人々の目撃をもとにして、あたかも事件や事故の発生当初からたまたま現場に居合わせたかのように記事をまとめる場合がある。そのように運よくはじめから現場に居合わせるのはごく珍しいことであろう。この辺の真実はどうなのか、読者は鋭く見抜く目を持つ必要がある。

Ⅳ　ニュースの概念

　ニュースの本質は何であるかを追究するのはけっしてやさしくない。ニュースのニュースたらんところは何であるかベテランの記者に尋ねても、返事は簡単ではないだろう。なぜならば、ニュースの本質なるものがつかみにくいからである。それは一種の勘のようなもので得られるものである。

　第二次大戦前、『東京朝日』で活躍した杉村楚人冠（本名は広太郎）は「新聞眼」という言葉を使っている。新聞のニュースになるかならないかを見抜く目で、英語でいえば News Sense とか Nose for News（ニュースの材料をかぎわける鼻）という意味であるという。杉村楚人冠は「同じ一つの事件に接しても、一人はその中になんら新聞紙の材料となるべきものを見出し得ないが、一人は立派にその中に材料となるべき要点を見出すことができる」といっている（杉村［1970］）。

　例えば、列車から見える田園風景に、ある人は「美しい」と感じるだけであるのに対して、別の人はニュース性を感じる場合がある。緑の田圃のそばに高速道路が建設中で「なぜあの道路が必要なのか」「環境に影響はないだろうか」などと思う。のちにその点のことを具体的に調べてみたら、それはもうジャーナリズム活動のスタートといえよう。ニュース価値を見出すセンスを持っているかが問題である。これは記者として長い現場経験を積むことによって、自然に身についてくる。

1　島崎憲一のニュース加工論

『朝日』の島崎憲一はニュースは加工されたものであると説いている。加工されたものというと、本当でないとか本物でない、いつわりであるという感じがするが、記者が意図的にうそをついているという意味ではない。そもそもニュースというものは、どのような記者が書いても、加工の部分が含まれざるをえない、というのである。

つまり、彼によるとニュースとは「公示の意志をもつものが、"事実"の原形態に対して知覚した時宜性と一般性を、自ら判定した価値に応じて客観的に表現したもの」であるという（島崎［1968］）。

つまり、ニュースの報道者である公示者は原事実に対して知覚した時宜性と一般性が、どれほど強いかを判定する。この時宜性と一般性は要するにニュース性であり、その強さの度合いがニュース価値である。ただ、この価値の判定は、その時点における公示者の社会的な意識や見方によって左右される。ニュースの価値評価にどうしても公示者の主体性が入ってしまう。

この価値評価したものを、読者など受け手たちにわかるように客観化様式によって表現したのがニュースである、つまり、ニュースとは原事実に対して知覚された時宜性と一般性の持つ価値を様式の枠内で客観化したものである。表現様式とは「いつ、誰が、どこで、何をした。それはなぜか、どのようにか」（5Ｗs 1 H）という枠組みである。この部分がいくら客観的でも、すでにその前の段階のニュース価値の判断において公示者の主観性が入り込んでいるから、100％の客観性はありえない。つまり公示者という主体によって価値判定に微妙な差異が起こる。公示者は意図的に異なる評価をせず、できるだけ客観的に評価しようと思っても、公示者はその生い立ちや、背負っている社会的な価値観によって全員同じ評価をするわけではない。つまり、一人ひとりがその人なりにニュースを加工しているわけである。厳密にいえば、ニュースを公示する主体が違えば、ニュースの形が異なってくることになる。

さらにニュースを作る過程の中には、戦時中の軍部政府による検閲や、製作技術上のミスもあり、その分さらに本来のニュースがいびつな形のニュースに変形することがある。この点を島崎は次のような方程式で説明している。

$$\frac{一般性}{(a)} + \frac{時宜性}{(b)} = \frac{ニュース性(ニュース価値)}{(c)}$$

$$\frac{c\,(ニュース性)}{客観化様式} = ニュース$$

検閲（x）などが加わった場合

$$(a + b) \times x = c'$$

$$\frac{c'}{客観化様式} = ニュース'$$

表現加工が正しく行われなかった場合

$$\frac{c}{客観化様式} \times y = ニュース''$$

（出典：島崎憲一『現代新聞の原理』〔弘文堂、1968 年〕26—27 頁）

2　シュラムのニュース論

アメリカのマス・コミュニケーション研究者の代表格のひとりだったウィルバー・シュラム（Wilber Schramm）は心理学の視点でニュースの本質を論じている。その下敷きとしたのはオーストリアの精神分析学者のジグムント・フロイト（Sigmund Freud）の快楽原理である。

シュラムは「ニュースの存在は人の頭の中で始まる。ニュースは事件そのものではない」と述べている（シュラム [1968]）。つまり、人がニュースを見聞きする際、人は心の中で、何か報酬を得たいと欲しているのだという。シュラムによるとニュースには２種類あり、ひとつは「即時報酬」（Immediate Reward）で、もうひとつは、「遅延報酬」（Delayed Reward）である。前者は、受け手がニュースに接することによって、ただちになんらかの報酬（刺激による反応）を得られる。犯罪関係のニュースや事故、スポーツ、娯楽関係のニュースである。ニュースに接してすぐ喜びや楽しさを感じたり、自分の不快や緊張が解消する。代理的な体験を味わえる。これに対して後者は、ニュースに接してもすぐ報酬は得られない。例えば、環境汚染の問題とか伝染病、不況、不安定な国際政治などのニュースに接する際、不快や不満の気持ちが募ってくる。"一種の脅威のニュース"で、こういった不満や不快が

解消するのに時間がかかる。報酬はあとにならないと与えられない。

V　ニュースの今日的な意味合い

　今までのニュースは「異常だから」とか「珍しいから」との理由で取り上げられていた。つまり例外的なできごとこそがニュースであった。今までの報道姿勢は、いわば例外のジャーナリズム（Journalism of Exception）であったといえよう。しかし、いつまでもそのようなニュース価値観でよいのかという問題がある。

　そもそも伝統的なニュース価値観とはどのようなものであったといえるか。いろいろな意見があろうが、ここでは戦前の代表的なニュース観と思える例を紹介しよう。それは関一雄の『新聞ニュースの研究』（厚生閣、1933 年）である。新聞に限定されているとはいえ、ニュースについて本格的に論じた戦前の数少ない本のひとつである。関はアメリカのノースウェスタン大学ジャーナリズム学部を卒業しており、この本には当時のアメリカ・ジャーナリズムのニュース観が大いに反映されていると考えてよいだろう。

　その中で、彼はニュースの六元素というものを紹介している。それは①時間的近接性、②距離的近接性、③著名性、④異常性、⑤進展性、⑥情操性の6 点である（関［1933]）。時間的近接性とは、数日前のできごとよりもけさ起きたできごとの方が新鮮に感じるように、古いできごとよりも、つい今しがた起きたできごとの方に人々は強い関心を抱くという意味である。距離的近接性はあまり知らない遠くのできごとよりはわが町など足元のできごとにより強い関心が向くということ。

　著名性は、交通事故で全治 3 日ほどの軽傷ならば、ほとんど記事になることはないが、もし被害者が総理大臣であったら、"立派な"ニュースになるように、有名人の場合には特にニュース性が高まるという意味。異常性とは、傷害事件よりも殺人事件の方が受け手の関心をより強く引きつけるように、異常であればあるほどニュース性が高くなること。

　進展性とは、できごとの展開が大きいほどニュース性が高まることを意味する。大きな事件になると、読者は容疑者の逮捕に関心があるだけでなく、起訴、裁判の行方にも興味を抱く。情操性とは人間の感情をくすぐるできご

とほど大きなニュースに扱われる傾向をいう。人間は動物などのペットに興味を持つが、それ以上に、人間は人間に強い関心を示す。怒り、喜びなど、感情に訴える度合いが高いニュースほど、引きつけられる度合いも強くなる。

このようなニュースの六つの要素は伝統的なニュース価値といえよう。しかし、この六つの要素は確かに重要なニュース価値基準になるが、今日では必らずしもこの通りにいえない場合もある。例えば、時間的近接性は大切な要素ではあるが、テレビに速報性の王座を譲った新聞の場合は、記録性を重視し、時間的に少し遅れても重要な発表の原文を全部載せるなどしている。夕刊では間に合わなくても重要な国会審議の内容は翌日の朝刊で詳報する。

距離的近接性も、必ずしも遠いところで起きたできごとが低いニュース性になるとは限らない。例えば、昔は中東地域は、日本人にとっては遠いところで、日常生活にあまり関係ないと考えられていた傾向があったといえよう。しかし、1970年代初期の石油危機によって、トイレットペーパーなどが不足するとのうわさから、スーパーマーケットへ買いだめ客が殺到するなど、一気にこの地域が身近な関心事になった。このようにただ一律に、遠いから関心が低いとはいえなくなったといえよう。

著名性も昔は有名歌手のように本人の努力によって人々に広く知られるようになったが、最近は公害の被害者のように急に時の人にさせられてしまうことがある。進展性もひとつのできごとの展開だけでなく、それが社会に及ぼす影響の方がより大切になっているといえよう。また異常性や情操性も、ただ単に珍しさや人間の感情に訴えるだけではセンセーショナリズムになりかねない。

このように、伝統的なニュース価値基準は現代に合った形に修正する必要が出てきたといえる。例えば人間性とか社会性、地域性、国際性などいろいろ新しい価値基準が大切になってこよう。特に今までのニュース価値基準には「異常性、新奇性」が強調されてきた。これからも、珍しいことはニュースになりうるが、日常性も重視していく必要がある。というのは環境問題などでは大気汚染や地盤沈下が1日で起こるわけではない。1日という単位で見ると普段と変わりはない。しかし1年後、2年後になって振り返ってみると、もはや取返しのつかない破壊になってしまう。今のジャーナリズムがあ

まりにも 24 時間の中での異常性や新奇性を追っているので、このような一見変化はないように見えながらも、静かに忍び寄る破壊に気がつくのが遅くなってしまう。

むしろ日常性を真剣に深く観察、分析することは、未来への予測につながっていく。日常性のニュースは予測性あるニュースに関連していくことになる。今までのジャーナリズムが異常性のジャーナリズムであったが、これからは静かなジャーナリズムがより強く求められていこう。

異常性だけをニュースと思い、それを追っていくことは、日常的で、社会の構造的なものを見落とす危険がある。異常性や新奇性のニュースはとかく受け手も大いに喜ぶ。送り手は「読者や視聴者が喜ぶものを提供するのはあたりまえ」と思いがちである。しかし、これにはトリックが隠されている。受け手に迎合するだけでは本来のジャーナリズムとはいえないであろう。日常性や予測性を強調するには、送り手の主体性が必要になる。「今異常ではないが、このままではいずれ大変なことになりかねない」という呼びかけは、これからのジャーナリズムに大いに求められることになるに違いない。それは環境問題だけではなく、政治、経済、国際関係のニュースにおいてもいえることである。

第3節　ジャーナリズムの特徴

Ⅰ　ジャーナリズムという言葉

本章の「報道の現状と課題」というテーマについて考察するにあたって、我々はまず、報道にはメディアというものが介在していることを理解してきた。さらにそのメディアを介して伝わってくるニュースの特質について考えてきた。そこで次は、個々のニュースの報道の全体的な活動像としてのジャーナリズムの特徴を探っていこう。

ジャーナリズムと似た言葉でマス・コミュニケーションという言葉がある。両方とも似たような意味に思えるが、ニュアンスの違いがある。マス・コミュニケーションは同一コピーを不特定多数の人々へ伝える行為である。これ

に対してジャーナリズムは同一コピーを不特定多数の人々へ伝えるにしても、送り手側の意志が込められているといえよう。送り手側の主体性が感じられる。

　そもそもジャーナリズムという言葉はラテン語のディウルナ（diurna）という語からきているといわれている。これは「1日の」という意味である。古代ローマ時代にはアクタ・ディウルナ（Acta Diurna）と呼ばれる官報のようなものが発行されていたという。ジュリアス・シーザーが執政官になった時（紀元前59年）、元老院の議事録や民会の決議文が掲示され、通信業者がこれらを書き写して、地方の役人たちに届けたといわれている。アクタ・ディウルナとは総称名で、実際は元老院の議事録のアクタ・セナトゥス（Acta Senatus）とか民会の決議録のアクタ・ポピュリ（Acta Populi）というものが発行されていたという。

　「1日の」という意味のディウルナが次第に「毎日つけられる記録」「日記」という意味から手書き通信文、手書き新聞という意味に変わり、17世紀には週刊新聞、日刊新聞に変化した。さらに新聞作りの活動全体がフランス語のジュルナリスムになり、これが英語のジャーナリズムになったと見られている。ジャーナリズムには少なくとも二つの要素がある。ひとつは扱っている内容、伝達しようとしている内容が時局的なこと、時事的な情報や意見であること。もうひとつは、それらが日刊とか週刊とかできるだけ短い間隔（定期性）で表現・伝達されることである。時局のニュースやコメントを伝えるところに発信者の意志や主体性を窺うことができる。この点がマス・コミュニケーションとニュアンスが違う点であろう。

　一般にジャーナリズムとは新聞や雑誌など活字メディアを意味する。それではテレビはジャーナリズムといえるか。マス・コミュニケーション研究者の中には、テレビは主として娯楽メディアであるので、厳密にはジャーナリズムとはいえない、と主張する人もいる。しかし、最近ではテレビにはニュース番組はもとより、すぐれたドキュメンタリー番組も見られるようになった。そこでテレビは広い意味でジャーナリズムといってもよいだろう。

　ついでに雑誌についてはいろいろな名称があるが、一定の区別がある。つまり、magazine の場合は元の意味が倉庫、弾薬庫で、いろいろなものが混

在している意味から総合雑誌を意味し、月刊が多い。review は再び見るという意味から評論雑誌で、季刊が多い。journal はプロフェッショナルな雑誌で医師、弁護士など知的・専門職的な雑誌を意味する場合が多い。このほか、report、research、bulletin などいろいろある。

II　日本語としてのジャーナリズム

マス・コミュニケーションという言葉は第二次世界大戦後、日本に入ってきたが、ジャーナリズムという言葉は戦前から使われている。ただ、いくつかの日本語訳が試みられたが、いずれも定着しなかった。

例えば、1927 年（昭和 2 年）に大阪出版社というところから『新聞道』と題する本が出版されている。その著者は『大阪朝日』の記者で、新聞研究家であった原田棟一郎という人であった。原田は、ジャーナリズムには崇高な宗教的な精神やヨーロッパの騎士道や日本の武士道の精神が生きていると考え、これを「新聞道」と意訳した。

「新聞道」と意訳した理由について原田は次のように記している。「出し抜けに新聞道と言う、いささか変手古来に聞こえるけれども、直ちにこれを武士道と言ってしまえばよく会得さるるに違いない。（中略）英国のサッカレーは新聞記者を戒めて "汝は文筆の騎兵である。常に名誉のために汝の楯を用いよ。そして真実に向って汝の楯を打て！" といった。実に新聞記者は筆を魂とする古武士である」（原田［1927］）。

物理学者の寺田寅彦（吉村冬彦）はジャーナリズムの直訳は日々主義であり、その日その日主義である、と 1934 年 4 月号の『中央公論』（"ジャーナリズム雑感"）で述べているが、これも原田の「新聞道」と同じく、一般の人々の中に定着しなかった。

昭和のはじめになると、ジャーナリズムという言葉が日本語に訳されることなしに、そのままカタカナ書きにした本が出版されるようになった。その代表格は 1930 年（昭和 5 年）に内外社から刊行された『綜合ヂャーナリズム講座』（全 12 巻）だった。これに引き続き 1931 年には『現代ジャーナリズムの理論と動向』（内外社）、1932 年には『ジャーナリズムの理論と現象』（喜多壮一郎、千倉書房）、1933 年には『現代ジャアナリズム研究』（木村毅、

公人書房）、1935 年には『ヂャーナリズム講話』（大宅壮一、白楊社）、『現代ヂャーナリズム論』（杉山平助、白楊社）、1937 年には『動くジャーナリズム』（四至本八郎、ダイヤモンド社）などが出版され、カタカナ表記が定着した感を与えたといえよう。

Ⅲ　ジャーナリズムの特質

　今日ではジャーナリズムという言葉が日本語の訳語なしにそのままカタカナ表記されているが、それではジャーナリズムの特質は何であろうか。この点、ジャーナリストや思想家たちは過去においていろいろ論じている。

　偉大な言論人であった長谷川如是閑はジャーナリズムを「社会集団の対立意識の表現」と述べている。特に明治初期の新聞は自由民権運動をめぐって自由党、改進党、帝政党に分かれ、国会開設の時期などについて論議を交わした。各党ごとに自派を支持する政論・機関紙を持っており、論陣を張った。このような時代では異なる思想集団の間で論議していくことこそが新聞の使命であったといえよう。今日のように数百万部単位の大発行部数を持つような新聞になると、特定の思想に根拠を置いた新聞が存在しにくくなる。読者の中に、ひとつの考え方に対する賛成、反対の人々をかかえることになり、新聞は明らかな路線を打ち出しにくい環境にあるといえよう。しかし、政論・機関紙時代のように自紙の立場を明確に打ち出しにくくなっているとはいえ、何ごとにも中立の立場に逃げ込む姿勢も望ましくない。その意味において、長谷川如是閑の主張は、今日送り手の主体性ある姿勢を促す言葉として大きな意味があろう。

　長谷川如是閑は新聞の機能について次のように述べている。「"新聞"はい

長谷川如是閑（1875—1969）

　本名は万次郎。陸羯南の新聞『日本』の記者を経て、1908 年に『大阪朝日新聞』へ移り、コラム「天声人語」を担当。1918 年寺内正毅内閣における『大阪朝日』の筆禍事件（白虹事件。65 頁のコラムを参照）で社会部長としての責任をとり退社。大山郁夫らと雑誌『我等』を創刊。その後、フリーな立場で、大正・昭和を通じて自由主義左派の言論人・文明評論家の道を歩み続けた。

うまでもなく、社会的事実の知識であるが、しかし、社会事実の知識が"新聞"たるには、必ずそこに3つの条件を必要とする。それは(1)データとしての事実を持つものとその事実の知識を与えられるものとの間に、何らかの意味での対立的の関係が存在すること、(2)新聞たる事実は、対立的関係における、相互の群の間の分類又は結合の動因としての重要性を持つこと、(3)その事実の知識が、対立群の各の対立関係における社会的動機によって公表されることである」（大内ほか［1970]）。

　一方、哲学者の戸坂潤はジャーナリズムの本質は批評の機能にあると述べて「もし批評家・評論家、等々という高い意味でのジャーナリストというものがあるなら、彼らの何よりもの任務はこの科学的批評の仕事を果すことにあるだろう。（中略）批評はジャーナリズムの問題である。だがそれ故に又イデオロギー論の問題である」と記している（戸坂［1968]）。

Ⅳ　ジャーナリズムとアカデミシズム

　ジャーナリズムの本質をよりよく理解するために、これをアカデミシズムと対比して考えてみるとよい。昔から、学問は深い真理を探求していくのに対して、ジャーナリズムはうわべだけのものごとしか理解しないといった意味合いがついて回ってきたきらいがある。特に、ジャーナリスティックというと、事物の表面しか見ない軽薄な意味合いがあったし、現在でもそのような意味で使われている面がある。

　その意味ではジャーナリズムは学問と対立した概念に思われがちであるが、はたしてその通りであろうか。むしろ、ジャーナリズムと学問とは相容れない対立概念ではなく、互いの短所を補い合う補完的な関係であるといえる。

　ジャーナリズムも学問も、ものごとの真実や真理に迫ろうとしている点ではほとんど同じであるが、その手法が少し違う。学問はある視点や視座をもって、ある現象の一切断面を見ようとするのに対して、ジャーナリズムはその現象全体を見ようとする。学問はある視点、視座をもってある現象を分析するが、その方法は厳密でなければならない。これに対して、ジャーナリズムは学問ほどその手法、手続が厳密であることを求められない。

　まず学問には視点があることについて、『朝日新聞』の論説主幹を務めた

笠信太郎は次のように述べている。「どんな学問でも、それが学問といわれる以上は、この学問を構成する一つの“視点”といったものがあるのではないか、ということである。“物理学”は物理学現象に対して証明の届くような一視点に立って、観察され、構成される。（中略）例えば、リンゴはどんな中味をもっているかを探すために、リンゴを切って、その一つの切断面を見るようなものともいえる。また真ッ暗い中に小さな光を点じ、その光のとどく限りの世界をつかもうとするようなものともいえよう。いずれも、一見しては目に映らないものを探ろうとするのであるが、リンゴのどの辺を切断するかで、断面の状態は変ってこようし、光源の位置によって、光の当る部分、即ちわれわれの眼に見える部面は変ってこよう。こうした角度というか、それを私は立場といってよいと思うが、その立場は動いてはいけないはずである。それが動くと、ちょうど写真が手ぶれでぼけてしまうように、対象をはっきりつかむことはできない」（笠［1968]）。

　その視点、視座というものは各学問によって異なる。互いに行き来できない。その視点によって照らし出されたひとつの側面が学問上の真理である。しかし、学問上の真理は必ずしもものごとの真実とはいえない場合がある。実験室の中では一定の結果が得られても、人間の行き交う実社会では必ずしも同じ結果ではなく、時には例外的な結果が生じる場合もある。ジャーナリズムはその例外も含めた事実全体を見ようとする。ジャーナリズムは学問のように１カ所の視点だけではなく、できるだけ多くの視点から全体像にアプローチしようとする。

　学問とは限定された面での真理であることについて笠信太郎は次のように語っている。「学問というものは、なんといっても非常に限定した領域における、限定された方法によってとらえられた知識なんですから、それが学問的な真理（ワールハイト）といわれる場合は、その限定された平面の上でのことであって、ちょっとほかの平面に触れたり、交わったりしている場合はぐあいが悪いのです。まったくこの平面に事がらが出てきた限りにおいて、そのものだけをつかまえていくのが学問なんです。それが学問が方法をもっているゆえんであります」（笠［1969]）。

　実験室の中で行われる化学実験は、水溶液の濃度とか気温とか気圧などい

くつかの変数を一定にして行われなければならない。前提の条件は厳密で、途中で変えてはならない。このように前提条件を一定にして得られた結果が学問的な真理である。しかし、自然科学では前提条件とした変数はいくつかに限られるが、社会科学や人文科学になるほど、自由意志を持った人間が介在するので、変数が無数に増える。試験管の中で起きる化学作用が現実の世界では同じ化学作用にならない場合もある。社会科学や人文科学の分野になるほど、単純な方程式で語ることのできない現象が多くなってくる。そこではリンゴやスイカの一切断面としての学問上の真理よりも、リンゴやスイカ全体の姿をとらえる手法や、生きたものごとの本質を追究する姿勢がより強く求められるといえよう。トータルを見ていこうとするジャーナリズムの手法が大切になってくる。

　トータルを見すえていこうという精神はジャーナリズムに通じるところがある。学問は次第に分岐していき、研究者はある領域のさらにある部分の専門家になるようめざす。細かく区切られた狭い分野の専門家になるのは大いに価値のあることだが、とかく全体像、特に時局の動きにうとくなる傾向が見られる場合がある。一方、ジャーナリズムのめざすのはものごとの全体像を把握しようとすることである。ジャーナリズムの仕事にはいろいろな学問を使っていかなければならないことがある。環境問題や臓器移植などを報道するのに、科学や医学の知識が当然必要になる。しかし、ジャーナリズムがめざす道は生きた現実の姿にぶつかって、複雑によじれた糸をほぐし、ものごとの核心部分がどこにあるかを指摘していくことである。学問はある現象の一断面としての真理を追究するのに対して、ジャーナリズムはものごとの真実の姿に迫る。

　哲学者の戸坂潤もジャーナリズムと学問とを対比して論じている。戸坂は次のように語っている。「アカデミーは一定の科学が政治的——歴史社会的、実践的——価値を持って通用するから、これを研究するのではなくて、科学それ自身が価値をもつからこれを研究する、と意識する。（中略）それ故、アカデミーは、取り扱う科学自身がいかに政治的、思想的なものであっても、思想との直接な結びつきからこれを引き離す。アカデミーは科学を思想的にではなく技術的に取り扱う。そこでアカデミーはそれぞれの技術の専門に分

化しなければならないわけである。（中略）哲学といえどもアカデミーでは哲学的——世界観的——に取り扱われなくてもよいことになる」（戸坂[1968]）。

ジャーナリズムは全体像の本質を見抜こうとするが、方法論が学問より厳密さが薄い。これに対して学問は部分の専門化が進むが、とかく全体の動きや時局の動きにうといところがある。この両者の長所、短所を互いに埋め合わせていくことが大切である。戸坂はこの点次のように論じている。「ジャーナリズムの欠陥はアカデミーの長所に、アカデミーの欠陥はジャーナリズムの長所に対応する。アカデミーは容易に皮相化しようとするジャーナリズムを好意的に牽制して、これを多少とも基本的な労作に向かわしめ、ジャーナリズムは又容易に停滞に陥ろうとするアカデミーを親和的に刺激して、これを時代への関心に引き込む。アカデミーは基礎的、原理的なものを用意し、ジャーナリズムは当面的、実際的なるものを与える」（戸坂[1968]）。

つまり、ジャーナリズムとアカデミシズムは対立する概念というよりも、相互に補完する関係であるといえる。

アカデミシズムもジャーナリズムも真理や真実へ迫る初期の動作は基本的には同じである。たとえあたりまえと思われていることに対しても素朴な疑問を抱いてみる。その疑問を自分なりに追究してみる。追究するとは、仮説を立ててみて、その関連の情報を広範囲に集める。その情報を整理、分類、分析してみる。その結果が自らの仮説をどの程度証明しているか判断する。分析の足りなかった点を点検、反省する。こういった知的な作業は、程度の違いはあっても学問でもジャーナリズムでも、基本的な動作である。

ただ前述のように、ジャーナリズムはより大きな枠組みでものごとを見ようという姿勢がある。笠信太郎と同じく『朝日新聞』の論説主幹を務めた森恭三は若き新聞記者たちに次のように助言している。「しかし、ただ一つの、非常にせまい分野しか知らないというのでは新聞記者として、その道一筋に生きてきた専門家にはかないません。例えば、どんな経済記者でも、金融の実務経験は銀行家にはかなわないわけです。しかし、新聞記者は勉強しだいでは、銀行家よりも広い視野から経済をみることができます。新聞記者と学者との関係も、これと同じです。学識に対して深い尊敬をもつのは当然とし

ても、決して学者を審判官の座にまつりあげることはない」（森［1967］）。

このあと森は、学問とジャーナリズムとは対等であって、協力し、社会に寄与できる、と述べ、新聞記者は学問に対して劣等感を持つべきでない、と説いている。

第4節　権力とメディア

Ⅰ　プレスの概念の変遷

報道の現状と課題について理解を深めるために、我々はまずメディアとはどのようなものかを考え、次いでメディアがもたらすニュースの特質について考察してきた。さらに各メディアが行う報道の総体としてのジャーナリズムの特徴について学んできた。そこで第4節としては、報道を担うメディアが国家など権力機構とどのような関係にあるのかを探ってみよう。

情報というものは権力と密接な関係がある。市民社会が登場する前は、情報は国を治めている者に一元化されていた。王や君主や大名など民を治めている者が情報を握っており、民に公開することには消極的であった。積極的に民に知らせて、それによって治世者に従わせるとき以外は情報を公開することはほとんどなかったといえよう。

情報を一般の人々に知らせないのは、上から下へ一方的に治めていくのに便利であったからだろう。下々から治世についての要求が起こることがない。情報を知らせていないから、民から監視されることもない。これは昔だけでなく、現代社会においても同じことがいえる。日本においてエイズ患者の対応策が遅れたのも、官々接待やカラ出張がはびこっていたのも、一般市民が官庁の情報へアクセスするのが容易でなかったためである。情報公開されていないから、つまり一般市民が知る手段を持っていないから、中央官庁や地方官庁の役人たちが不正なことをすることができたといえよう。

情報を人より先に知ることにより、人よりも有利な立場に身を置くことができるのは容易に想像できる。戦争で敵の攻撃の日程や場所を正確に事前に入手できるなら、その裏をかくことができる。情報は相手を制することがで

きる。ゲームでも同じである。相手の心理を読めたら、たやすく反撃できる。

　このように情報と権力は深い関係があり、権力を持っている者が情報を独占しようという欲望が強かった。江戸時代にかわら版が庶民の間で親しまれていたが、これは正式には非合法の出版物であった。かわら版の内容は地震や火山噴火といった天変地異や奇産などのほかに、かたき討ちや孝行物語など社会の道徳観を守る話もあったので、大目に見られていたむきがあった。しかし、お上への批判とか猥褻関係の記事は禁じられていた。

　各時代に登場する各種のメディアはその時代を特徴づける価値観によって規制されていたといえよう。権威主義的な社会において、自由な言論の新聞が多数発行されることを望んでもそれは無理といわざるをえない。プレスは時代の価値観を反映していた。各時代が要求する概念のプレスが存在してきた。

　この点に着眼して、プレスの概念を歴史的に整理してみた研究者がいる。イリノイ大学のコミュニケーション研究者だったウィルバー・シュラム（Wilbur Schramm）とセオドール・ピーターソン（Theodore A. Peterson）とフレッド・シーバート（Fred S. Siebert）の三人で、彼らは *Four Theories of the Press*（Urbane, Illinois：University of Illinois Press, 1956）（邦訳は内川芳美訳『マス・コミの自由に関する四理論』〔東京創元社、1959 年〕）と題する本を共同執筆した。

　彼らは、プレスというものが社会の社会的、政治的構造に応じた形態をとる、との前提に立った。そして、プレスの概念は今日に至るまで四つに分類できると考えた。つまり①権威主義、②自由主義、③社会的責任、④共産主義、のプレス概念である。この四つのプレス理論は大きく二つに分けられ、ひとつは他の理論の発展したもの、あるいは修正したものであるという。つまり、社会的責任理論は自由主義理論が発展したものであり、共産主義理論は権威主義理論を修正したものである、と著者たちは説く。

　これら四つの理論の中でも、最も古いのは権威主義理論である。著者たちは次のように説明している。「それは印刷術の発明後まもなく後期ルネッサンスの権威主義的風土のなかに出現した。その社会では、真理というものは人民大衆がうみだすものではなく、彼等を指導し命令する地位にある少数の

賢人がつくるものだと考えられてきた。だから、真理は権力中枢の手元にことごとく集められているものと思われていた。したがって、プレスは上から下へと機能した。当時の支配者達は、これは人民が知っておかねばならぬ事柄であるとか、これは人民が従わねばならぬ政策である、と彼等がそう考えたものを人民に知らせるために、プレスを用いたのである。（中略）このプレス理論——プレスは、いかなるばあいにも、政治を担当している権力者の気に入るような記事を書く責任を負うている国家の奴隷であるとする——は、16世紀および17世紀の大半の時期にかけて、世界的に受け容れられた理論であった。この考えかたが、世界各国の大部分のプレス制度の原型を造りあげたのであり、そしてそれは今日もなお死に絶えてはいない」（シュラムほか［1959］）。

　第2のプレス概念の自由主義理論は18世紀頃から台頭し、19世紀から栄えた。権威主義理論とは対照的で、もはや人間は国家の下に置かれた隷属的な存在ではなく、真偽を見分ける理性を備えている。さらに「真理はもはや権力の財産ではない。それどころか、真理を探求する権利は、人間の奪うべからざる自然権のひとつなのだ、と考えられる。では、プレスは、この理論とどこで調和しているか。プレスは、真理探求の協力者と考えられるのである」とシュラムたちは指摘している（シュラムほか［1959］）。

　自由主義理論では、プレスは政府に隷属していないだけでなく、逆に政府を監視でき、多数意見も少数意見も表現が許されなければならない。

　第3の社会的責任理論は自由主義理論の延長線にあり、シカゴ大学総長だったロバート・M・ハッチンス（Robert M. Hutchins）を委員長とするプレスの自由に関する委員会の報告書（1947年）によって広がった理論である。それは、プレスは言論の自由を保障されなければならないが、同時に社会的な責任も負っているという考え。メディアが巨大化、寡占化していくに従って、メディアは多数派意見のみを報じるだけでは、社会的な責任、公共性を保つことはできない。何を報道すべきか情報の数少ないゲートキーパーとなっているメディアが、少数派の意見にも報道の機会を与えなければ、公共的な機関としての役割を果たしているとはいえない。シュラムらは次のように語っている。「もはや、プレスが、ミルやジェファソンの明らかにしたような思

想の自由市場であることはむずかしい。プレス自由委員会がいったように『今日では、政府からプレスをまもるというだけでは、なにかいいたいことのある人間はそのチャンスをもつべきだ、ということを十分に保証することにはならない。いかなる人物、いかなる事実、またそれらの事実のいかなる側面が、公衆に送りとどけられるべきかを決定しているのは、プレスの所有者や経営者なのである』」（シュラムほか［1959］）。

　第4のプレス概念である共産主義理論は、権威主義理論の修正である。権威主義理論ではプレスを管理、統制しているのは王室であったり非民主的な首長であったが、共産主義理論では、一党独裁の政党がプレスを所有、統制している。プレスは私有ではなく国有や党有である。シュラムは次のように述べている。「ソヴェトのスポークスマン達は、自分達のプレスは、党が真理だと考える（真理）を語る自由があるから、自由である、と思っている。アメリカのプレスは、産業的に支配されているから真に自由でない。それゆえ、マルクス主義的（真理）を語る自由はない。とソヴェト共産主義者達はいう。このように、このふたつのプレス制度は、いずれの側も、自分達のやっていることを説明するのに、自由とか責任といった言葉を用いてはいるものの、その根本の考え方においては、ほとんどまったく正反対の方向に位置している」（シュラムほか［1959］）。

　ソ連が崩壊した今日、ロシアにおけるプレスの状況は変化し、言論の自由は以前よりは認められつつある。しかし、世界には中国や朝鮮民主主義人民共和国（北朝鮮）のように共産主義を国是とし、プレスは党や国家の管理下にある国もまだある。その意味ではこの理論は、多少の変化が起きているとはいえ、存在の理由は失っていないといえよう。

　このように、プレスは社会的な責任を果たしていかなければならないが、権力に対する批判力を鈍らせてはならない。権威主義理論はけっして過去の遺物ではない。マルコス大統領時代の1970年代のフィリピンでは言論の自由が厳しく統制されていた。首都マニラで発行されていた新聞はほとんど全部といっていいくらいに親政府の立場で、御用新聞になりさがっていた。1990年代のインドネシアでもプレス抑圧の事件が起きている。シンガポールにおいてさえ、必ずしも自由な言論が保障されているとはいいきれない。

全世界を見れば、人々が言論の自由を実際に享受できている国はごく一部にすぎない。

　言論の自由といっても国々によってその意味するところに相違がある。特に第三世界においては、まず経済的な発展が第一義的に扱われるので、言論の自由は二の次になりがちである。もちろん、そういう国々の首長は物質的に、経済的に国を繁栄させなければならないという信念を持っているわけだが、それではどのくらいの経済的な発展が遂げられれば、言論の自由の権利が緩やかに認められてくるのかという保証もない。言論の自由へのアプローチは国々によって違いがあるのはある程度認めざるをえないにしろ、権力を握っている者は、言論の自由は自らへの批判を認めることになるので、その保障に消極的になりがちになることを忘れてはならない。そこにプレスの役割がある。

Ⅱ　プレスの機能

　プレスにはいろいろな機能がある。まず、報道である。プレスは我々に、さまざまなニュースを届けてくれる。第2は教育である。ニュースの解説や社説を通じてプレスは読者を啓蒙する。気づかなかった社会問題に関心を抱かせること自体が教育的効果ともいえよう。戦前の日本の新聞には漢字にルビがふられていた。その制度は小学校を出てすぐ社会で仕事に就いた人々にとって、漢字の読み方を習ういい機会になったに違いない。今日でいう成人教育の役割があったといえよう。第3の機能は宣伝である。物品の広告をはじめ思想宣伝などにプレスは効果をあげている。日本の新聞の広告は全体の紙面の5割以下だが、アメリカの新聞では大体7割のスペースを広告が占めている。第4の機能は娯楽である。プレスは国内外の政治、経済などかたいニュース（hard news）を扱うだけではなく、芸能、レクリエーション、スポーツなどやわらかいニュース（soft news）も扱っている。

　以上の4点はプレスのごく基本的な機能だが、このほかにもいろいろな機能を研究者たちは指摘している。特に、本節の「権力とメディア」のテーマに関連した機能としてはハロルド・ラスウェル（Harold Lasswell）の説く社会におけるジャーナリズム機能に注目する必要がある。彼は「社会における

コミュニケーションの構造と機能」と題する論文の中で、マス・メディアの社会的機能として①環境の監視、②構成員の相互作用、③社会的遺産の伝達、の三つがあると述べている（Lasswell［1966］）。第1の「環境の監視」機能とは、マス・メディアが社会の変化に対して人々に早期に適応できるよう警告を発するという意味である。マス・メディアは人々が決断するのに必要な知識を与える。マス・メディアは自然の環境だけでなく社会の環境をも監視し続け、早めに警告を発する機能を持っている。

　第2の「構成員の相互作用」とは、マス・メディアが社会の構成員同士のコミュニケーションを促進する機能があるという意味。つまり、マス・メディアは世論形成の役割を持っている。政治家たちは大衆の理にかなった総意を無視して政治を行うことができない。第3の「社会的遺産の伝達」とは、昔ならば村内の人々でできた規範が今ではマス・メディアの手を借りている。従来は両親や教師が社会的な遺産を若い世代へ伝えていたのが、今日ではマス・メディアが代行している面が強い。特に都市化現象が進むに伴ってこの現象が加速している。

　このようにメディアは環境の監視者になり、世論形成に寄与する機能を持ち、社会の価値規範を新しい世代に伝える力を備えている。メディアに携わる人々がこのような意識をはっきりと持ち、為政者たちの権力機構にメディア本来の機能を発揮するならば、民主的な共同社会を構築することができるだろう。問題はメディアで働く人々の意識が高まっているかどうかにある。

Ⅲ　権力との闘いの歴史

　日本は第二次世界大戦後、50年以上、言論の自由を享受してきた。このような幸せな時代は今までになかったといえよう。戦後、新たに制定された憲法は第21条の第1項で「集会、結社及び言論、出版その他一切の表現の自由は、これを保障する」と言論の自由の権利を認めている。さらに同条第2項で「検閲は、これをしてはならない。通信の秘密は、これを侵してはならない」と規定し、検閲を禁じている。現在、日本では言論の自由を直接的に抑制する独立した法律は特にない。しかし、戦前の日本を振り返ってみれば明治8年（1875年）以来、終戦の昭和20年（1945年）まで、表現、言論

の自由を統制する個別の法律が絶えず複数存在した。約70年の間、絶えずなんらかの法律によって言論活動が監視されていた。そもそも明治2年に制定された新聞紙印行条例は新聞を育成するねらいがあったが、その後、自由民権運動の高まりによって、新聞の政府批判が強まり、明治8年には発行禁止や停止処分を新たに盛り込んだ、取締りを主眼にした新聞紙条例が設けられた。と同時に皇室や政府高官の名誉毀損を罰した讒謗律が制定され、これから本格的な言論抑圧の歴史が展開する（この点については第2章第2節以降を参照せよ）。

　一方、マス・メディアが世界で最も進んでいるといってもよいアメリカにおいても、独立国家になる前の植民地時代においては、言論の自由はなかった。アメリカで最初の新聞が発行されたのは1690年で、ベンジャミン・ハリス（Benjamin Harris）がボストンで発行したパブリック・オカランス（*Publick Occurrences*）。ところが、この新聞は1号で発禁処分を受けてしまった。当時は新聞発行には、植民地政府の許可を得なければならなかったが、ハリスは許可を得ないまま発行した。彼はロンドンで新聞を発行していた経験があり、王室や教会批判などで何度も投獄されたり、罰金を課せられたりした。いわばそれから逃げる形で新大陸へ渡った人である。創刊号には、少なくとも月に1回、必要ならば2〜3回発行する旨述べているが、当局に発行許可をもらわなかったことと、フランス王室のスキャンダル種の記事などを当局が毛嫌いしたと見られる。英仏関係が悪化し、ボストン植民地と仏領地だった現在のカナダの国境でもめごとが起きるのを、当局はおそれたと思われる。

　アメリカでの2番目の新聞は1704年にジョン・キャンベル（John Campbell）がボストンで発行したボストン・ニュース・レター（*The Boston News-Letter*）。この新聞は御用新聞であった。なぜならキャンベルはボストン植民地の総督によって任命された郵便局長で、植民地間の郵便集配業務に当たっていた。役人組織の末端にあり、当局への批判的な記事ははじめから書けなかった。新聞記事は事前に地元政府の役人たちに提出して、チェックしてもらっていた。ニュースは地元の商い関係の情報や植民地政府関係の記事が中心であった。

　アメリカでの3番目の新聞は1719年ウィリアム・ブルッカー（William

Brooker）がボストンで発行したボストン・ガゼット（*The Boston Gazette*）だが、ブルッカーも郵便局長で御用新聞の域を出なかった。

このように植民地時代の新聞はおしなべて"体制派"の新聞であったが、多少勇気のある新聞人も登場した。そのひとりはジェームズ・フランクリン（James Franklin）で1721年ニュー・イングランド・クーラント（*The New England Courant*）をボストンで発行したが、ボストン周辺まで海賊船が出没しているなど当局の治安の不備をつく記事を書くほか、地元政府や教会の長老たちを非難する記事を掲載した。このため監獄に入れられるなど試練にあうが、彼を助けたのが、頭のいい弟のベンジャミン・フランクリン（Benjamin Franklin）。

ただ、この兄弟は仲がよくなく、弟は兄のもとで徒弟として働いていたのを年期半ばで逃げだし、フィラデルフィアでペンシルバニア・ガゼット（*The Pennsylvania Gazette*）を発行し、時々地元政府への批判記事を載せた。それまでの新聞は郵便局長や印刷工場主などが片手間に新聞を出していたケースが多かったが、ベンジャミン・フランクリンの時になってようやくエディターシップを持った新聞発行者が登場したといえよう。

新聞ははじめボストンで発行され、続いてフィラデルフィアで出され、第3の土地としてニューヨークで発行されることになった。ニューヨークでの第1号はウィリアム・ブラッドフォード（William Bradford）が1725年に発行したニューヨーク・ガゼット（*The New York Gazette*）。彼はもともとフィラデルフィアで新聞を出す予定だったが、フレンド教会の上層部と衝突し、

ベンジャミン・フランクリン（Benjamin Franklin　1706―90）

アメリカの新聞・出版人であるとともに科学者、外交官、政治家でもあった。兄のニュー・イングランド・クーラントで新聞の技術を学び、フィラデルフィアでペンシルバニア・ガゼットを発行。豊かなアイディアの持ち主で、格言入りの暦や月刊誌を発行したり、図書館の原型を作った。科学者としても避雷針を作ったり、ストーブや石鹸を改良した。郵便制度の改善にも尽くした。第2回大陸会議ではペンシルバニア代表に選ばれ、1776年には独立宣言起草委員のひとりに任命された。

ニューヨーク植民地政府に誘われてニューヨークで新聞を出しながら地元政府関係の文書の印刷を引き受けていた。このような立場上、新聞には批判精神がなかった。

　ブラッドフォードのもとで働き、のちに一本立ちしたジョン・ピーター・ゼンガー（John Peter Zenger）は1733年ニューヨーク・ウィークリー・ジャーナル（*The New York Weekly Journal*）を発行したが、のちにゼンガー事件の中心人物になった。つまり、当時のニューヨーク植民地総督の腐敗政治を責める商業階級の人々が同紙を中心に総督批判キャンペーンを張り、ゼンガーが逮捕された。裁判では珍しく無罪の評決がくだされたが、これは言論の自由のない植民地時代においては例外的なできごとだった。

　18世紀も半ばになると、新聞が次第に独立運動の先頭に立つようになる。革命の文筆家といわれたジョン・ディッキンソン（John Dickinson）や扇動家のサミュエル・アダムス（Samuel Adams）などが新聞を媒体にイギリスからの各種の税金に対して、代表なき議会から課税される不合理を主張し、独立を説くようになった。1775年には民兵と英国軍との間に火ぶたがきられるが、このようにして新聞が抑圧をはねのけて自由な言論を獲得するのである。

ゼンガー事件

　1733年ニューヨークで創刊したジョン・ピーター・ゼンガー（John Peter Zenger）のニューヨーク・ウィークリー・ジャーナルがニューヨーク植民地のウィリアム・コスビー（William Cosby）総督の専横的な政治を批判したために1734年発行人ゼンガーが逮捕された事件。翌1735年に裁判が始まったが、ジェイムス・アレクサンダー（James Alexander）弁護士の名弁護によって、陪審員たちは無罪の評決をくだした。当時は名誉毀損はその事実が証明されるだけで有罪になったのを、事実の内容の真実性を訴えたアレクサンダー弁護士の雄弁な弁護が功を奏した。植民地時代に、言論の自由を主張する側が専制的な権力側に勝った例外的な事件として有名になった。

Ⅳ　政治報道の現状

　日本では憲法によって言論の自由が保障されているが、それだけで、国民が十分言論の自由の権利を行使していることを裏づけているとはいえない。憲法に書いてあることと、それを実行していることとは必ずしも一致しない。つまり、憲法では言論の自由がうたわれていても、ジャーナリストたちが過剰な自己抑制をしてしまう場合があるからである。特にこのような傾向が見られたのは55年体制といわれた自民党一党による政権時代（1955年―1993年）であった。この38年間、自民党が与党であり続けた期間に、日本の政治はいろいろな汚職などに染まったが、政治ジャーナリズムも批判のキバを抜かれてしまう現象が一部に見られた。派閥単位の担当取材から政治部記者が担当派閥に深く入り込まざるをえない状況があり、ミイラ取りのミイラになってしまい、いつの間にか政治家と記者との間に癒着が起きる現象が見られた。取材記者は本来、ニュース・ソースから一定の距離を置くことが取材の原則と教えられているが、いつの間にか“仲間うち”の意識を持ち、過剰な自己規制を行う傾向が一部の政治ジャーナリズムの中に見られた。

　そのひとつの象徴的なできごとは、中曽根康弘首相が退陣した際（1987年11月）、正式なオープンの記者会見が行われず、中曽根番記者だけの記者懇談会で終わったことである。そこには同じ新聞社の政治部記者といえども、中曽根番以外の記者たちは出席することができなかった。政治家が自分の“子飼いの記者”を通してでなければ意見を述べないのは、真の政治家とはいえないが、そのような風習を許してしまった政治ジャーナリストたちにも大きな責任があるといえよう。

　このような背景の中で、日本の政治報道を反省する声が一部の現役の政治ジャーナリストからあがった。それは『日経新聞』の田勢康弘が1994年に出版した『政治ジャーナリズムの罪と罰』（新潮社）である。特にこの本は自民党一党支配時代の与党とプレスとの癒着を新聞界内部から具体的に鋭く告発し、反省した書で、大きな反響を得た。このような関係者自らの反省に立った報道の修正が今後も必要になってこよう。せっかく日本では、言論の自由が認められているのに、それを建設的に、積極的に行使しなければ、無

意味になってしまう。

　権力とメディアとの関係は対等な立場で、批判すべきは率直に批判し、互いに建設的に刺激し合っていくことが、民主的な国を築いていくことになる。

第5節　報道と倫理

I　取材上の問題点

　プレスは権力機構に対しては対等な立場で報道しなければならない。特に社会的に不正な問題については勇気を持って報道する必要がある。ある国において言論の自由がどれほどあるかを見きわめる目安は、権力機構にとって都合の悪いことがどこまで報道できるかにある。権力側にとって都合のよいニュースはどんどん報道してほしいわけで、それらのニュースがいくら自由に報道できても、それはあたりまえのことである。国にとって不都合なできごとでも国民にとって知らせる必要があると信ずるニュースは積極的に報道しなければならない。

　このような積極的な報道姿勢は対権力機構においては大いに必要だが、弱い立場であるひとりひとりの市民に対しては十分に気をつけなければならない。日本国憲法の第12条は「この憲法が国民に保障する自由及び権利は、国民の不断の努力によつて、これを保持しなければならない。又、国民は、これを濫用してはならないのであつて、常に公共の福祉のためにこれを利用する責任を負ふ」と述べている。

　つまり、言論の自由は大切だが、濫用してはならないこと。特に公共の福祉のために利用する責任があることを認識する必要がある。言論の自由にはおのずと限度がある。100％の自由はない。他人の人権を侵すまでの自由は慎まざるをえないのである。

　ところが、最近メディアの人権侵害が多発している。裁判として取り上げられるケースだけでなく、裁判にはならなくとも報道の倫理として問題になるケースなどいろいろある。

　人権侵害だけではないが報道の姿勢に疑問を抱かざるをえないケースは一

体どのような種類のものであるのか。大きく二つに分類できよう。ひとつは報道における取材時における問題点である。取材のプロセス上の問題である。もうひとつは表現上の問題点。取材で得た材料をどのように表現するかというプロセスでの問題である。

　まず、前者の取材上の問題点としては、取材の前の基本的な姿勢がおかしい場合がある。つまり、いつわりの報道をめざしてしまっている。正確な報道をこころがけていても、不注意など種々の理由で間違った報道をしてしまう場合がある。住所が一部正しくなかったとか、被害者の年齢が間違っていたというケースで、これは誤報という。しかし、最初から正確な報道をめざしていない場合がある。それは虚報という。ニュースの取材対象を勝手に自分の頭の中で作り上げてしまうケースである。

　例えば、1989年4月20日付け『朝日新聞』（夕刊）1面に、環境キャンペーンの連載記事として沖縄のサンゴの破壊を扱った写真付きの記事が掲載された。"Ｋ．Ｙ．って誰だ"という見出しで、サンゴの表面にＫ．Ｙ．のイニシャルが刻まれていたという。美しいサンゴにいたずらをする人がいるのかと多くの読者は驚いたことであろう。しかし、その後、沖縄のダイビングの同好会の人々から抗議が入り、サンゴにいたずらをしたのは写真を撮った『朝日』のカメラマン自身だったことが判明した。

　報道の一部にやらせの行為があったと批判されたのはＮＨＫが1992年9月30日に放映したネパールの秘境ムスタンの特集。それまで外国のカメラ取材が許可されなかったところだけに多くの視聴者の関心を引いた。しかし、のちに、土砂崩れの場面とか「雨が3カ月一滴も降らなかった」との地元民の証言などがやらせやいつわりの報道であるのが明らかになった。カメラ効果を上げるために、本物であるかのような場面を意図的に作り上げるやらせ報道に非難が高まった。

　取材の過程で、思い込みが入り、人権侵害になったケースもしばしば見られる。有毒ガス事件の松本サリン事件が発生したのが1994年6月27日深夜から28日にかけて。死者7人、入院患者60人を出したこの事件の真相は容易に明らかにならなかった。ところが、その第1通報者の家が松本署による家宅捜索を受けたために、各メディアは第1通報者を犯人扱いして報道した。

第 3 章　報道の現状と課題　133

　1 年後、完全な誤報であることが明るみに出て、各メディアは訂正、お詫びの記事を載せたが、犯人扱いされた男性の人権は大きく損われてしまった。

　有名人への過剰な取材攻撃も目に余る。故・ダイアナ元妃や故・ジャクリーヌ・オナシスさんへの取材は常軌を逸していた。アメリカのシンプソン事件裁判（1995 年）やジョンベネ事件（1996 年）での取材の過熱も大きな話題になった。

Ⅱ　報道の表現上の問題点

　取材した内容をどのように"料理"して記事化し、紙面に載せるか、ラジオ・テレビで放送・放映するか、という問題も今日、報道倫理上の大きなテーマである。

　そのひとつは敬称に関する問題である。日本では 10 年くらい前までは、警察関係記事で、逮捕された人は呼び捨てで扱われた。その背景には「犯罪を犯した人は普通の人と違うのだから粗末に扱われても仕方ない」との価値観があったからと思われる。しかし、逮捕された人が真犯人である保証はない。逮捕されても起訴されるかどうかは必ずしも明らかでない。裁判にかけられても無罪になる可能性もある。一審で有罪でも二審、三審で逆転判決になるかもしれない。つまり、逮捕された段階で早くも犯人として断定してしまうのは間違っている場合もある。

　しかし、呼び捨てにされると、読者は本物の罪人との印象を持ちがちになる。そこで 1989 年 12 月から全国紙を中心に多くの新聞が、逮捕された人に「容疑者」という言葉を付けるようになった。さらに当人が会社などの部長とか課長といった肩書きを持っている場合はそれも使うことになった。

　表現上の問題の第 2 は、実名・匿名報道である。今では婦女暴行事件などの被害者は匿名扱いになっているが、戦後間もない頃は必ずしもそうでなかった。万引きなどでも、ちょっとしたでき心とか、他に原因となるストレスがありそれに誘発される場合もあり、実名報道は忍びないとの配慮から匿名にしているメディアが多い。しかし匿名の仕方によってはある程度特定できる可能性もある。例えば、万引きした人を「市内の女子高校生」とした場合と「群馬県立の有名女子高校生」とした場合とでは、後者の方が特定しやす

い情報になるだろう。

　少年犯罪の場合、少年法第61条が、氏名、年齢、職業、住居、容貌など
を報道してはならない、と規定している。しかし、20歳未満の非行少年の
犯罪が重い場合、報道しないのは地域社会の安全を損う危険もある場合が想
像できる。そこで日本新聞協会は1958年「少年法第61条の扱いの方針」を
発表した。つまり、少年犯罪は氏名などを報道しないことを原則にしながら
も、①逃走中で、放火、殺人など凶悪な累犯が明白に予想される場合、②指
名手配中の犯人捜査に協力する場合は、少年保護よりも社会的利益の擁護を
優先する、としている。

　ただし、実際の適用に際してはいろいろな問題が起きている。例えば、神
戸の小学生殺害事件で逮捕された中学3年の男子生徒の顔写真が写真週刊誌
『フォーカス』（1997年7月）に掲載された。東京法務局は回収を求める勧告
を出したが、出版元の新潮社側は「報道・表現の自由に対する干渉に等し
い」との理由で勧告を受け入れなかった。

　報道倫理上の問題には、報道者が他社を出し抜いたスクープなので、自ら
の手柄を喜びたいという気持ちが先走るためか、ニュース・ソースに対する
配慮が薄くなってしまう場合が往々にある。また社としても部数拡張や視聴
率アップにつながる手柄として、これを積極的に応援したい気持ちもはたら
き、センセーショナルな報道へ走る傾向もなきにしもあらずだ。そのような
意識がはっきりない場合でも、スクープの際は時に取材源への配慮を欠き、
送り手側の論理やひとりよがりの見解で報じてしまうという落とし穴にはま
る場合もある。

　1983年10月14日の『毎日新聞』夕刊に日本における試験管ベビー第1
号が誕生した旨のスクープが第1面トップで報道された。東北大学付属病院

少年法第61条

　家庭裁判所の審判に付された少年又は少年のとき犯した罪により公訴を提起
された者については、氏名、年齢、職業、住居、容ぼう等によりその者が当該
事件の本人であることを推知することができるような記事又は写真を新聞紙そ
の他の出版物に掲載してはならない。

で成功したケースだったが、出産した女性が実名で報道されていた。社からの断りとして、このニュースは全国の不妊に悩む女性たちにとって朗報なので、あえて実名報道した旨の記事も載っていた。

しかし、この女性は東北のある農村部に住む人で、妊娠の段階から担当医にプレスには名前を公表しないよう強く申し入れていた。子どもが将来、地域の人々から差別を受けないようにしたいからというのが理由だった。担当医はこの申し入れを受け入れ、メディア側にもそれを伝えていたが、別ルートから入手された実名が報じられてしまった。このケースは新聞界にも大きな反響を呼び、マスコミ倫理懇談会のシンポジウムなどで取り上げられ、論議された。問題点は、いくらメディア側が朗報と判断しても、当事者が実名報道されるのを望まない気持ちを押してまで実名を出すべきであったかという点にあった。

III　報道倫理問題の原因

このような報道上の倫理の問題は最近急増している。たとえ名誉毀損の裁判にならないまでもメディアの第一線で対応しなければならないケースが増えているといえよう。

その主たる原因は何であるのか。前述のように功名心にはやる気持ちが強く、ニュース源に対するきめ細かい配慮が少ない場合があろう。さらに、特

プレス苦情処理機関

日本の新聞社には規模の違いはあるが、読者相談室とか新聞監査委員会とか記事審査室のような部署がある。読者からの質問や苦情を受け付けるとともに、毎日、自紙と競争紙との紙面審査をしている。アメリカでは社外からオンブズマンと称する審査担当者を雇い、自由な審査活動を認め、その結果などを発表できるコラムを持たせているところもある。スウェーデン、イギリス、韓国などにはプレス・カウンスル（新聞評議会）、新聞苦情処理委員会などが設けられているところもある。日本にはまだこのような組織はないが、オウム事件のテレビ報道でいろいろな問題が起きてから、NHKと民放との協力下で「放送と人権等権利に関する委員会（BRC）」が1997年に設けられた。

に日本のマス・メディアではプレスの現場につく前のジャーナリズム教育がなかったり、入社後のジャーナリスト教育が十分でない場合があると考えられる。アメリカでは記者の半分近くは大学のジャーナリズム学部の出身者といわれている。日本では、どの学部・学科を卒業しても入社試験にさえ合格すればマス・メディアで働くことができる。いろいろ幅広い背景の若者を集められる長所はあるにしても、本当にジャーナリズムとは何かを真剣に考えてこなかった人も運よく入社できる。

　入社後のジャーナリスト教育は入社当初の2〜3週間の研修が中心で、あとは支局などで実際の仕事を通じて学んでもらうという仕組みで、けっしてシステマティックな教育プログラムではない。普段は日常の仕事に追われて、改めてジャーナリズムの本質を考えることもないジャーナリストが、ある日突然大きな報道のあり方に関する問題にぶつかった場合、満足な対応ができないだろう。

　入社前にジャーナリズム関連学科に籍がなくとも、ジャーナリズムとは何かを自問自答するなど、自分なりの勉強はできるはずである。また入社後の記者が、愛社精神をつちかう意味での研修ではなく、社を越えて、世界に通じるジャーナリストに育つ中堅記者の研修が、日本新聞協会など第三者機関で行われるのが、将来の課題であろう。

　さらに各メディアに読者・視聴者からの苦情処理窓口が必要であり、主なメディアにはすでに設置されているが、さらに、業界全体の苦情処理機関の設立も真剣に検討しなければならない時期に来ているといえよう。

第6節　報道の行方

　本章を通じて、メディアとは何かについて学び、次にメディアが盛り込むニュースの特質を考え、そのニュース報道の総体としてのジャーナリズムについて考察してきた。さらにメディアと権力との関係を探り、メディアは市民に対する人権侵害をしてはならないことも学んできた。そこで本章のまとめとして、これからの報道はどうあるべきかについて考えてみよう。

　まずジャーナリストは権力機構に対しては厳然とした態度を持つこと。特

に市民の立場になって不正、不都合なことは大いに批判精神を発揮して報道すること。これは権力機構に対して何から何まで反対するという意味ではなく、国と市民とが相互に円滑なコミュニケーションができるようにメディアが積極的に手助けするという意味である。対等な立場で、建設的な提案、批判を行い、憲法で保障されている言論の自由を十二分に行使することである。

と同時に、市民に対してはメディアの大きな影響力によって人権の侵害を起こさないよう、最大の配慮をする必要がある。これらの行動を通じて、報道することの意味、使命を考えていくこと。何を何のためにどのように伝えるのかを一人ひとりのジャーナリストの"予備軍"たちが真剣に考えていくことが大切であろう。一国のジャーナリズムの質の向上は、送り手のジャーナリストだけでなく受け手の読者・視聴者も努力していかなければならない。伝えること、コミュニケートすることの本質は、相手との共感を得、生きていることの充実感を味わうことではないかと思う。権力者への迎合や弱い立

ジャーナリストに与えられる賞

日本のジャーナリストに与えられる賞はいくつかある。日本新聞協会関係のものとして、まず「新聞文化賞」がある。これは新聞界に長年尽くした功績をたたえて与えられるもので、1951 年からスタート。第 1 回の受賞者は馬場恒吾氏（当時、読売新聞社・顧問）と板倉卓造氏（当時、時事新報社・会長）の二人。

新聞協会は新聞、通信、放送業界の優秀作品を対象に 1957 年から毎年「新聞協会賞」を出している。これは編集、経営・業務、技術部門からなっており、編集部門の中でも一般記事、キャンペーンもの、連載企画、特別企画などに分かれている。

このほか新聞広告賞やボーン上田記念国際記者賞、日本ジャーナリスト会議賞などがある。

特に放送界では放送文化基金賞、日本民間放送連盟賞、「地方の時代」映像祭賞などがある。

また海外ではアメリカのピュリツァー賞が有名。ジョセフ・ピュリツァーの遺意に基づいて 1915 年に創設され、ジャーナリズム、文学、音楽分野での優秀な作品が毎年 4 月に発表されている。

場の人々を踏みにじることが目的であろうはずがない。コミュニケーションとは何か、その哲学について一人ひとりが真剣に考え、行動に移していく時に来ている。

引用文献

ウォルター・リップマン／掛川トミ子訳『世論(上)』（岩波文庫、1987 年）15 頁

マーシャル・マクルーハン／後藤和彦＝高儀進訳『人間拡張の原理』（竹内書店新社、1967 年）33 頁

新聞整理研究会編『新聞整理の研究（初版）』（日本新聞協会、1966 年）19—20 頁

杉村楚人冠『最近新聞紙学（復刻版）』（中央大学出版部、1970 年）9 頁

島崎憲一『現代新聞の原理——ニュース加工論』（弘文堂、1968 年）13 頁、26—27 頁

ウィルバー・シュラム編／学習院大学社会学研究室訳『マス・コミュニケーション』（創元新社、1968 年）220 頁

関一雄『新聞ニュースの研究』（厚生閣、1933 年）33—34 頁

原田棟一郎『新聞道』（大阪出版社、1927 年）4 頁

大内兵衛ほか編『長谷川如是閑選集　第 4 巻』（栗田出版会、1970 年）173 頁

戸坂潤『戸坂潤全集　第 3 巻』（勁草書房、1968 年）149 頁、150 頁、166 頁

笠信太郎『事実を視る』（講談社、1968 年）83—84 頁

笠信太郎『笠信太郎全集　第 6 巻』（朝日新聞社、1969 年）49—50 頁

森恭三「新聞はどうあるべきか」臼井吉見編『マスコミの課題』（筑摩書房、1967 年）101 頁

ウィルバー・シュラムほか／内川芳美訳『マス・コミの自由に関する四理論』（東京創元社、1959 年）13—15 頁、17—19 頁

Harold D. Lasswell, "The Structure and Function of Communication in Society", *Mass Communications* (edited by Wilbur Schramm), (Urbane, Illinois: University of Illinois Press, 1960), pp.117-130.

第4章 社会的コミュニケーションと
マス・メディア

第1節　社会制度とマス・メディア

　無限大の人びとを対象に瞬時のメッセージ伝達を可能にするマス・メディアは、ときには「諸刃の刃」にもなる。政治家の政策や政治理念をより多くの人びとに伝える力に加え、政治家自身のイメージアップにつながるような効果をマス・メディアは発揮することがある。しかしながら、マス・メディアには政治家の行いを市民に代わってチェックし報告するという側面もあり、この働きによって、政治家の意図と対立する世論の形成をうながす役に回ることもある。政権の維持・安定の代弁者となるか、その地位をゆさぶる世論形成に一石を投じるのか、いずれにせよ、現代の政治活動において、マス・メディアの力を無視することはもはや不可能と言っても過言ではないだろう。

　近代以降の為政者たちにとって、読者層の出現とともに発展を遂げマス・メディアとなった刊行物の効果的な利用は最重要課題の一つとなったものの、自己の立場を脅かされることを恐れた権力者は、不利な情報を書き立て、政策に異議をとなえようとするジャーナリストたちに対しては、その言論活動に制限を加え、時には制裁や弾圧を行ってきた。また一方で、イメージ操作や世論の支持にマス・メディアを利用するための巧妙な方法もあみだされるようになる。活字メディアに音声・映像メディアが加わり、さらにインターネットが登場したことで、情報伝達手段の重層構造化が進み、さらに政治活動におけるマス・メディアの果たす役割は複雑化している。

　マス・メディアが登場して以降の政治家たちには、その政策内容を理解させ、自らの政治理念を浸透させる啓蒙活動以上に、マス・メディアを通じて一般大衆にアピールし、自己のイメージを好転させて高支持率の獲得を目指すことが、最も重要な活動の一つとなった。とりわけ、民意の反映が前提条件である民主主義社会ではマス・メディアでどのように扱われるかが、重要な位置を占める。その影響力の大きさから、マス・メディアは、議会、行政府、裁判所と並んで「第四の権力」と言われることもある。

　ときには権力支配のバランスを崩すことさえも可能であるその潜在力から、マス・メディアの歴史は、マス・メディアを通じて、社会の問題を正確に知

り、自由な討論の場を求める市民と、権力を行使してマス・メディアの自由な言論活動に制限を加えようとする為政者とのせめぎ合いの歴史でもあった。

　社会体制のもたらす産物として、その形をそれぞれ国家によって異にしているマス・メディアであるが、シーバート（シーバート［1971］）は、代表的な政治体制ごとにマス・メディアの類型化を試みた。彼は社会制度とマス・メディアのあり方から、そのタイプを**「権威主義モデル」「自由主義モデル」「ソビエト＝全体主義モデル」「社会的責任モデル」**の四つに分けた。まずはそれぞれの特徴をみよう。

　「権威主義モデル」は、君主が社会のピラミッド構造の頂点に立つ絶対主義王政を想定しているが、このような支配構造は 16・17 世紀のヨーロッパで発展をみた。このモデルでは国家と国家元首が圧倒的な権力を持ち、そのマス・メディアの活動は許可制と検閲制度の範疇においてのみ許容される。マス・メディアは政治的リーダーの権力保持のために存在することから、権力批判や体制を脅かすような言論活動は制限を受けることになる。

　「自由主義モデル」は、17 世紀末の英国からアメリカやヨーロッパ諸国に広がったものであり、啓蒙主義と個人の持つ権利を尊重する社会におけるマス・メディアの形である。この体制下におけるマス・メディアは、国家からは独立した存在であり、権力側からの圧力を受けたりすることもなく、何らかの制限や検閲制度も存在しない。マス・メディアは真実を追究したり、情報伝達を行ったり、わからないことを説明したり、人びとを楽しませるために存在し、ここでは、個人がマス・メディアを所有することが可能となる。

　「ソビエト＝全体主義モデル」は、マルクス主義の理念を出発点とした 1917 年の革命により誕生したソビエト社会主義共和国連邦（1922 年発足）を中心として、東欧諸国に確立された政治体制下におけるマス・メディアのあり方を想定している。東側世界は、第二次世界大戦後の東西冷戦時代の双璧の一方として君臨していたものの、1989 年の「ベルリンの壁崩壊」に象徴される東欧諸国の民主化の動きにより共産主義体制をとる国々が次々と姿を消し、ついにはソビエト連邦自身も 1991 年の 12 月に消滅した。現在も変わりなく社会主義制度を維持しているのは中国、北朝鮮、キューバなどである。この体制下のマス・メディアは、マルクス主義の理念や社会主義体制を維持

するための道具となり、政府がマス・メディアよりも優位な立場にある。また、思想的な理念が、大義名分として掲げられながらも、実は権力を掌握した少数の独裁者の意思決定が国政の動向を左右していることもある。理論的には、人民が言論機関を所有していることになってはいるものの、一党独裁体制のもとで、マス・メディアが党の路線や政策を批判することは、許容されない。

「社会的責任モデル」は、20世紀中頃から自由主義社会の伝統に基づきアメリカで発展したモデルである。このモデルにおけるマス・メディアによる情報伝達や教育活動は、社会の発展を目指すものとなる。ここでは、何かを伝えたいという意思を持つ誰にも意見表明の権利は与えられるものの、表現の自由以上に社会的責任の方が重視されるために、社会的に不利益な情報や個人の権利を脅かすマス・メディアは制限されてしかるべきとみなされる。またマス・メディアは、住民の意思、消費者行動、倫理綱領、プレス評議会などの影響をうける。マス・メディアを個人が所有することは可能であるが、その公共への貢献を目指すという理念から、政府の干渉を受けることもある。

以上、ここで取り上げたシーバートの類型化の試みは、今日でも民主主義社会の発展におけるメディアの理想型を提示した古典的な研究とされており、グローバル化が進む現代においても、それぞれの国の政治権力や政治構造とマス・メディアのあり方を問ううえで示唆に富むものである。

グローバル化が政治過程とマス・メディアにどのような影響力を与えているのかを、西欧諸国以外の国々におけるケース・スタディを重ねることで検証し、社会の発展は単純な近代化論で語り尽されるものではなく、その一般化も容易ではないことを考察したカラン（Curran［2000］）らの研究も、このシーバートの古典的研究が出発点となっており、まずはその批判から論考を開始している。

引用・参考文献

シーバート，F．S．ほか／内川芳美訳『マス・コミの自由に関する四理論』（東京創元社、1971年）［原著：Siebert F., T. Peterson & W. Schramm *Four Theories of the Press: The Authoritarian, Libertarian, Social Responsibility and So-*

viet Communist Concepts of What the Press Should Be and Do〔University of Illinois Press, 1963〕〕

Curran, James and Mung-Jin Park eds. *De-Westernizing Media Studies*〔Routledge, 2000〕

第2節 プロパガンダとは

Ⅰ 政治的リーダーのイメージ形成

マックス・ウエーバーは政治支配の正当性を獲得するうえで、その支配のありかたを「合法的支配」、「伝統的支配」、「カリスマ的支配」の三つの型に分けた。「合法的支配」とは制度化された秩序によって支配の権限が与えられることであり、「伝統的支配」は神聖的な要素を含む伝統的な慣習や血統などによって支配が正当化されることを示し、「カリスマ的支配」とは、ある人物の突出した能力や人を惹きつける魅力によって政治的リーダーが人びとへの影響力を持つ支配のスタイルである（ウェーバー［1970]）。政治支配の現場では、それぞれの類型の要素が混在している。選挙で選ばれた政治リーダーによる統治は、合法的な支配の典型であるが、有権者がある候補者を選ぶうえで、その政治家の血統や宗教観をよりどころとしていたり、マス・メディアで活躍する知名度の高いタレントが支持を集めたりとリーダー選別の理由を個々のケースで見ていくと、それぞれ各要因が混在していることがわかる。

　一個人が国家元首や政治的なリーダーとして人びとに認知されていくプロセスは、自らが大衆の前にその身体をさらすことから始まる。国民や有権者は、まず政治的リーダーを「見る」という行為を通して、その資質を兼ね備えた存在として認知しうるかどうかを、話し方、振る舞い方、醸し出す雰囲気などによって判断する。リーダーとしてのイメージ形成はまずここから始まるが、視覚メディアがこの役割の一旦を担うようになると、その各媒体の特性をいかに利用し、有権者にアピールするかが重要な課題となる。以下ではリーダーシップ構築プロセスにおけるイメージ形成に視覚メディアが果た

す役割について考える。

政治的リーダーのイメージ形成において、視覚メディアはどのような役割を果たしているのだろうか。カーツァー（Kertzer［1988］）は、ある人を権威ある存在に仕立てるうえで有効な手段の一つとして、「儀式のドラマ化」をあげている。これは、権力者が大衆の前に姿を現す時に、中心に立つ権力者に対する各人の空間的配置が権力者のイメージ作りにとって重要な要素となる点に着目したものである。儀式における人びとの配置や権力構造を反映した視覚的距離は、上下関係をシンボリックに示すものとなり、それに伝統や式次第に則った動作が加わることで儀式がドラマ化される。儀式への参加による生理的な刺激に対して、聴衆は情緒的覚醒や、大いなる充足感を覚えるとともに、権力者に対する自己同一化を図り、その自己の立場さえも賞賛するようになる。儀式は、空間の利用による地位の視覚的な伝達による権力者のイメージ作りであり、政治的リーダーとしての正統性が付与されてゆく効果をもたらすことを指摘している。

アメリカの政治学者メリアム（Merriam［1964］）は、1932年のドイツ滞在の折に、ヒトラーが国家の救世主としてのシンボル装置を整えて国民の前に現れ、巧みな世論操作によって支配者の優位性を正当化していく様子を目の前にしたことからヒントを得て、その著書『政治権力』を著した。彼はこのさまを「ミランダ」（miranda）と「クレデンダ」（credenda）という言葉で説明している。

「ミランダ」とは、芸術、儀式、歴史の美化などによって権力者を賞賛されるものとして飾り立て、大衆を情緒的・感情的な状況に置いて権力に服従させるために払う努力を示す。その方法は、①記念日および記憶に残されるべき時代、②公共の場および記念碑的な道具立て、③音楽と楽曲、④旗、装飾品、彫像、制服などの芸術的デザイン、⑤物語と歴史、⑥念入りに仕組まれた儀式、⑦行進、演説、音楽などを伴う大衆的示威行動、などに類型化される。一方、「クレデンダ」とは、知的なものに訴えかけることによって、統治者が尊敬、敬虔な態度、服従、自己犠牲、合法性を一身に集める対象となり、自発的な服従と忠誠を獲得していくことを示している。

第4章　社会的コミュニケーションとマス・メディア　145

メディア・イベントとは？

　権力者のイメージ作りや、国民の意識を束ねるうえで、メディア・イベント
は最も効果を発揮する装置の一つである。ダヤーンとカッツ（Daniel Dayan
= Elihu Katz [1996]）は、テレビが伝える国民や世界の多くの人びとの関心
を集める歴史的な出来事や行事であるメディア・イベントを「同時的にきわめ
て広範な注意を引き付ける電子的メディアの潜勢力を用いて、ある時点で起き
ていることの根源的なストーリーを伝える、新しい物語のジャンルである」と
している。彼らは、メディア・イベントの類型化も試みており、以下のような
三つのタイプに分かれるとしている。以下にあげたように、それぞれに当ては
まる事例はいくらでも考えられるだろう：

　　　競技型　サッカー・ワールドカップ、オリンピック、東京箱根間大学駅
　　　　　　　伝競走など
　　　制覇型　アポロ 11 号月面着陸、エベレスト登頂など
　　　戴冠型　ロイヤル・ウエディング、戴冠式、ノーベル賞授賞式など

　ダニエル・ダヤーン＋エリユ・カッツ／浅見克彦訳
　『メディア・イベント——歴史をつくるメディア・セレモニー』（青弓社、
　1996 年）［原 著：Dayan, Daniel and Elihu Katz *MEDIA EVENTS :
　The Live Broadcasting History*（Harvard University Press, 1992）]

II　プロパガンダとは

　プロパガンダ＝政治宣伝（propaganda）とは南（南 [1974]）によれば、
「人びとの欲求、知性、感情に働きかけて、一定の行動、態度に導く組織的
な企て」である。また、フレーザー（Frazer [1967]）はプロパガンダを「愛
国心、家族愛、敵国に対する憎しみと恐怖、終局的勝利に対する確信、勇気、
さらには冒険心に働きかけるうえで、宣伝なしには彼らがそうは行動しなか
ったであろう行動へと誘導する活動、あるいは技術」と定義している。プロ
パガンダとは政権担当者や為政者が多数の人びとに何らかの働きかけをする
ことで、世論をある一定の方向に導く意図的なコミュニケーションであり、

そのためにさまざまなテクニックが用いられる。

　プロパガンダという言葉のルーツをさかのぼると、ローマ法王庁の布教活動の際に用いられた言葉にたどり着く。この言葉は、カトリックのローマ法王ウルバン八世の時代に、布教活動を促進し宗教改革の波にさらされたローマ教会の巻き返しを図ることを意図して設置された伝道本部の活動を示す言葉として登場した。すなわち、プロパガンダという言葉が登場したばかりの頃のこの言葉には異教徒をキリスト教の宣教師の説教と模範行動で改宗させることでキリスト教を広めるという意味が込められていたのである。この言葉の語源である、ラテン語の「puropagare」には、植物の若木を地中に差し込んで新たに植物を再生産するという意味がある（里見［2005］）。

　20世紀以降に、プロパガンダは別の意味の言葉に変貌し、戦時期における情報戦の一環として、国民の戦意高揚意識を高める一方で、敵国への憎しみを醸成するというような、戦争遂行を効果的に行う行為のことを示すようになり、マス・メディアを用いた否定的な説得の代名詞となった。また、政治的な価値体系を維持するために、外敵を創出し、それに対抗して一致団結することを国民に訴え、支配下にある者たちの思想統一を図る手段としても、プロパガンダという言葉は用いられる。マス・メディアが登場した20世紀以降におけるプロパガンダの主要な命題は、いかにして大衆が形成する世論に対して主導権を掌握するという点におかれている。それらは主に、以下の三つに類別することができる。

　まずは、自由主義国によるもので、既存の自由・民主主義を中核とした諸制度や伝統の再確認を促し、その社会生活においてそれを脅かしかねない外敵のもたらすであろう脅威の強調によって、見えない境界線を形成し、枠外の者たちへの偏見を醸成するものである。戦時下ではファシズム、冷戦時代では共産主義の国が敵とみなされ、その脅威の強調が行われた。

　次はファシズム型で、第二次世界大戦のファシズム諸国で展開されたプロパガンダ活動を最も顕著な例としてあげることができる。自らの民族や集団の優位性を強調し、国民生活における不平や不満を、その敵対するグループや国家への憎しみへと転換し、さらに戦闘的な感情を喚起する方法である。マス・メディアの効果的な利用によって、一般大衆を支配側の意のままに導

第4章　社会的コミュニケーションとマス・メディア　**147**

くことに最も成功したのがナチス・ドイツであったと言えるだろう。

　最後のタイプは、社会主義型のプロパガンダである。ここでのプロパガンダの中心的なテーマは階級的な搾取を否定することで共産主義社会を実現する一方で、資本主義や自由主義体制の否定を意図するものであった。このプロパガンダは、水際での情報流入を食い止めることのできたオールド・メディアの時代には効力を発揮できたものの、メディアが普及し、一般大衆が敵対する国家や国民の多面的な情報を含めたさまざまな情報を入手するようになることで、指導部による一方的なイデオロギーの強制や、国民に国家への同調を強いる社会の維持も不可能となる。

　以下は、南によるプロパガンダを行う際の手順であるが、これは広告やＰＲなどの方法とも重なり合うものである。（南［1974］：548—553頁）。

　1．注意を引く

　まず受け手の注意を引き起こすことからその活動は始まる。そのためにはその形と内容が目につきやすいばかりではなく、目新しく、耳新しいこと、新奇性を必要とする。

　2．内容の理解をたやすくする

　新奇性で引き付けられた人たちにとって、その内容が誰にでもわかるように明快なことが必要である。誰にでも理解できるように、単純で平易なほどよい。

　3．印象を強くし、記憶させる

　いろいろな形でその同じ内容を反復して受け手の印象を強くし、記憶に残るようにする。同一の反復（同じことの繰り返し）を行う方法と変形の反復（部分的に内容を変形させる）方法がある。

　4．内容についての信頼を得る

　受け手にとってそれが真実であると思い込むものでなければ効果は得られない。そのためのテクニックとして、受け手の印象を強めるだけでなく、受け手の批判力を鈍らせるために同じことを繰り返す「反復」、最も重きを置く要点を強調する「誇張」、まったくのウソを大げさに伝える「虚偽」、暗示刺激に権威者や専門家、有名人などを使うことで加える「威光」などを用い

る。

　また、イギリスの研究者ダンロップ（Dunlop）が紹介した方法（里見
［2005］42頁）は、以下のような6項目となる：

① 絶え間なく繰り返す
② 議論は避ける　断定的に「他の面」があることを認めない
③ 感情に訴える　受け手の情緒を刺激する
④ 明白、簡潔に　受け手が頭で考え、理解する必要もない言葉で
⑤ あてこすり、寓意、気が利いた例示をあげる
⑥ 女と子どもを狙え

引用・参考文献

ウェーバー，マックス／世良晃男訳『支配の諸類型』（岩波書店、1970年）

デビット，カーツァー／小池和子訳『儀式・政治・権力』（勁草書房、1989年）
　　［原著：Kertzer, David I. *Ritual, Politics and Power*（Collier Books, 1964）］

Merriam, C.E. *Political Power*（Collier Books, 1964）［斎藤真、有賀弘訳『政治権
　　力──その構造と技術上・下』（東京大学出版会、1999年：初版出版は1973
　　年）］

南博『体系　社会心理学』（光文社、1974年）

里見脩『姿なき敵──プロパガンダの研究』（イプシロン出版企画、2005年）

Ⅲ　戦争とマス・メディア

近代国家・ナショナリズム・戦争

　社会生活を営む人びとの葛藤は集団間の対立へと発展し、さらにその規模
が拡大して戦争となる。「国家とはある一定の領域の内部で──この『領
域』という点が特徴なのだが──正当な物理的暴力行使の独占を（実効的
に）要求する人間共同体である……」とマックス・ウエーバーが述べたよう
に、近代国家の登場とともに、戦争は、よりその規模も拡大し、戦争とナシ
ョナリズムが表裏一体となって展開するが、時期を同じくして登場したマ

ス・メディアはそのプロパガンダ活動の道具としての位置を与えられるようになる。

　ゲルナー（Gellner［2000］）は、産業化とともに見知らぬ者同士のコミュニケーションの必要から、識字能力の向上によって一定の言語を共有する集団が形成され、国家へとまとまることで国家が近代化とともに形成されて行く過程をたどり、その結果として「政治的な単位と民族的な単位が一致しなければならないと主張する政治的な原理」であるナショナリズムが発生したとしている。アンダーソン（Anderson［1985］）も、近代国家の成立過程において、ラテン語や中国語などの公用語に変わり、地域特有の言語を用いる人々の出現に着目した。同じ言語を用いる者が国家の境界を形成し、その結果として国民意識が派生し、人々が国家間の境界を意識するようになる。それに最も影響を与えたのは俗語革命による近代小説の成立と、さらに出版革命によるその普及であるとしている。本来的な神から与えられた自然な分類方法によって国家が成り立っているという考えや、固有な政治的運命としての国家が形成されるという考えは神話にすぎないということを明らかにしながら、アンダーソンは、国家を「想像の共同体」と呼び、ナショナリズムとは「世界が一定数の相互に排他的な国家に分かれているという一大フィクションに人々が同意していること」であると定義している。

　国民が自らの所属する国家への自己同一化を図り、それぞれの国家が対立し合うことで愛国心が形成され、ひいては国家の威信をかける戦争への参加に同意するまでになる。このようなプロセスにおいてマス・メディアはどのような役割をはたすのであろうか。以下では、戦争におけるプロパガンダ活動とマス・メディアの関係について考察する。

戦争とプロパガンダ

　プロパガンダ技法が最も発揮されるのは戦時下においてであろう。モレリ（Morelli［2002］）は、過去のさまざまな戦争から、それぞれの戦争当事者がその攻撃行動をいかに正当化するのかをみると、その表現方法には共通性があるとし、パターン化を試みた。以下は、彼が一般化を試みた戦争プロパガンダで頻繁に用いられる典型的な詭弁（本音とは裏腹に戦争遂行者の行為をも

っともらしく見せるための話術）である。

　戦争を始める直前（平和を愛していると見せかけ、敵を悪者にすることでやむをえず参加というスタンスを作る）

　　①われわれは戦争をしたくない

　　②しかし敵側が一方的に戦争を望んだ

　　③敵の指導者は悪魔のような人間だ。

　戦闘準備（経済効果や地政学的な征服欲から行う本来の戦争目的を知られないようにする。また、自国の残虐行為を隠蔽し、ルールを守っているかのように思わせるために敵側の行為を強調する。）

　　④われわれは領土や覇権のためではなく偉大な使命のために戦う。

　　⑤われわれも誤って犠牲をだすこともある。だが敵はわざと残虐行為に

　　　及んでいる。

　　⑥敵は卑劣な兵器や戦略を用いている。

　戦闘開始後（戦況によって左右される世論の支持を得るために、自国の被害・損失を隠蔽し、芸術家や知識人を使って感動を呼ぶ話題を広げる。最近の戦争では広告代理店を使う。）

　　⑦われわれの受けた被害は小さく、敵に与えた被害は甚大。

　　⑧芸術家や知識人も正義の戦いを支持している。

　戦争の正統性（どの戦争当事者も、神聖な大義を掲げることで戦争に宗教的な意味合いを与える。また疑問を投げかける者を、愛国心の足りない裏切り者として非難する）

　　⑨われわれの大義は神聖なものである。

　　⑩この正義に疑問を投げかける者は裏切り者である。

湾岸戦争は「ナイラの証言」から

　私の名前はナイラ。クウェートから逃げてきました。見たんです。武装したイラク兵が病院に来て……赤ちゃんを保育器から出して（声がうわずり、目頭を押さえ）、冷たい床のうえに置き去りにして死なせたんです……

第4章　社会的コミュニケーションとマス・メディア　151

　これはナイラという名前の、クウェートからやってきたという15歳の少女が1990年10月10日にアメリカ連邦議会の人権委員会にて述べたもので、彼女自身がクウェートに侵攻したイラク兵による未熟児虐殺を目撃したとする証言である。

　1990年8月のイラク軍のクウェート侵攻をきっかけに、アメリカは多国籍軍によるイラク侵攻を画策し始めた。このナイラの証言は、1991年1月のバグダット攻撃に端を発した湾岸戦争の開戦が争点となっていたアメリカ社会に衝撃を与え、アメリカ世論の動きは、戦争を擁護する意見が主流となり、イラク空爆への動きを加速させた。

　このナイラの証言をきっかけに、ブッシュ大統領は悲痛な顔をしながら演説で何度も保育器の未熟児までも殺すイラク兵のエピソードを引用し、軍事介入の賛否に揺れたアメリカ世論を説得し続けた。アムネスティ・インターナショナルもナイラの話を信用して、320人の未熟児がクウェートに侵攻したイラク兵によって保育器からつまみ出されて死亡したと発表した（後に撤回）。戦争開始を急ぐ大統領を援護するかのように、議員たちもこぞって保育器の話題に触れ、上院は5票差で多国籍軍による軍事介入を認める開戦決議を可決した。1991年1月、ブッシュ大統領がテレビでフセインを名指しし、ほどなくバグダッド空爆が開始される。

　しかしながら、湾岸戦争へと弾みをつけたこの「ナイラの証言」は、アメリカのヒル＆ノールトンというＰＲ会社の仕掛けた巧妙なプロパガンダによるものであった。ナイラはクウェートからやってきた少女ではなく、クウェートの駐アメリカ大使の娘であり、しかも大使は王家の一員であった。「それが戦争であれ、今回のキャンペーンも基本は同じです。クウェート側から話を持ち込まれたとき、すぐホワイトハウスと連絡を取りました。大統領の計画の手助けをしたかったのです」とＰＲ会社の役員は、後日談としてＣＢＳのニュース番組のインタビューに、自社がお膳立てしたことを語っている。

　クウェートやイラクがどこにあるのかも知らないような者が大多数を占めるアメリカ国民に、いたいけそうに見える少女を使って、センセーショナルな作り話を感情に訴えかけながら証言させる。マス・メディアはこぞってこのトピックに飛びつき、テレビでは繰り返しナイラの姿が紹介される。政治家たちも口々にこのエピソードを繰りかえす。

　「ナイラの証言」の仕掛けは、利益優先主義のＰＲ会社が請け負ったプロパ

ガンダの理想的な成功例となった。ここでは、「絶え間なく繰り返す」、「感情に訴える」、「女・子どもを使う」という煽動の原則が踏襲され、その結果イラク空爆への道筋が引かれた。テレビニュースは、映画スター・ウォーズのようなハイテクを駆使するピンポイント爆撃を日夜伝え、「バグダッドへの空爆は、保育器から未熟児を放り出すような野蛮なイラク人を退治するためなのだ」という正義のために戦う勇敢なアメリカ人の神話を語り続けた。数々の武勇伝がメディアによって喧伝され、アメリカ国民の歓喜が頂点に達したのは、帰還兵による戦勝パレードであった。

　その陰で甚大な被害をこうむったイラク市民の様子を伝えるためにただ一人バグダットに残ってニュースを伝え続けたＣＮＮの特派員は、アメリカの人びとから非国民としてバッシングを受けた一方で、長年かけて培ったテクニックやノウハウを駆使して、アメリカ国民に戦争の正当性を納得させた金儲け主義の世論誘導請負人たちに戦争責任は無関係なようだ。

　　　　　　猪瀬直樹『ニュースの考古学』（1992 年、文芸春秋社）211—215 頁。

引用・参考文献

Gellner, Ernest, *Nations and Nationalism.*（Cornell University Press, 1983）［加藤節監訳『民族とナショナリズム』（岩波書店、2000 年）1 頁、48—49 頁］

Anderson, Benedict. *Imagined Communities: Reflections on the Origin and Spread of Nationalism.*（NY: Verso, 1985）［白石隆＝白石さや訳『想像の共同体――ナショナリズムの起源と流行』（リブロポート、1987 年）］

Frazer, Lindley, *Propaganda.*（Oxford University Press, 1957）［Ｌ．フレーザー／本橋正＝板井秀夫訳『プロパガンダ』（紀伊國屋書店、1962 年）5 頁、14—15 頁］

モレリ，アンヌ『プロパガンダ 10 の法則』（草思社、2002 年）

猪瀬直樹『ニュースの考古学』（文藝春秋、1992 年）211—215 頁

Ⅳ　ナチス・ドイツとプロパガンダ

　2013 年 7 月 28 日、ある日本の政治家の発言が物議をかもした。それは、シンポジウムの席で当時の副総理が憲法改正について言及した折に、「憲法は、ある日気づいたら、ワイマール憲法が変わって、ナチス憲法に変わって

第4章 社会的コミュニケーションとマス・メディア　153

演説のポーズ研究のために撮影させたヒトラーの写真

出典：『万有百科大事典〈11〉政治社会』（小学館、1973年）347頁。

いたんですよ。誰にも気づかれないで変わった。あの手口を学んだらどうかね」と語ったものであった。すぐさま各方面からの批判を浴びて撤回したものの、もし欧米の政治家がこのような発言をしたら、厳しい批判の嵐にさらされたことだろう。なぜならば、ナチス・ドイツを率いたヒトラー総統（Adolf Hitler: 1889-1945）は、その大衆煽動の技術と並外れたカリスマ性によってドイツ国民を彼の崇拝者に変え、第二次世界大戦やホロコースト（ユダヤ人を強制収容所に送り大量殺人を行ったこと）へと誘導した20世紀最大の独裁者であるからだ。1945年、ベルリン陥落を前にヒトラーの自殺で終結した第二次世界大戦から70年が経過しても、欧米社会で「ナチス」と「ヒトラー」は、人びとの心に大きく立ちはだかる負の遺産であり、触れてはいけないタブーの一つでもある。ここでは、そのプロパガンダ・テクニックについて紹介しよう。

　1921年にナチ党（元ドイツ労働者党）の党首になったヒトラーは、わずか10年ほどでナチ党をドイツの第一党へと躍進させ（1932年）、ついには一党独裁体制を確立し総統に就任した（1935年）。ヒトラーの極端な民族至上主義にドイツ国民が熱狂したのは、大衆の欲するところを本能的に察知し、それをいかに大衆にアピールするのかという方法を熟知していた彼のコミュニケーション能力に起因するものであった。一般大衆の前に現れた時の所作や

演説の巧みさは、ヒトラー自らによる緻密な計算と鍛錬の成果であり（高田[2014]）、その身振りを撮影させて、大衆を前にした時の振る舞い方を研究したことを物語る写真も残されている（写真参照）。

　ヒトラーはまた、自らの演技が輝きを放つにはどのような設定とタイミングが必要であるのかも良く理解していた。まずは、鉤十字（ハーケンクロイツ）のシンボルを使い、兵士たちには集団行動時の見栄えの良さのために、敬礼や行進のスタイルも徹底させ、上官の命令が末端にまで行き届くように、服従の秩序が徹底された組織を作りあげた。ワイマール共和国を打倒し、ベルサイユ体制を打破することを意図したヒトラーが率先したのは、自らが理想とする「第三帝国」に君臨するのにふさわしい人物であるということをドイツ国民に納得させるための神話づくりであった。1923 年から 1933 年にわたって開催されたナチ党の全国大会（計５回開催）や 1936 年に開催されたベルリン・オリンピックはその最高の舞台装置となった。

　さらにラジオ、ニュース映画、娯楽映画などを巧みに使いこなし、ヒトラー総督のイメージ形成にその手腕を発揮した啓蒙宣伝省の大臣ヨーゼフ・ゲッベルス（Joseph P. Goebbels: 1897-1945）の果たした役割も特筆に値するだろう。ゲッベルスは、ヒトラーをニュース映像に登場させ、その一方では、娯楽映画の中に大衆の持つ偏見や誰かを崇拝したいという無意識の感情を呼び覚まし、ひいてはヒトラーが唯一無二の救世主であるかのような錯覚に陥れるメッセージを巧妙に組み込んだ。ドイツ国民は、威風堂々と演説を行うヒトラーの姿に酔いしれ、政治的な仕掛けが潜んだ娯楽映画を楽しみながら指導者ヒトラーを熱狂的に崇拝し、国家が非合理的で非人道的な方向へと向かうのにも合意したのであった。このように国民感情を巧みに操作したゲッベルスの手腕は、後世にまで語り継がれている。以下の(1)から(7)は、その主な手口を類型化したものである（バーネイズ［2010］18—19頁）：

　(1)「悪名づけ」（name calling）
　　　憎悪や恐怖を喚起するような表現を攻撃対象に張り付けて、悪者あるいは、信用できない人物のように見せる。四つのＤ（①信用失墜＝discredit、②中傷＝defamation、③悪魔化＝demonize、④非人間性の強調＝

dehumanize）を用いて人格攻撃（Character Assassination）を行う。

(2)「華麗なる言葉による普遍化」（glittering generalities）

　　魅力的だが曖昧な言葉使いで、演説やその他の会話を好ましいものに見せかける。

(3)「転換」（transfer）

　　権威を持ちだすことによって宣伝する人物や団体を結びつける。

(4)「証言利用」（testimonial）

　　すでに信頼されている他者に証言してもらい、他者の信頼性を借用する。

(5)「平凡化」（plain folks）

　　指導者らの服装、話し方、行動などを工夫することで一般庶民のように見えるよう工夫する。

(6)「いかさま」（card stacking）

　　自らの都合の良いことを強調し、不利なことには一切触れない。

(7)「バンド・ワゴン」（band wagon）

　　「今バスに乗らないと取り残される」、「みんなに遅れないように」、というように大衆の同調性への心理をかきたてる。

　これらのテクニックは、ヒトラーの迫害を逃れてドイツからアメリカに亡命した社会科学者たちによって見出されたナチス・ドイツのプロパガンダ・テクニックの法則であったが、その黒幕でもあったゲッベルスがよりどころにしたのは、20世紀の初頭にアイビー・リー（Ivy Lee）と並んで、アメリカにおけるＰＲ（広報＝Public Relations）の礎を築いたと言われているエドワード・バーネイズ（Edward Bernays）が1923年に著した著書 *Crystallizing Public Opinion*（*Propaganda* も参考にしたのではと言われているが定かではない）であった。ユダヤ人を迫害したゲッベルスがユダヤ人のバーネイズの著書を参考にしたのは皮肉なことであるが、アメリカを代表する知識人であるノーム・チョムスキー（A. Noam Chomsky）は、このバーネイズの著書 *Propaganda* を「巨大企業が支配する社会での合意捏造のマニュアルである」と名指しで非難している。今我々に求められているのは、ナチス・ドイツのプ

ロパガンダテクニックを教訓に、今まさに、目前に提示されている情報の渦の中から、何者かが企てたプロパガンダの可能性を嗅ぎ分けるセンスかもしれない。

参考文献

シャイラー，ウィリアム／井上勇訳『第三帝国の興亡——ナチ・ドイツの滅亡』（東京創元社、1960年）［原著：Shirer, William L. *The Rise and Fall of the Third Reich*（Createspace, 2008）］

マクナブ，クリス／松尾恭子訳『図表と地図で知るヒトラー政権下のドイツ』（原書房、2011年）［原著：McNab, Chris *World War II Data Book The Third Reich 1933-1945*（Amber Books, 2009）］

高田博行『ヒトラー演説』中公新書2272（中央公論新社、2014年）

広田厚司『ゲッベルスとナチ宣伝戦』（潮書房光人社、2015年）

バーネイズ，エドワード／中田安彦訳『プロパガンダ［新版］』（成甲書房、2010年）［原著：Bernays, Edward *Propaganda*（Ig Publishing, 2005）］

Bernays, Edward *Crystallizing Public Opinion*（Ig publishing, 2011）

第3節　説得的コミュニケーションと弾丸理論

　説得的コミュニケーションとは、受け手の意見、態度、行動を送り手が意図する方向へ導こうとするコミュニケーションである。その効果は、送り手・メッセージ・メディア・受け手・接触状況などによって媒介される（Hovland［1953］）。

　説得的コミュニケーション研究の嚆矢は、第一次世界大戦において各国におかれたプロパガンダ機関を研究した政治学者ラスウェルによる『世界大戦における宣伝技術』（1927年）である。The Great Warと呼ばれ多くの戦死者を出した第一次世界大戦は、欧米では歴史上初めて国家を意識した総力戦であっただけでなく、マス・メディアなどを通じて相手国民の士気を低下させ、自国民の戦意高揚を図るため交戦国の国民をいかに悪者に描くかという心理戦争（psychological warfare）の萌芽がみられた戦争でもあった。情報が戦略における有効な武器とみなされるようになり、情報戦の拠点として開設

されたイギリス情報省の「クリュー・ハウス」、フランスの「新聞の家」、ドイツ外務省の「外国事務中央所」の活動実態が明らかになり、ラスウェルの研究は、その後のマス・コミュニケーション研究に大きな影響を与えた（山田［1988］56頁）。以下では、弾丸理論・皮下注射針理論ともよばれた、この時代を代表するキャントリルとマートンの事例について詳述する。

I　キャントリルの『火星からの侵入』

1938年10月30日の夜、米国はハロウィーンという祝日であった。その夜のＣＢＳのマーキュリー放送劇場では、名優オーソン・ウェルズによるＳＦファンタジーのラジオ・ドラマ（H．G．ウエルズ原作『宇宙戦争』）が、オンエアされていた。

そのラジオ・ドラマの筋書きは火星人が地球を襲うというものであったが、聴覚をよりどころにするため想像力を膨らませやすいというラジオ・メディアの特質に加え、本物と勘違いしてしまうほど精巧に作られていた音声描写のために、ラジオ・リスナーの中から、本当に宇宙人が攻め入るのではと信じ込む者が続出した。ドラマが進行し、ニュース中継の場面あたりから、パニックに陥るリスナーたちが続出し、警察局の電話がパンクし、救急車まで出動するほどで、この出来事は翌日の朝刊各紙のトップを飾った。

この未曾有の出来事は、キャントリル（Cantril［1940］）にとって、その原因を探る調査を開始する絶好のチャンスでもあった。パニックの余韻が冷めやまない1週間後から、キャントリルは早速135人へのインタビューを試み、なぜラジオ・ドラマであることを知りながら、番組の進行とともにリスナーたちがその物語に引き込まれ、本物と思い込んでしまっただけではなく、はてはパニック行動にまで至ったのかを検証した結果をまとめたのが『火星からの侵入』である。

パニック状態における人間行動のメカニズムを探ったキャントリルは、ラジオ番組への反応を左右したのは、それぞれの感受性であるという結論に至った。また、各リスナー個人の先有傾向や準拠集団からの影響に加えて、キャントリルは歴史の流れが大きく変わろうとしていた当時のアメリカ社会全体を覆っていた空気もその理由としてあげている。この番組が放送されるま

での数ヵ月、アメリカ国民には、ヨーロッパにおけるナチスドイツの台頭が繰り返し伝えられており、アメリカ国民には迫り来る戦争への潜在的な恐怖感が培われていた。キャントリルは、このようなアメリカ国民の心理的な文脈が、パニック発生の土壌となり得たことも指摘している。

Ⅱ　マートンの『大衆説得』

　戦時体制下にあったアメリカでは、戦争資金獲得を意図して戦時国債が発行されていた。その国家をあげた販売戦略の一環として、1943年9月21日にＣＢＳラジオが行ったマラソン放送は、わずか1日の放送で、3900万ドルの売り上げを達成した。この要因を探ろうと実施された調査の結果をまとめたものが『大衆説得』(1946) である。著者のマートン (Merton, Robert K.) は、パーソンズ (Tarcott Persons) と並び、アメリカの構造主義社会学を牽引した大御所であるが、1941年からコロンビア大学に在籍していたこともあり、同僚でもあったラザースフェルドの進言により実施したこの調査は、弾丸理論を代表する研究例となった。

　当日午前8時に開始したラジオ・キャンペーン番組は、夜中の2時まで続けられた。番組進行役は、「誠実で、博愛主義者で、愛国的で母性を感じさせてくれる」というイメージをあまねくラジオ・リスナーの間で確立していたケイト・スミス (Kate Smith) であった。ケイト・スミスは、当時のラジオ・リスナーたちにとって、誰もが戦争のために犠牲を強いられているからこそアメリカ国民が一丸となろうという世の中の空気を再確認するうえで欠かすことのできない理想的なラジオ・キャラクターであった。戦時国債購入を後押しするようなリスナーの情緒に訴えかけるエピソードが次々と繰り広げられてゆくなか、ケイト・スミスは、そのエピソードの合間に、この日の戦時国債の購入が、勝利を目指すアメリカ国民の大義名分にかなう神聖な行為であることを繰り返し訴え続けた（原著では15分ごととなっている）。マートンが内容分析によって算出したそれぞれのテーマごとのエピソードの時間配分は以下のようになっている（マートン [1946]：80頁）：

　　　　犠牲　軍人の犠牲　　　　　　　　26%

市民の犠牲	20%
ケイト・スミスの犠牲	5％
参与	16%
競争（他のコミュニティとの）	12%
家族	6％

　マートンは、このようなラジオ番組の内容分析に加えて、フォーカス・グループ（調査を行うために選んだ調査対象者の集団）へのインタビューと、1000名を対象とする世論調査の結果、愛国者を体現する存在でありながら、当時のラジオスターの中では最も身近な存在であると認識されていたキャラクターのケイト・スミスとのラジオによる同時的体験によって、この番組を聞いたリスナーたちが戦時国債に対して好意的な方向へと傾くに至ったとしている。このラジオ・マラソンは、「兵士たちの献身」、「肉親愛」、「他の聴取者たちの犠牲」、「共同参加」、「売り上げの奪い合い」などのメッセージに、受け手の先有傾向や戦時中であるという社会心理状態が加味され、戦時下におけるラジオを用いた政治的キャンペーン、すなわち説得的コミュニケーションの成功例となった。

引用・参考文献

ホブランド，C．I．他／辻正三＝今井省吾訳『コミュニケーションと説得』（誠信書房、1960年）〔原著：Hovland, Carl I. Irving L. Janis & Harold H. Kelly *Communication and Persuasion Psychological Studies of Opinion Change*（Yale University Press, 1953）〕

山田實『マス・コミュニケーション研究への招待』（芦書房、1988年）

キャントリル，H．／斎藤耕二＝菊池章夫訳（川島書店、1971年）〔原著：Cantril, Hadley. *The Invasion from Mars-A Study in the Psychology of Panic*,（1940）〕

マートン，ロバート K．／柳井道夫訳『大衆説得』（桜楓社、1970年）〔原著：Merton, Robert K. *Mass Persuasion: The Social Psychology of a War Bond Drive*（Greenwood Press Publishers, 1946）〕

第5章 パーソナル・コミュニケーション とマス・メディア

本章では、マス・メディアの影響や効果における最大の関心事でもある小集団とマス・メディアとの関係性に焦点をあてる。マス・メディアのメッセージの受容において、友人、家族、近隣といった各個人を取り巻く小集団が、マス・メディアの接触行動にどのように作用し、それぞれの意見形成や意思決定において、いかなる影響を与えているのかを、対人関係による直接的なコミュニケーションの視点から考えるのがこの章の意図することである。また、マス・メディアからの情報の受容とパーソナル・コミュニケーションの関係性についても、先行研究とその知見を概観する。

南（南［1958］）にとってマス・コミュニケーションの影響や効果は、マス・メディアへの接触によって「認知」、「欲求」、「感情」の三つの心理的レベルにおいてもたらされた永続的な変容が、日常生活の中に根をおろし定着することを意味する。ここで最も重要な役割を果たすのが、準拠集団（それぞれの個人を取り巻く人びとによるあつまり）である。

アメリカの小集団研究の創始者であるクーリー（Cooley［1902］）は、日常的に直接的な接触を行い、お互いに親近感を抱きながら行動を共にする協力関係を持つ人びとの集まりを「一次集団（primary group）」という言葉で表現している。この「親しく顔と顔を合わせて集合し、協力することを特徴とし、個人の社会的な本性と理想を形成する土台となる」集団は、社会を形成する基本的な単位となる。具体的には、家族、遊び仲間、隣近所、大人の地域共同体などのことを示し、これらの初期集団は社会の形成に重要な役割を果たしている。それぞれの個人が所属する社会における規範や他者への振る舞い方は、他者との相互作用によって習得し得るものであり、個人の社会化に鏡のような役割を果たすのがこの一次集団であるとクーリーはその役割の重要性を説いた。

I　ラザースフェルドの2段の流れ

アメリカにおけるマス・メディアの影響と効果研究のパイオニアであるラザースフェルド（Paul F. Lazarsfeld）は、1933年にオーストリアのウィーンからロックフェラー財団の支援を得て渡米したが、その後もそのままアメリカにとどまり、戦後のアメリカにおけるマス・コミュニケーション研究の発

第5章　パーソナル・コミュニケーションとマス・メディア　163

展に多大な貢献をした研究者である。1940年にコロンビア大学にラジオ研究所を設立し、今日のマス・メディア研究の嚆矢ともいうべき数々の古典的な研究成果を発表した。ここでは、社会学およびコミュニケーション研究の領域で最も認知されている「2段の流れ」の仮説について詳述する。

　ラザースフェルドはカッツ（Eliu Katz）とともに、大統領選挙が実施された1940年の5月から11月にかけて、オハイオ州のエリー郡において、3000名を対象としたパネル調査（同じ対象者に繰り返しインタビューやアンケート調査を行う社会調査の方法）を行った。彼らが試みたのは、約1年がかりにも及ぶアメリカ大統領選挙の期間において、有権者の投票意図がどのように変遷し、それに対してマス・メディアはどのような影響力を発揮するのかを、同じ対象者に対して合計7回にわたり実施することで検証するものであった。

　この調査によってもたらされた知見は、それぞれの意思決定にラジオや新聞などの印刷物などマス・メディアよりも、それぞれが所属する小集団のほうがより効果的に作用するというものであった。とりわけ、その小集団の中に存在するオピニオン・リーダーの存在が大きな影響力を持つことがわかった。オピニオン・リーダーは小集団のメンバーから一目置かれる存在であり、よりマス・メディアからの情報へのアクセスが容易にある環境に置かれ、またそのための素養も備えて、マス・メディアの提供する情報に対してより敏感なアンテナを張り巡らしている。すなわち、マス・メディアからの情報の流れは、各個人それぞれに直接的に向かうのではなく、小集団の中で周りの者から一目置かれる存在でもあるこのオピニオン・リーダーを媒介して各個人に情報が流れ、直接的な流れ以上に影響力を及ぼすことがわかった（図5-1）。

　さらにカッツとラザースフェルドは、オピニオン・リーダーを媒介して影響の流れが及ぶという知見が、選挙以外の項目にも当てはまるのかどうかの検証を次に試みた。調査を実施したのは、アメリカ人の典型的なコミュニティを代表するオハイオ州のディケーターという町で、サンプリングの結果選ばれた800人の女性への面接調査に続き、さらにその中から選ばれた634名に追跡調査を行い、回答者それぞれが影響を受けたと言及したものにまでさらに確認するという厳密な手順が用いられた。ここでオピニオン・リーダー

図5―1　伝統的なマスコミのモデルと比較した
　　　メディアの影響の2段階の流れのモデル

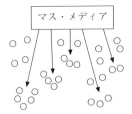

D. マクウェール, S. ウインダール『コミュニケーション・モデルズ』(松籟社、1986年) 71頁

の存在を確認するために選ばれたのは(1)買い物、(2)流行、(3)社会的政治的問題への意見形成、(4)映画の選択の4項目についてであった。

　この調査からは、まず受け手にはその先有傾向によって、接触するマス・メディアを選別する「選択的接触」(selective exposure) を行う傾向があることが確認された。エリー調査で対象とした選挙以外の日常生活における四つの項目について尋ねたこの調査でも、追従者(フォロワー)の意思決定に多大な影響力を持つオピニオン・リーダーの存在が確認された。それぞれの項目ごとに形成される各集団内のどのレベルにおいても、他者に対して情報を個人的に伝達し、意思決定における案内役となるオピニオン・リーダーが存在し、各個人の意見形成や変更にあたっては、インフォーマルな集団からの情報が大きな影響力を持ち、マス・メディアよりも個人的な影響力の方が優位であり、また、このオピニオン・リーダーは、社会のあらゆるレベルにおいても存在し、その他の人びとに比べて、ラジオ、新聞、雑誌などのマス・メディアへの接触量が多い。ここで取り上げた二つの調査によって、二段の流れとオピニオン・リーダーへの関心が高まり、この仮説は戦後になり日本にも紹介され、日本におけるマス・コミュニケーション研究の出発点ともな

った（ラザースフェルド［1987］）

　マス・メディアの効果にもさまざまなレベルがあるとして、効果論をさら
に発展させたクラッパー（Klapper［1966］）は、既存の意見や態度の変容に
おけるマス・コミュニケーションの効果を五つのタイプに分けた。それらは
(1)効果なし、(2)小さな変化——既存の態度の強さを弱める、(3)補強——既存
の態度の支持、(4)改変——逆の方向へと変えること、(5)創造——新しい意見
や態度の創出である。上記の(1)から(5)までの中で、最も効果を発揮するのは
受け手の態度を「補強する」方向に働く効果であるとしている。

アメリカの大統領選挙

　アメリカでは、4年ごとに大統領選挙が実施される。例年その年の初頭から、
各党の予備選挙が州ごとに始まり、夏までには勝ち進んだ各党の大統領選挙候
補者がそれぞれの党ごとに絞り込まれていく。この半年は、有権者が自らに代
わって政策を実行してくれる候補者を選びながら、全米各地で少数の候補者に
絞り込まれ、誰が最も次期の大統領にふさわしいかどうかを選別するプロセス
を見守ることになる。マス・メディアは、有権者たちが政策実行の可能性を鑑
みる手助けを行い、候補者はおのずと民主党（Democrats）と共和党
（Republican）の二大政党からの立候補者に絞り込まれていく。実際は、多く
の党が大統領選に名乗りをあげていても、結果として大統領選挙は両党の対決
となり、それぞれの党内での指名争い競争を勝ち抜いた者が次期大統領候補と
なる。

　次のステップが、7月・8月に民主・共和各党が全米から各州の代議員を集
めて、大統領候補と副大統領候補を指名する党大会の開催である。この党大会
での指名受諾から、11月の投票日にアメリカ国民が直接投票によって次期大
統領を選出するまでの間が、両党の候補者による選挙キャンペーン期間となる。
この間、それぞれの党の大統領候補者が全米を遊説し、討論会がテレビ中継さ
れ、両候補者のイメージ戦略にさまざまなメディアが駆使される。すなわち、
アメリカ国民は、夏期オリンピックと同じ年のほぼ1年を、自らの国家元首選
出に費やすことになる。

　2008年の大統領選挙での黒人初のオバマ大統領の誕生には、ツイッター、
フェイスブック、動画共有サイトであるユーチューブなどのSNS（ソーシャ

ル・ネットワーク・サービス）が大きく貢献した。オバマ陣営によるソーシャ
ル・メディアの効果的な活用による共感・共有する支持層の拡大が、この選挙
戦における勝因の一つであったと言われている（大柴［2009］、ラハフ
［2009］)。

　アメリカの制度では、どの大統領も2期までしか務められないことになって
いるため、2016年の大統領選挙においては、現在2期目を努めている民主党
のオバマ大統領の再出馬はない。2015年4月に民主党からはすでにクリント
ン元大統領の妻であり、またオバマ政権で国務長官を務めたヒラリー・クリン
トン（Hillary R. Clinton）が立候補を表明している。また、共和党側では大富
豪のドナルド・トランプ（Donald Trump）の去就が注目を集めている。2016
年の戦いでは、両党の候補者が誰に絞り込まれ、選挙キャンペーン活動におい
ては、どのようなメディアが効果を発揮するのか、興味深いところである。

　国家の顔ともいうべき次の大統領に名乗りを上げた候補者たちを4年毎の国
家的な行事として選別するアメリカの選挙制度に、草の根政治を基礎に自分た
ちで将来を託すリーダーを選出するアメリカ国民と候補者の間にあって、マ
ス・メディアは両者の媒介役を務めている。この1年の間に有権者がどのよう
に意見や態度を形成し、それにはいかなるメディアがどのように機能するのだ
ろうか？　研究者の関心は1940年のラザースフェルドの時代から変わること
なく続いている。

　　大柴ひさみ『YouTube時代の大統領選挙』（東急エージェンシー、2009年）
　　ハーフシュ、ラハフ／杉浦茂樹＝藤原朝子訳『「オバマ」の作り方』（阪急
　　コミュニケーションズ、2009年）

Ⅱ　利用と満足

　1940年代から始まった「利用と満足の研究」は、研究の視点がマス・メ
ディア効果の有無ではなく、受け手の欲求や動機を知ることを出発点として
いる。1940年にコロンビア大学にラジオ研究所が設立され、当時全米の8
割以上の家庭に普及したラジオの社会的影響についての多くの研究が進めら
れた。それは受け手の生活文脈に即して、メディア利用の実態とそこから
人々がどのような満足感を得ているかを解明しようとする試みであった。そ

の方法としては、アンケート調査に見られるように事前に回答の内容が構成され選択肢を選ばせるタイプの質問ではなく、インタビューで聴取者の語る内容から、一般化を試みる方法をとっていた。結果として得られた知見は、多様性に富み、一般的な判断からは予想できない効用の存在を発見した。

その研究の代表例としてヘルツォークが行った、ソープ・オペラと呼ばれる、ラジオの女性向け連続ドラマの愛好者100人へのインタビューがある。ここでは主婦たちのラジオから得る満足感として「情緒的解放感を得ている」、「夢を見られる」という答に加えて、「日常生活上のアドバイスが得られる」という、娯楽的ではなく教育的な充足感を得ていることがわかった（Herzog［1944］）。このように、利用と満足の研究は、受け手が能動的にメディア選択を行い、メディア接触による充足感は人々によってさまざまであることを発見したが、その多様な充足体験を客観的なカテゴリーに分類して類型化する試みが行われている。

マクウェール（McQuail）は、(1)気晴らし、(2)人間関係、(3)自己確認、(4)環境監視の四つの充足のタイプ分けを試みている（表5─1）。(1)「気晴らし」は、番組の中に没入し、現実の問題を忘れ、泣いたり笑ったりすることで情緒的解放感を得ることである。(2)「人間関係」は、登場人物への親近感を抱くことにより、疑似的な交流を行い、その番組を通じて得られる身近な人々との相互作用の円滑化を表す。(3)「自己確認」は、番組を見た結果、自分の知識を確認したり、現実の問題を解くヒントを得たり、自分の考えを支持する要素を見出したりすることである。(4)「環境監視」は、自分とは直接には関係のない社会問題への意見や行動指針を得ることを表している（竹内［1990］）。

このように利用と満足の研究は、受け手の生活行動における能動的な側面──受け手がマス・メディアに何を期待し、どのような欲求を持って接触しているか──に着目し、いわば受け手の立場に立って、そのマス・メディアの受容行動を考察している。それは事例研究にとどまらず、アンケート調査結果の数量化へ発展し、マス・メディア効果の研究に多くの業績を蓄積してきた。

表5—1　マクウェールらによる充足のタイポロジー

1．気晴らし（Diversion）
　a）日常生活の様々な制約からの逃避［番組のなかに展開される魅力的な幻想の世界に没入して、一時的な楽しみを経験する］
　b）解決しなければならない諸問題の重荷からの逃避［番組を見ることで現実の問題から関心をそらす］
　c）情緒的な解放［笑ったり泣いたり叫んだりすることで、気分的な満足を味わう］
2．人間関係（Personal Relationships）
　a）登場人物への親近感［司会者、ディスクジョッキー、ドラマの主人公など、番組に登場する特定のパーソナリティとの間に擬似的な交流を感じる］
　b）社会関係にとっての効用［身近な人たちとの日常的な相互作用を円滑にするうえで役に立つ］
3．自己確認（Personal Identity）
　a）自分を位置づける座標軸の獲得［自分の知識程度、生き方、自分にとっての問題などについて、番組から示唆を受ける］
　b）現実に対する対処の仕方の学習［身近に抱えている問題の処理や解決の仕方にとって有用な示唆をくみとる］
　c）価値の強化［自分の行動や考え方に対する支持的な要素を番組のなかに見いだして確信をかためる］
4．環境監視（Surveillance）
　［間接的環境に関する情報に接して、パブリックな問題についての意見や行動を決定するうえでの指針や示唆を得る］

竹内郁郎『マスコミュニケーションの社会理論』（東京大学出版会、1990年）171-172頁より重引

Ⅲ　ロジャーズのイノベーション

　イノベーションとは「個人によって新しいものであると知覚されたアイデア、実践および対象」のことを意味する。このイノベーションがどのようなプロセスで人から人へと伝わるのかという疑問から出発したロジャーズ（Rogers［2007］）は、その受容がパーソナル・コミュニケーションを通じて行われることを確認した。さらに、新しいものを受容する人たちを、段階に区分し、早期に受け入れる者から、大多数の者が受け入れたことを確認してから受容する者や最後まで受け入れを拒む者までに分けて、それぞれのタイプの特徴を考察した。

第5章　パーソナル・コミュニケーションとマス・メディア　169

　新しい情報は時間の経過に従い、ある個人から他の個人へと伝えられ、その情報をある者は受け入れ、ある者は拒絶するが、ロジャーズが着目したのは、アメリカ中西部アイオワ州で大規模農業に従事する農民たちが、新種のトウモロコシの種を採用する過程であった。すなわちトウモロコシの種類を選ぶ立場にある大規模農家の経営者たちの間で、新種がどのように受け入れられ普及していったかを検証することで、この普及に影響を与えるパーソナル・コミュニケーションのメカニズムを解き明かそうとしたのがこの研究である。

　まず、ロジャーズは、その受け入れのプロセスを、①知識（Knowledge）、②納得（Persuasion）、③決定（Decision）、④実践（Implementation）、⑤確認（Confirmation）の5段階に区分した。誰もが、自分の持つ関心、欲求、態度などに合う新しいアイデアやものに接触しようとする傾向にあり、あるイノベーションに気がついたとき（知識の獲得）、いろいろな方法でそれを採用するべきかどうかを見極め（納得）、人によってそれまでの時間は異なるものの、どこかでそれを採用するかどうかという結論を下すことになる（決定）。さらに、各個人は実際に新しい事物や考えを導入（実践）したうえで、それを使い続けるかどうかを決める（確認）。ロジャーズは、いかなるイノベーションも、このプロセスで受容されていくと考えた。その結果として、イノベーションを受け入れる人たちを、ロジャーズは以下のような5タイプに区分した：

　(1)　先駆的採用者（innovators）
　(2)　初期採用者（early adopters）
　(3)　前期多数派（early majority）
　(4)　後期多数派（late majority）
　(5)　採用延滞者（laggards）

「先駆的採用者（innovators）」は、新しいものに強い関心を示すと同時にそれを試してみる意欲を持ち、その原理を理解する力も備えている。しばしば早すぎるイノベーションの採用によって、他の人たちからの理解を得られ

ないこともあるが、帰属する社会に何らかの新しい情報や事物をもたらす役割を担う者たちである。

先駆的採用者の影響を受けて、彼らに次いでイノベーションを採用するのが「初期採用者（early adopters）」である。彼らは比較的情報源への接近が容易な立場にあり、またそれを受け入れる下地を備えた者たちである。さらにかれらは、アイデアなどの交換によってまだ採用を決めていない人たちが持つ抵抗や無関心を克服することも明らかになった。また、彼らが受容にいたるまでに、対面的な交流や情報交換を通じてインフォーマルな影響を与える力を相対的に多く持っている人たちである。この点においては、珍しいものや先駆的なものが、さらに多くの者たちに普及していくうえで重要な役割を果たすものたちでもある。

次の段階でイノベーションを受け入れていく人たちはその時期によって「前期多数派（early majority）」と「後期多数派（late majority）」に区分されており、さらに最後まで受け入れない人たちのことをロジャーズは「採用延滞者（laggards）」と呼んだ。「採用延滞者」たちは、伝統的志向の傾向があり、「昔はこうだった」というような過去に判断基準を置く志向性を持っている人たちや、確固たる信念のためにあえて採用しない者たちもこのカテゴリーに含まれる。

またこのイノベーション受容のプロセスには、対面的なコミュニケーションが重要な役割を果たすことになる。とりわけ、前出のオピニオン・リーダーがインターパーソナルな関係において影響力を発揮し、イノベーション普及の担い手になる可能性が大きいことも明らかにされた（青池 [2007]）。イノベーターの特徴として、ロジャーズがあげているのは、他人への影響力を発揮し、社会的な地位が相対的に高く、コミュニケーション能力に富み、変化への志向性を有し、地縁や地域に縛られない傾向にあることからも、イノベーターは、前出のオピニオン・リーダーと重なり合う部分を見出すことが容易である。

Ⅳ　テレビと暴力をめぐる研究

新しいメディアが登場すると、必ず登場するのがそのメディアに対して対

極に位置する言説である。その一方は、新しいメディアのもたらす便利さやその目新しさから時代の寵児としてもてはやすものである。その新しいテクノロジーが、あたかもバラ色の未来を約束するかのような賛美や、社会生活を根底から変えるような潜在力への畏敬と、相反するかのようにそのはかり知れない悪影響を危惧する対極的な言説も登場する。映画、テレビ、ポケベル、テレビゲーム、携帯、スマートフォンなど、いずれのメディアにおいてもこのような対極の言説が登場し、とりわけ子どもたちの生活の一部になるメディアに対しては、その負の影響力が常に懸念されてきた。

　なかでも多くの研究者の関心の中心となってきたのがテレビの描く暴力が子どもの攻撃行動を助長するかという因果関係についての議論である。ここではその代表的なものを紹介しよう（佐々木［1996］）。これらは主に心理学者や社会心理学者によるもので、諸条件を除外した実験室で行われたものから導き出された知見が中心となっているが、一般論として子ども期におけるドラマ化されたテレビ暴力の視聴は攻撃行動と反社会的行動の定着に寄与する要因となりうることが共通の認識となっている。

　1．カタルシス（浄化――catharsis）

　メディアに描かれる暴力描写が代理体験の機会を与え、視聴者は暴力シーンを見ることで、自らの敵対的、攻撃的感情を和らげてイライラを解消し、暴力行為を軽減する効果をもたらすという考え方である。メディアは現実にある暴力を緩和する働きをするものとして、メディアの描く暴力に対して肯定的な立場の者も含まれるが、一般的にアメリカでは賛同を得ていない。

　2．観察学習（observational learning）

　個人には他者の行為を習得し、ある状況下においては同じ行為を実行することがある。これは、バンデューラ（Bandura［1971］）が保育園児に対して行った実験をもとに導き出された仮説である。保育園の子どもたちに、テレビで大人がビニール製の人形に暴力的な行為を行っているものを見せ、テレビを見た後の子どもたちの遊び方を観察したところ、その子どもたちは同じような行動を模倣することが明らかにされた。

　3．脱感作（暴力への無反応――decentization）

　メディアの暴力シーンを繰り返し見ることで、心理的鈍化が生じ、仮に暴

力事件に遭遇したとしても、それを見慣れてしまった者にとって、何ら刺激を感じなくなるようになる。この知見は、あまりにも繰り返し暴力シーンが登場するテレビの暴力描写のあり方にも一石を投じ、法規制やVチップ（番組製作者が番組を暴力の度合いによって子ども向けかどうか区分する試み）導入への根拠を提供した。

　4．カルティベーション（培養——cultivation）

　子どもへのテレビの影響に関する研究の第一人者であるガーブナー（George Gerbner）が提唱する仮説である。テレビには、社会様式を浸透させたり定着させたりする働きがあり、テレビへの頻繁な接触行動によって、視聴者はテレビの世界と現実の世界を混同し、テレビの世界をあたかも現実のように受け入れてしまうことで、テレビの内容が現実の世界についての知覚にまで影響するという考えである。テレビに描かれている暴力も例外ではなく、テレビの暴力表現に頻繁に接触すると、現実でも暴力が日常茶飯事のような環境におかれている子どもたちは、テレビに描かれる現実と自分たちの置かれている環境が相乗し、補強し合うことになる（共鳴現象＝resonance）、それによってこのような子どもたちは必要以上に犯罪や暴力行為に対する恐怖感をいだくようになる。さらに高視聴者の間では、テレビの世界が共通の価値を生み出す（主流形成＝mainstreaming）までになるというのがガーブナーの考え方である（佐藤［1993］）。

参考文献

Cooley, H. *Social Organization*（Charles Scribner's Sons, 1902）

南博「テレビジョンと受け手の生活——受け取り反応と社会効果の問題点」『思想』No. 413、1958 年 11 月号　104 頁。

ラザースフェルド，P．F．他／有吉広介監訳『ピープルズ・チョイス——アメリカ人と大統領選挙』（芦書房、1987 年）［原著：Lazarsfeld, Paul, Bernard Berelson and Hazel Gaudet, *The People's Choice: How the Voter Makes up his Mind in a Presidential Campaign Third Edition*（Columbia University Press, 1968）］

E．カッツ、P．F．ラザースフェルド／竹内郁郎訳『パーソナル・インフルエン

第 5 章　パーソナル・コミュニケーションとマス・メディア　173

ス──オピニオン・リーダーと人びとの意思決定』（培風館、1965 年［絶版］）
［原著：Katz, Elihu and P. F. Lazarsfeld *Personal Influence-The Part Played by People in the Flow of Mass Communications*（Free Press, 1955）］

Ｊ．Ｔ．クラッパー／ＮＨＫ放送学研究室訳『マス・コミュニケーションの効果』（日本放送出版協会、1966 年）［原著：Klapper, Joseph T. The Effects of Mass Communication（Free Press, 1960）］

Herzog, H. "What Do We Know about Daytime Serial Listeners?" In Paul F. Lazarsfeld and F. N. Stanton eds. *Radio Research 1942-43*（Duell Sloan and Pearce, 1944）pp. 3-33.

竹内郁郎『マス・コミュニケーションの社会理論』（東京大学出版会、1990 年）

ロジャーズ，エベレット／三藤利雄訳『イノベーションの普及』（翔泳社、2007 年）［原著：Rogers E. M. & F. F. Shoemaker *Diffusion of Innovation* 5th ed.（New York, N. Y., 2003）］

白水繁彦『イノベーション社会学──普及論の概念と応用』（御茶ノ水書房、2011 年）

青池慎一『イノベーションの普及論』（慶応義塾大学出版会、2007 年）

Bandura, A. ed. *Psychological Modeling: Conflicting Theories*（Atherton, 1971）

佐藤毅『マスコミの受容理論』（法政大学出版局、1993 年）37─49 頁。

佐々木輝美『メディアと暴力』（勁草書房、1996 年）

第6章　世論とマス・メディア

第1節　世論とは何か

I　世論という言葉

　日頃見聞きする新聞やテレビのニュース番組には、「世論の動向」とか、「世論の反映」などという言葉が頻繁に登場する。世論調査の結果によるものに限らず、その文脈や語りの中に「世論」という言葉が使用されているだけで、あたかもそこで述べられている意見や態度が、世の中全体の人びとの考えであるかのような印象を持つこともあれば、そのような雰囲気が社会全体を覆っているように感じることもある。本章では、この世論の意味を考察し、世論がどのように形成され、それはマス・メディアといかなる関係にあるのかを考える。

　世論という言葉の起源をたどると、18世紀のフランスで登場した opinion publique（英語では public opinion）という言葉にたどりつく。民衆の力によって絶対王政が終焉し、新しい社会体制が生まれたフランス革命（1787年〜1799年）においても、この言葉はスローガンとしても用いられ、やがてイギリスやドイツでも使われるようになった。

　この「世論」という言葉は、今でも「せろん」と読まれることもあれば、「よろん」と呼ばれるが、厳密にどちらの読み方が正しいのかというものでもない。たとえばNHKが1989年に行った世論調査によると、「世論」という漢字を「よろん」と読む者は、63％で、一方「せろん」と読むと答えた者は34％であったという。また、年齢階層別に比較すると、年少の者ほど、「よろん」と読む者が多くなっているという結果が報告されている（佐藤［2008]）。

　この読み方の曖昧さは、明治初期に、欧米の政治理論導入とともに紹介された public opinion という言葉が、その後の日本社会において獲得した訳語の立ち位置に由来している。それは、マス・メディアによる大衆社会や市民社会の萌芽がみられ、封建社会から新しい時代への移行期にあった当時の日本において、国家の命運をかけて海外の先進国の事物を積極的に受け入れよ

うとした時代でもあった。

　そのような日本には、public opinion という言葉に近い訳語である「輿論（よろん）」と「世論（せろん）」という二つの言葉が並存しており、まずは、中国の古典から由来する言葉で、庶民が政事について述べる意見や議論を意味する「輿論（よろん）」が、この上陸したての言葉の訳語として当てはめられた。

　「輿論（よろん）」は、真偽をめぐる公共的な関心が、理性的な討議（公論）による合意によって形成された多数意見を意味し、一方の「世論（せろん）」は、情緒に基づく人びとの共感によって醸し出される社会全体の空気（public sentiments）を示していた。前者の「輿論（よろん）」のほうがより本来の public opinion に近い意味合いを持っていたものの、その後曖昧なままに両者が使われていくうちに、日常使いの漢字の数を減らそうという戦後の動きもあり、1946 年の当用漢字表の制限により、画数の少ない方の「世論」という表記が採用され、今日においては固定化されつつある。すなわち、日本では、本来は大衆全体の気分（public sentiments）を表す言葉として使われてきた漢字の「世論（せろん）」が public opinion の訳語に当てはめられることで定着化しつつも、読み方は「せろん」から「よろん」という読み方の方が一般化しているのである（佐藤 [2008]）。

Ⅱ　世論とは何か

　まずは、世論という言葉の定義からみていこう：

　　　世論は、全体社会あるいは集団の成員全部にとって影響のある対象や問題に関する態度の表現である。（南 [1957] 502 頁）

　　　世論とは社会成員全体の運命に関わるような問題をめぐって、人びとが表明する意見の集合体である。（高橋 [1960] 38 頁）

　社会の重要な問題に関して、多くの人びとによって共有されている賛否の複合現象であり、政治的なリーダーへの意思表示にもなる集団的態度のこと

を示す世論という言葉であるが、世論は、まず社会的・政治的争点（issue）が発生し、その争点に対する意見（opinion）が提示され、その意見が席巻していたり、反対にその意見をめぐる対立（controversy）について、その社会の成員のかなりの者たちが意識し始めるときの現象を示す言葉である。

　その社会のメンバー間ですでに共通の認識が確立されているような問題や、暗黙の前提となっていてそれに触れることがタブー視されているような問題などは世論の高まりにはつながらない。さらに、たとえ争点が存在していても、絶対的な権力を持つ支配者の決定が社会全体に行き渡るトップダウン型の統治スタイルをとる社会、異議申し立ての必要性を共有できる市民があまりにも少数である社会においても世論の高まりは期待できそうもない。また、統治者の意向を優先し、政権担当者の施政方針には相容れない意見を持つ者を相手にしないようなマス・メディアがそのほとんどを占めているような社会においても民意の反映は望めそうもない。そのような政治土壌を持つ社会の人々にとって、マス・メディアが社会問題を真摯に伝え、討論の場を提供することに意義を見出し、世論の高まりなどによって政治的な指導者が軌道修正をして歩み寄りを見せるような政治的コミュニケーションは無縁である。

　南（南［1957］）は、世論を形成するのは「公衆」という理想的な人びとであるとしている。公衆とはコラムにもある通り、市民社会において、自立した市民として社会への意見や態度を持ち、理性的な意見交換による合意形成のプロセスに対して主体的に関与できる人びとの集まりである。

　この公衆という概念を初めて唱えたのは、フランスの社会学者タルド（Jean Gabriel Tarde: *L'opinion et la Foule*, ［1901］）である。公衆という概念は、タルドに先駆けて、19世紀ヨーロッパの労働運動の台頭をデモクラシーへの挑戦と受け止めたルボン（Gustave Le Bon: *Psychologie de Foules*, ［1895］）によって提示されたもので、衝動的、被暗示性、非合理性、単純、野卑粗暴、反道徳的などの言葉で表される群衆とは対照的な集団を意味する。

　近代化による市民社会の出現によって、公衆による論争的な問題についての意見、態度、判断などによって世論が形成されるようになると、ジャーナリズム活動によってマス・メディアはその世論形成の一翼を担うようになる。マス・メディアは、このような市民の台頭によって作り出された公衆の求め

に呼応する情報提供の道具になることもあれば、また公衆が意見表明を行うための言論機関としてさらに発展を遂げることになる。

　個人としての次元からの世論現象が、広い意味での政治的な事情に対して表明された対立する意見の存在を前提とするような見解の集合体を世論としてとらえた高橋（1960 年）は、民主主義をよりどころにした市民の存在が前提となるとして、バーナード・ベレルソン（Bernard Berlson）があげた市民の条件を紹介している。それは次頁の 8 項目となる（高橋 [1960] 88—89頁）：

群衆・公衆・大衆

　おびただしい数の人が一同に会したり、集団を形成した多数の人びとがある意見に同調したりする行動は至る所で見聞きする。以下は、それぞれタイプの異なる人びとの集合した状態を示す言葉である。

群衆（Crowd）
　　偶発的、一時的、定期的にある場所に集まっているお互いに未知の人間の群れ。共通の関心を持っているものの、その無名性と無責任性から、個人の場合には遠慮するような感情や情動を平気で表現することもある。また暗示にかかりやすく、意見の対立や意見交換なしに、ただ連鎖的に噂やデマを広げる人たちの集まりである。このような集団は、ネット空間にも形成される。

公衆（Public）
　　合理的な意見を表現し理解し合う人たちの集団。一つの問題に直面し、意見の分かれる問題をめぐって論理的・民主的な討論による集団態度の交換が行われ、やがては一つの合意を形成する。このような集団が形成する空間をハーバマスは「公共圏」と呼んだ。

大衆（Mass）
　　マス・コミュニケーションの受け手全体のこと。マス・メディアの媒体を共有する以外には地域的にも時間的にも分散し、異質的で匿名的な人びとの集まり。

（南 [1957] 参照）

(1)　適切なパーソナリティ構造を持っていること。
　　　直接体験しえない状況への心配り、自分の行動に道義的責任を持ちうる能力、自制能力、権威に対する健康な批判能力、包括的な理解力・判断力等々。
(2)　政治状況に対する関心と参加。
(3)　政治上のトピックスについての正確な情報と筋道だった知識。
(4)　さまざまな状況を通じて一貫した、気まぐれでない反応を行うための原則の保持。
(5)　政治状況の明確かつ客観的な観察。
(6)　討論への参加。
(7)　現状に対する正しい認識と将来への見通しに支えられた合理的判断。
(8)　国民共通の利害を個人的利害に優先させて考えること。

　しかしながら、民主主義社会の市民における理想的な世論形成を現実社会に実現させるのは容易ではない。実社会においては、偏見や先入観にとらわれた群衆の意見が世の中全体を覆うことが多く、このような非論理的、無批判なデマ（噂）の影響を受けた大多数の人びとの態度の集合に対しても「世論」という言葉が用いられているのが実情であると南は述べている。また、「支配層が、一方的な報道や声明を一般民衆に流し、それについて自分たちに有利な世論を起こさせた」（南、502頁）ものに対して、異論を唱えにくい社会的な土壌で、マス・メディアも反対意見を取り上げない場合は、一方的に顕出する意見が世論の動向とみなされるとしている。

　世論を作り上げているのは、それぞれの個人が持つ意見（private opinion）であるものの、現代の社会においては、たとえば世論を二分するような出来事への判断をそれぞれに求められている時に、自らその出来事を直接調査し、自分で確認することはほぼ不可能である。現実にはマス・メディアやネット経由で受け取る情報や、専門家や有識者の意見や見解をそのよりどころとする以外に、その判断材料を入手するのは容易ではない。

　しかしながら、マス・メディアに登場するのは、無数に存在する出来事や争点の一部を、マス・メディアを担う一部の者が選別し、それに解説や論評

が加わったものに過ぎない。また、ネットには無限の情報があふれてはいるものの、その情報の信ぴょう性については、マス・メディアの情報以上に確信が持てない部分が大きい。

このように、マス・メディアやメディアから得ることのできる情報や言説には限界があり、今日のような複雑化した社会に飛びかうおびただしい量の情報から、必要な判断材料を自ら選び取る確固たる手だてを見出すのは容易ではない。さらに、現代のような高度に専門分化した知識社会においては、個人があらゆる分野の専門知識に通じることは不可能であるにもかかわらず、識別能力の代替えの役割をマス・メディアやネット上の情報は完璧には担保してくれない。

さらに深刻なのが、世論に対する人びとの無関心である。リースマン（Riesman [1961]）が指摘しているように、極度の社会分化が進む現代社会での個人は、自分の置かれている環境や自己の教養によって把握することが可能なものにしか関心を寄せることができなくなっており、社会全体の動きには無感覚になりがちである。その結果として、マス・メディアやネットを掛けめぐる根拠のない情報に対して無責任な同調や支持をしたり、無批判に受け入れ、さらには世の中の動きに関心を示さなくなるような政治に対する無感覚（political apathy）が生じやすくなっている。

第2節　世論とマス・メディアに関する先行研究

以下では、マス・メディアと世論形成の関係性を説明する「議題設定機能」と「沈黙の螺旋（らせん）」についてそれぞれ詳述する。

I　マッコームズの議題設定機能

1968年の大統領選挙キャンペーン期間中にマッコームズ（McCombs）がショー（Shaw）とともに、アメリカのノース・キャロライナ州にあるチャペルヒルという都市で行った調査から導き出された「議題設定機能」（agenda-setting function of mass media）は、それまでのマス・メディアの影響と効果研究の流れに新しい知見を加えた（McCombs=Shaw [1972]）。

マッコームズたちの出発点は、コーエン（B. C. Cohen：アメリカの政治学者）の「プレスは人びとの価値観（What to think）を変えることには成功していないが、何について考えなければならないか（What to think about）を伝えるという点でその力を発揮する」ということばであった。日頃私たちがマス・メディアを通じて見聞きしている世界は、マス・メディアが選んだ断片の寄せ集めに過ぎないものの、それらは私たちにとって最初に知ることのできる世の中の情報であり、社会環境の一部を形成している。

　マッコームズらは、有権者への調査とメディアの内容分析を行うことで、選挙において有権者たちが、「重要な争点であると考えるもの」（図では X で表記）と、同じ期間中にマス・メディアが取り上げた「争点の出現頻度」（図では横棒で表記）をそれぞれ調べた結果、両者に相関関係があることを確認した。すなわち、ある争点がメディアにおいてより多く扱われるほど、その争点が重要であるとみなす有権者が多くなり、マス・メディアは、公共的争点に対する受け手の態度を直接左右するものではないものの、争点の優先順位に関する有権者の判断に強い影響を及ぼすという知見を得た。マッコームズらはこのように受け手たちに何が社会において重要な争点であるのかを思い起こさせるという作用が働くという点においてマス・メディアは有効であるという働きを「議題設定機能」と命名した（McCombs=Shaw［1972］）。

　マッコームズらのこの仮説は、魔法の弾丸のようにマス・メディアは即効でその威力を発揮すると考えられていたマス・コミュニケーション研究の初期の知見に加え、その後の研究で確立された受け手の意思決定や態度には、受け手自身の先有傾向や準拠集団の中にいるオピニオン・リーダーによる影響のほうがマス・メディア以上に影響を与えるという知見に、新しいメディアの役割を加え、マス・コミュニケーション効果研究に新たな視点を提示した。その後、世界中の研究者による実査（replication research）が繰り返され、マス・メディアの議題設定機能は、マス・メディアの働きを示すゆるぎない仮説として確立された。

　この議題設定機能は、民主主義の理想形が定着した社会でこそ立証できる仮説でもある。すなわち、立候補者自身が、政治家は有権者のために奉仕する「公僕（こうぼく）」であるという自覚を持ち、有権者も選挙時の争点に

第6章　世論とマス・メディア　183

図6−1　議題設定機能のモデル図

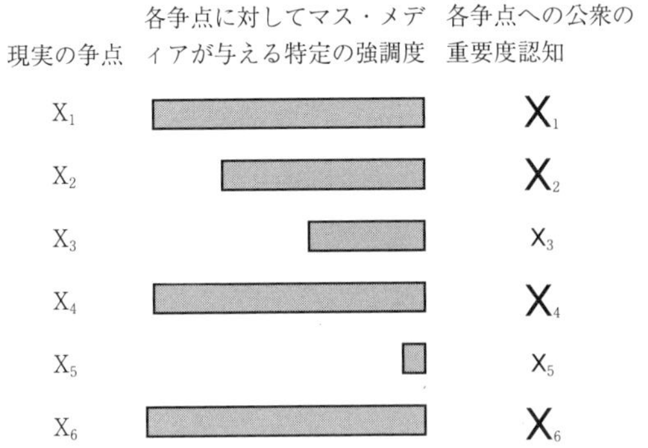

現実の争点　　各争点に対してマス・メデ　各争点への公衆の
　　　　　　　ィアが与える特定の強調度　重要度認知

X₁　　　　　　　　　　　　　　　　　　　**X**₁

X₂　　　　　　　　　　　　　　　　　　　**X**₂

X₃　　　　　　　　　　　　　　　　　　　X₃

X₄　　　　　　　　　　　　　　　　　　　**X**₄

X₅　　　　　　　　　　　　　　　　　　　X₅

X₆　　　　　　　　　　　　　　　　　　　**X**₆

　関心を示しながら、理性的に候補者の選定を行い、たとえ当選しても、その
選挙における公約を任期中に守れなかった者は、次回には有権者からの支持
を得ることができない。マス・メディアもそのような両者の間に介在するコ
ミュニケーターとして、理性的な議論によるリーダーの選出のための情報提
供の場を作り出す。このような民主主義が徹底した政治的な土壌を持つ社会
でこそ、この議題設定機能は理想的に機能する。

II　ノエル−ノイマンの沈黙の螺旋（らせん）

　ノエル−ノイマン（Noelle-Neumann）にとって、世論とは「論争的な争点
に関して自分自身が孤立することなく公然と表明できる意見」である。流動
的な世論は、ひとたびある意見が社会全体を覆い尽くすようになると、たと
えその前まで社会全体を席巻していたとしても、自分たちが少数派だと思い
込み、意見表明をためらうようになる。なぜならば、誰しも社会全体の中で
自らがどのような立ち位置を得ているかに敏感であり、孤立することを恐れ
るからである。このような世論のダイナミズムの解明を試みたのが「沈黙の
螺旋（らせん）」の仮説である。

　世論調査の専門家であったノエル−ノイマンは、1965年のドイツで実施
された連邦議会の選挙で、そのキャンペーン期間においては二つの政党が拮
抗しており、どちらが勝利してもおかしくないと言われていたにもかかわら

ず、投票日が近付く頃には、一方のキリスト教民主同盟への支持率が上昇し圧勝したのを目のあたりにした。なぜ前評判が覆り、一方の党が圧勝するような現象が起きたのかという疑問が出発点となり、社会心理的な視点から探ることで導き出されたのが、この「沈黙の螺旋」(spiral of silence model of public opinion) の仮説である。

　ノエル－ノイマンが着目したのは、どの社会にも存在する同調圧力であった。世論は流動的であるとともに、人は常に自分が所属する集団全体の人びとの心の動向（意見風土＝climate of opinion）を感知しながら、その中で立ち位置を確保しようとしている。いかなる争点に関しても、各個人は、その意見表明をする際には、自分の意見が集団の中で優勢なものと同じであるかどうかを大なり小なり意識している。なぜならば、個人は自分がその集団内で孤立することを恐れるからであり、ひとたび、自分の意見が少数派のものとなり、同意はできないような意見が集団内の多くの者に支持されているように思い始めると、同調圧力によってあえて逆らおうとはしないで公の場での意見表明を避けるようになる。自らが少数派であると思い始めた者たちが沈黙することで、多数派の意見がより顕著となり、少数派の意見が表舞台から姿を消していく。

　このような意見風土の形成にマス・メディアは協力者となる。マス・メディアはある一つの見解を選び、それを社会に共有された意見として提示しているに過ぎないにもかかわらず、ある意見や見解がマス・メディアにひとたび登場すると、それがあたかも多数派意見のようにみなされるようになるのである。そして、それが継続されることで、少数派は他者のほとんどが優勢な意見を支持していると思い込み、声高な意見表明を控えるようになり、そのような意見が螺旋を描くように消滅していくのである。しかしながら、この少数派となった意見は完全に消滅するわけではなく、表舞台に登場しないだけである。世論は常に流動しているため、時代の流れや、風潮の変化とともに、それまで表面から姿を消していた少数派の意見が再浮上し席巻するようなこともある。

　この仮説を日本のマス・メディアに当てはめてみよう。たとえば、日本では、ひとたびある社会的争点が浮上すると複数のメディアが類似した内容の

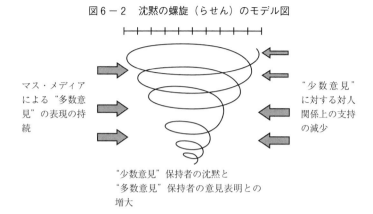

図6-2　沈黙の螺旋（らせん）のモデル図

マス・メディアによる"多数意見"の表現の持続

"少数意見"に対する対人関係上の支持の減少

"少数意見"保持者の沈黙と"多数意見"保持者の意見表明との増大

繰り返しを一斉に行う傾向にある。ノエル－ノイマンは、さまざまなニュース・メディアが、複数の番組や紙面で同じニュースを繰り返し、これがメディアや時間を超えて同じニュースへの視点が繰り返される傾向を「累積性」と呼び、また報道関係者たちは価値観が類似しているために、彼らのコンテンツが似通うことを「調和性」と呼んだが、日本のマス・メディアの横並び志向は、まさにこの指摘通りであるばかりでなく、むしろ沈黙の螺旋（らせん）現象が日本のマス・メディアによってさらに加速されがちである。

　各メディアが異口同音に大合唱を行っている時こそ、現実の世界から目をそらさずに、オールタナティブな情報にも接触し、たとえ自ら考えたことが世の中で優勢に見えるような意見や態度と不一致であっても揺らぐことなく、マス・メディアの情報を吟味するメディア・リテラシーが求められているだろう

討論型世論調査

　世論調査とは、社会問題、政策、争点などに対する人びとの意見や意識・行動を数量化によって明らかにする調査である。主なものに、政策や政権を支持する者がどのくらいいるのかを推計する(1)政治的な世論調査、(2)選挙の予想を行う世論調査に加え、(3)人びとの社会意識や生活意識を調べる世論調査の三つ

がある。その調査方法としては、すべてのものに調査を行う全数調査は事実上不可能であるため、対象とするべき人びとの範囲を決め、その範囲に該当する全員（母集団＝population）の集団の中からシステマティックに、統計解析に妥当な数の対象者（sample）を選び出し［標本抽出］、回収した質問紙［アンケート］の集計から得られた数値を分析することで、そのテーマに関する世論の動向を推測する社会調査の方法が主に採用されている。

2011年の東日本大震災の直後に発生した福島原発の事故以来、原発問題はわれわれ日本人にとって世論を二分しかねない争点の一つとなった。事故直後から始まったデモによる抗議行動はその後も続けられ、事故から5年が経過しても帰還を実現していない避難者たちも多くいる。

この原発問題に関する世論調査の新しい試みとして、従来の世論調査を実施したうえで、絞り込んだ対象者をある場所に集め、討論や専門家の話などを聞いたうえで再調査を行った「討論型世論調査」が2012年に実施されたので、以下に紹介しよう。

これは、朝日新聞が、原発の依存度に対する世論調査の試みとして実施したものである。従来の世論調査の回答者の中から285名を選び出し、討論型のフォーラムを開催し、2030年の日本において、原発の依存度が「0パーセント」、「15パーセント」「25パーセント」それぞれのうち、どの依存率を支持するのかを尋ねたもので、勉強会への参加者の回答がどのように変わったのかを示す

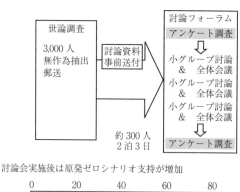

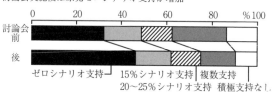

ものである。この事例では、専門家の話や討論を聞く討論フォーラムに参加することで、「0パーセント」に賛同する者が増加するという結果が導き出された。

2012年8月朝日新聞：世論調査『2030年の原発依存度について』

4、5の両日、コンピューターで無作為に作成した番号に調査員が電話をかける「朝日RDD」方式で、全国の有権者を対象に調査した（福島県の一部を除く）。世帯用と判明した番号は2821件、有効回答が1540人。回答率55％。

出典：KeioDP 慶應義塾大学ＤＰ研究センター
「討論型世論調査の意義と概要」http://keiodp.sfc.keio.ac.jp/?page_id=22

参考文献

岡田直行・佐藤卓巳・西平重喜・宮武実知子『輿論研究と世論調査』（新曜社、2007年）

佐藤卓己『輿論（よろん）と世論（せろん）日本的民意の系譜学』（新潮社、2008年）

高橋徹編『世論』（有斐閣、1960年）

竹下俊郎『増補版　メディアの議題設定機能　マスコミ効果研究における理論の実証』（学文社、1998年）

ノエル－ノイマン，Ｅ．／池田謙一＝安野智子訳『改訂復刻版　沈黙の螺旋理論　世論形成過程の社会心理学』（北大路書房、2013年）［原著：Elisabeth Noelle-Neumann, *The Spiral of Silence: Public Opinion-Our Social Skin Second Edition*（The University of Chicago Press, 1984）］

南博『体系　社会心理学』（光文社、1957年）

リースマン，ディヴィッド／加藤秀俊訳『孤独な群衆』（みすず書房、1964年）［原著：David Riesman, *The Lonely Crowd :A Study of the Changing American Character*（Yale University Press, 1961）］

McCombs, Maxwell E. and Donald L. Shaw "The Agenda-Setting Function of Mass Media," *Public Opinion Quarterly* 36（Summer 1972）pp. 176-187

第7章　日本のマス・メディア

第1節　日本におけるマス・メディアの発展

　明治以来、日本社会は近代化とともにめざましい変化を遂げた。川崎は、日本は明治維新以降と戦後の高度経済成長期に2回の近代化を経験しているとし、両者の比較を試みている（川崎 [1994]）。日本のマス・メディアのめざましい発展は、この近代化によってもたらされた。近代化のあけぼのとともに活字メディアを代表する新聞が登場し、その後ラジオの出現により、音声情報を早くあまねく全国に伝える情報環境が形成された。戦後にはテレビが加わり、音声と映像がともに全国の家庭に瞬時に送り届けられるようになり、その後のインターネットの出現は情報量・到達時間・到達点をグローバルのレベルにまで際限なく拡大させている。

　日本におけるマス・メディア発展の特徴として、(1)日本社会の近代化と歩調を合わせるかのように、明治維新以降と戦後の高度経済成長期にめざましい発展を遂げた。(2)その近代化の過程において国家からの厳しい統制を受けた（すなわち言論の自由が脅かされた）。(3)イベント・メーカーとしての機能を果たしてきた。(4)マス・メディア媒体の進化はその接触行動や受け手の嗜好を個別化する方向に進んでいることなどをあげることができる。

　現在では自明のこととされている日本のマス・メディアのありようも、その黎明期にまでさかのぼれば、ある時にある場所で特定の個人ないし組織によって始められ、それを受容する人の数が拡大することで普及定着したものにすぎない、すなわち、実は作り出された伝統であることを理解する一助として、ここでは日本のマス・メディアの歩みを考察してみよう。

1　近代化とマス・メディア——明治

　日本の近代化は、長い鎖国時代からめざめ、産業革命を達成していた欧米の国々からの遅れを挽回することをまずめざした明治時代に始まる。繊維・鉄鋼などの産業の振興をめざす「殖産興業」、強い軍を備えて列強に負けない国作りをめざす「富国強兵」のスローガンのもと、既存の伝統文化を捨て去り、西欧諸国の文物の融合や改良をはかりながら新しい国家が築かれた。日本の近代化は欧米化を意味していたが、それは技術面のみにとどまらず、

欧米の生活習慣を取り入れるなど文化のレベルにも及んだ。欧米の知識や先端技術は、西洋建築のジョサイア・コンドルや鉄道建設に貢献したエドモンド・モレル（ともに英国人）などの「お雇い外国人」と呼ばれる欧米諸国の専門家たち、そのお雇い外国人の指導を受けた者、海外視察や留学経験のある日本人のパイオニアたちを媒介として普及した。「お雇い外国人」の選定にあたっては、イギリスは鉄道、電信、灯台、フランスは造船、アメリカは教育と開拓というように、当時の各国の得意分野に応じた招聘先が決められている（猪木［1996］）。

　映画の歴史に目をやると、フランスのリュミエール兄弟の考案したシネマトグラフは、西陣織を再興するために留学した稲畑勝太郎が 1897 年にフランスから持ち帰った。その稲畑をフランスに留学させたのは、京都府フランス語学校お雇い教師ジュリーである。稲畑は帰国の際、シネマトグラフ映写技師 F．C．ジレールを同伴している。ほぼ同じ頃東京では、アメリカの「幻燈」（エジソンのバイタスコープ）の映写技師ダニエル・グリム・クロースが雇われている（荒俣［1991］）。

　新聞では英字新聞第 1 号の Nagasaki Shipping List and Advertiser を 1861 年に発行したのはイギリス人、A．W．ハンサードであり、1872 年に『日新真事誌』を創刊したのもイギリス人の J．R．ブラックであった。また 1865 年発刊の『海外新聞』発行者のひとりであるジョセフ・ヒコ（日本名——浜田彦蔵）は、少年時代に漂流中にアメリカ船に救助され、アメリカで高等教育を受けてアメリカに帰化した。日本の開国ののち帰国し、通訳として日米間のコミュニケーションに貢献した。

　近代国家の形成に心血をそそいだ明治の指導者たちは、人的資源の開発や国民の意見の統一をはかる手段として、義務教育の大切さを熟知していた。近代的な新聞が普及する条件として、文字を読み、新聞の購入を必要とする階層の拡大は不可欠である。義務教育の普及による識字能力の向上は、活字メディアの普及に大いに寄与する。しかし、日本では江戸時代にすでに、寺子屋などにより一般の人々の高い識字率を達成していたことも特筆に値する。ドーアは幕末期において寺子屋で学ぶ者は男子の 40％強、女子の 15％ほどに達していたと推計している（Dore［1970］）。また「藩校」と呼ばれる武士

階級の子弟向けの教育機関が存在し、そこから生まれた知的支配階級の存在も近代化に大いに貢献している。江戸時代の長い鎖国期間は、ヨーロッパ列強の侵略を避け、近代化への充実した準備を可能にした時期ともいえよう。

横浜にはガス灯がともり、太陰暦に替わって太陽暦を採用し、12月3日を6年の元旦とした明治5年（1872年）は、日本人のメディア史にとっても重要な年であった。まず、識字能力の向上と大いに関係の深い学制が公布されて、ここに近代教育が始まる。また、近代的な新聞の普及に不可欠な条件の輸送システムも、この明治5年の前後に確立された。郵便業務は明治4年4月に始まり、明治5年には新橋・横浜間に鉄道が開通し、東京・大阪間に電信が開通した。明治3年の『横浜毎日新聞』（日本における邦字日刊紙第1号）に続き、同じ年に『東京日日新聞』（東京初の日刊紙）、『郵便報知新聞』（現『報知新聞』）、『峡中新聞』（現『山梨日日新聞』、現存最古の地方紙）が誕生する（小成［1998］366頁）。

2 国家統制とマス・メディア

政府が強力なリーダーシップを発揮し、一般大衆をリードする流れの中で、マス・メディアは重要なトップダウン・スタイルのコミュニケーションの道具であった。マス・メディアが政治支配の道具として効率的に機能しなくなった時に、政府とマス・メディアとの関係は変化を見せる。明治時代の新聞の成立期と第二次世界大戦の前後に権力側から受けた強力な統制は、日本のマス・メディアに大きな影響を与えた。

国会の早期開設を主張する自由民権運動を支援し、その政治的立場を明らかにする新聞が登場すると、明治政府は「新聞条例」を改正して制限を加えた。昭和恐慌から、戦時体制に入ると、「治安維持法」（1925年制定）で思想の取締りを行い、戦時体制においては、「新聞事業令」（1941年）によって発行を許可制とし、紙の配給制限で言論に制限を加え、新聞社の統廃合も実施している。戦時下においてマス・メディアは軍部と政府のなすがままとなり、事前検閲による記事の選別が行われ、戦況自体も「大本営発表」を通じて、国民に伝えられる情報は制限された。またラジオや映画も、制限されるだけにとどまらず国策の道具とされた。

第二次世界大戦の敗戦国となった日本は、約6年間にわたって連合国最高

司令官総司令部（ＧＨＱ：General Headquarters の略）の占領下に置かれたが、これはマス・メディアにとっては、別の権力者による新たなる統制の時代でもあった。新憲法による民主主義国家をめざしたＧＨＱは、「農地解放」「財閥の解体」「新しい教育制度」「婦人に参政権を与える」という四つの改革を行った。財閥の解体は、明治以来の殖産興業体制のもとで、財閥が、独占資本となって軍需産業からファシズムを導いたという理由による。また、農地解放には、国家―大地主―小作という身分構造が、下位の者が上からの考えを安易に受け入れるトップダウン・コミュニケーションを容易にし、日本におけるファシズム台頭の土台になった制度をなくす意図が反映されていた。マス・メディアに対して、プレス・コード、ラジオ・コードを敷いて、徹底した事前検閲を行い、民主主義思想を浸透させようとする一方で、批判的な言論を取り締った。

3　近代化とマス・メディア──戦後

　敗戦後の欠乏の時代を経て、高度経済成長期の日本は、豊かな社会を実現した。「人並みの生活」を目標に、人々はアメリカの中流家庭のような物質的に満たされた生活を求めた。技術革新による工業化の進展は、新しい工業製品を次々と生み出し、人々の購買力の増大は大量生産、大量販売を支えた。この頃に登場したテレビ受像機も人々の豊かさを実現する耐久消費財の一つであり、テレビの中では、都市生活を送る中流のライフ・スタイルを反映したドラマが繰り広げられた。その合間には視聴者の購買意欲をそそる耐久消費財がコマーシャルの中に次々と登場した。所得の増加は購買層を拡大させ、それがテレビ受像機やその他の電化製品の低廉化を実現させ、テレビは高所得層から中間層を経て低所得層へと普及していった。主要な耐久消費財の普及過程を眺めてゆくと、1960 年代の三種の神器と呼ばれた「テレビ」「冷蔵庫」「電気洗濯機」に続き、1970 年代には３Ｃと呼ばれた車（Car）、クーラ（Cooler──厳密には英語では Air Conditioner と呼ばれる）、カラーテレビ（Color TV）が普及率を伸ばしてゆく。1980 年代には、さらにさまざまな便利で快適な生活をもたらしてくれる耐久消費財（ＶＴＲ、ＣＤプレーヤー、プッシュホン等）の登場へと移り変わる。

　テレビ編成の歴史を見ると、テレビ放送開始直後は受信契約を結んでいる

家庭は少なく、人気番組のプロレス、野球、相撲などを、人びとは広場に設置された街頭テレビで観戦した。受像機の普及に従い、番組編成が家庭のお茶の間向けの内容に変わり、初期にアメリカのドラマが数多く放映されている。「スーパー・マン」(1956年)、「名犬リンチンチン」(1956年)、「アイ・ラブ・ルーシー」(1957年)、「名犬ラッシー」(1957年)、「パパはなんでも知っている」(1958年) などがその代表である。この傾向は、テレビ放送の人気上昇につれて、テレビ局は放送時間を延長するが、当時の番組制作能力が追いつかず、外国番組で穴埋めする必要に迫られた結果でもある (乾 [1990])。

「パパはなんでも知っている」などの明るくて陽気な米国製ホームコメディには、テレビ、冷蔵庫、洗濯機、自家用車に囲まれたアメリカ的生活様式や、個人の嗜好、趣味、レジャーの過ごし方までが詳細に描写されていた。郊外の専業主婦の母親とホワイト・カラーの父親中心の核家族、大きな車と広い庭、電化製品が揃ったマイホームは、テレビでそれを見て育った人々のあこがれであり、努力目標でもあった。三浦はこのメディア体験を以下のように述べている。

　テレビ草創期の日本人は、アメリカン・ホームドラマを通して明るく陽気なアメリカの家族を見ていた。しかしそれだけではない。我々は番組が始まるごとに、当時のアメリカの典型的な中流階級の住み処であった郊外と、そこに建つ白いコロニアル様式の住宅を、無意識のうちに脳の中にすり込まれていたのである (三浦 [1995])。

小田も戦後日本の都市化現象を「郊外」という概念で読み解いているが、アメリカン・ホームドラマの役割にもふれ、「高度成長期の進行につれて、テレビの映像を通じて日本社会は均一化・画一化され、映像の体験が一つの共同体の成立を促進する原動力となる。その共同体とはアメリカ的消費社会である」と、テレビの中のアメリカ中流家庭のイメージが戦後の日本人に与えた影響力について述べている (小田 [1997])。

4　イベント・メーカーとしてのマス・メディア

ダヤーンとカッツは、大勢の人びとの注目を集めるメディア・イベントに

着目し、とりわけテレビを通じて伝えられるそれを「祭礼的なテレビ視聴」ととらえて、メディア・イベントを「同時的にきわめて広範な注意をひきつける電子的メディアの潜勢力を用いて、ある時点でおきていることの根源的なストーリーを伝える、新しい物語のジャンル」としている（第4章のコラム参照）。また、「国民あるいは世界を席巻するような歴史的行事」であるメディア・イベントは、テレビという後光につつまれ、その視聴体験も変容すると述べている（Dayan＝Katz［1996］）。

　日本のメディア・イベント史上において印象深いものは、テレビ受像機の普及に弾みをつける役割を果たした「皇太子御成婚パレードのテレビ中継」（1959年4月10日）と「東京オリンピック」（1964年10月10日）であろう（ＮＨＫ放送文化研究所［2002］）。日本での白黒テレビの普及は60年代半ばにピークを迎え、カラー・テレビの普及のピークは60年代半ばから70年代後半にかけて見られる。

　発売直後の白黒テレビの受像機はその売り上げが低迷していたが、1959年4月の皇太子御成婚パレードのテレビ中継が刺激剤となって驚異的な普及を遂げた。ＮＨＫの受信契約数は58年3月の90万から翌年3月に約200万と急激な増加の一途をたどり、1960年には400万を越すという飛躍的な伸びを示した。この数字からも御成婚パレードが、テレビ時代を切り開いたことがわかるだろう。

　一方、1964年に開催された東京オリンピックは、カラー・テレビの普及を促した。この大会のテレビ中継では、世界で始めてシンコム3号による宇宙中継が実現し、海外への同時放映が可能となった。東京オリンピック1年前の1963年、赤道上空3万数千キロの高度で、地球の自転と同じ速さで回ることから地上からは静止しているように見える衛星の打ち上げに成功した。オリンピック衛星中継の予行演習として、1963年11月23日に行われた実験放送は、テキサス州ダラスでおきたケネディ大統領暗殺事件に遭遇し、その映像が日本の視聴者にリアルタイムで送信された。このようにしてテレビ・メディアは予期せぬグローバル・イベントの証人ともなった。

　「皇太子御成婚パレード」のテレビ中継は、ＮＨＫと民放が協力し中継体制を組んだテレビ史上初の一大プロジェクトであった。日本のテレビの創世

記を支えたスタッフたちが、テレビカメラの配置法やクローズアップを駆使してパレードの臨場感を伝えたノウハウは、5年後のオリンピックのマラソン中継に引き継がれ、きめ細かい日本のテレビ中継の出発点となった。東京オリンピックでは、オリンピック史上初のカラー放送が実現し、静止衛星を経由してアメリカに送られた映像が21カ国に送られ、「テレビが本来持っている同時性、臨場性、訴求性といった利点に、遠隔性や広範性という特性を付加した」（NHK放送文化研究所［2002］）。このように、メディア・イベントは、マス・メディアの技術革新を促し、そのお披露目の機会としても機能し、新たなメディア環境を作り出した。

　ビデオリサーチ社の調査によるとテレビ番組の視聴率の最高記録は、1963年の12月31日に放映された「第14回NHK紅白歌合戦」の81.4％となっている。その他の番組では、「東京オリンピック」（1964年）66.8％、「ザ・ビートルズ日本公演」（1966年）56.5％、「アポロ月面着陸」（1969年）45.8％、「連合赤軍浅間山荘事件」（1972年）50.8％、「田中総理中国訪問」（1972年）50.6％、「ワールド・カップ（対クロアチア戦）」（1998年）60.9％、「ワールド・カップ（対ロシア戦）」（2002年）66.1％などがある。

　メディア・イベントは、多数の視聴者たちが家庭のテレビ画面を通じて同じ時間に展開している出来事の視聴を通して共同体的体験に加わり、それを集団的な記憶に加えるところに意義がある。テレビの画面で展開されるセレモニーや事件は、メディアによって加工された複製芸術であるが、ベンヤミンがいうように本物よりも重要な意味を持つようになる（ダヤーン＝カッツ［1996］）。メディア・イベントは、テレビ視聴者によって共有される歴史物語として人びとの記憶にとどめられることとなるが、衛星放送が普及した現代においては、地球的規模にまで波及する。

　まだ記憶に新しい2001年9月11日の同時多発テロも、その一例である。犯人の操縦する飛行機のビル突入の瞬間は、全世界の視聴者に衝撃を与え、その後も繰り返し、同じ映像が流されている。歳月を経て人びとが自分のライフ・ヒストリーを思い起こしたときに、旅客機の突入と高層ビル崩壊の映像は時代を象徴する画像として、同時に過去の自分を思い起こす「よすが」として機能するであろう。

第7章　日本のマス・メディア　197

　メディア・イベントはテレビに限ったことではない。ラジオの時代にも、新聞社や放送局などのメディア企業が主導することによって創出されたメディア・イベントの事例を多くみることができる（津金沢［1996］）。新聞社の拡張競争を意図して1924年（大正13年）に始まった全国高校野球大会は、国民的行事として日本人独自の野球感を培ってきた（有山［1997］）。それは今日においても、プロ野球選手のリクルート・システムの一環として機能するとともに、春休みや夏休みの風物詩として野球ファンの関心を集めている。1928年（昭和3年）に放送が開始されたラジオ体操（国民保健体操）は、簡易保険局と日本放送協会、文部省により国民の健康保持を意図していた。ラジオ放送を通じて普及が図られ、戦時中の動員体制におけるシンボリックな身体表現として国家主義的行事に積極的に取り入れられた（黒田［1999］）。戦後の学校教育の場に残ったラジオ体操は、地域によっては夏休みの子どもたちのための早朝の行事として今日に至っても実践されている。

　このようなマス・メディア企業のイベントには、大衆娯楽を組織し、近代的な消費イメージを定着させる「広告装置」としての働きと、国家の戦略の一環として大衆意識を動員する「プロパガンダ装置」として、二つの側面がみられた（吉見［1996］）。地方文化運動や厚生運動など、戦前の新聞社が社会事業という、新聞紙面とは異なる周辺領域の分野で行った社会活動は、社会に余暇・娯楽を浸透させ、読者の意識や価値観に影響を与えたが、その反面では、大衆動員社会のための土壌を育てる側面も持っていた。

　満州事変を例にとると、当時この事件をきっかけに、新聞の購読を始める家庭が増え、戦争報道は新聞の発行部数の増加に多大な貢献をした。江口によれば、満州事変以降の新聞は内容そのものが大きく転換し、戦争ブームを盛り上げるのに大きな役割も果した（江口［1957］）。戦争ブームのけん引役を果したのは、新聞や号外の記事だけにとどまらなかった。新聞社が実施したニュース映画、講演会や展覧会、展示会などのさまざまな事業活動においても、戦争ブームは煽りたてられたという。ヤングはさらに、満州事変を境に、日本には熱に浮かされたような戦争ブームが起こり、また同時に満州が未知の大陸に広がるフロンティアとして喧伝されていったとしている（Young［2001］）。戦時中の新聞は言論統制に抵抗することなく、むしろブー

ムに便乗し、部数の売上などを意図したマス・メディアの方が圧倒していたことをヤングは検証している。

1932年の上海事変で最も国民の関心を集めた出来事は、「三勇士ブーム」と呼ばれる社会現象であった（佐藤［1995］）。2月22日、廟巷鎮の戦闘で、3人の兵士が、爆薬を竹筒で包んだ約3メートルの破壊筒を抱いて鉄条網に突入し、そのまま爆死した。これが、偶発的な事故なのか、兵士たちの勇敢な行為であったのかについては、当時の報道内容と事実との食い違いをめぐって戦後に議論されたが、当時、彼らの死はまず新聞報道でセンセーショナルに取り上げられた。3人の兵士について『朝日』は「肉弾三勇士」、『毎日』は「爆弾三勇士」と命名し、この3人の葬儀の様子や家族のエピソードに関する記事を次々と掲載し、さらに弔慰金を送ることを呼びかけた報道には、全国からも続々と寄付が寄せられた。このブームに他のメディアも便乗し、舞踊、浪曲、講談、演劇、映画、流行歌などの題材としても取り上げられた。

中でも最も関心を集めたメディア・イベントは、両新聞社が競争した「三勇士の歌」の募集であった。両社ともに同じ日に歌を懸賞募集し、入選作発表の日も同じであった。『朝日』の当選者は長崎市に住む一般市民であったが、『毎日』の場合は、8万4通の応募者から与謝野寛（鉄幹）が当選して話題を呼んだ。

このように悲劇の死をとげた軍人がマス・メディアを通じて人格高潔な軍人として戦争のシンボルとされた前例には、日露戦争の「橘周太中佐」、「広瀬武夫少佐」、真珠湾攻撃の「九軍神」、日中戦争の「西住戦車隊」の西住小次郎、「加藤隼戦闘隊」の加藤建夫らがいる（山室［1999］）。新聞が先駆けとなった「三勇士美談」は、他のメディアが横並びに追従して社会現象となり、ついには軍事体制下の小学校（国民学校）の教科書の中にも取り入れられ、思想教育の一部となった。この事例からも、メディア・イベントが世論の方向付けに大きな影響を与える可能性を持つということを常に念頭に置く必要があるだろう。

以上、戦後・戦前のメディア・イベントの事例を取り上げたが、現代におけるメディア・イベントのもたらす経済効果も見のがせない。とりわけオリ

ンピックやワールド・カップなどはメディア産業だけにとどまらず、産業界全体にも、ビジネスの機会をもたらしている。テレビ放送の放映権はますます高騰傾向にありながらも、新しいヒーローの誕生や彼らが作り出す新しい流行が刺激剤となって、イベントへの参加者や視聴者の購買意欲を促進する。さらに、開催地では、施設整備のために巨額の資本が投入され、雇用の場を作り出す。

　メディア・イベントとその時代背景との関係も無視できない。ヒトラーのベルリン・オリンピック（1936年）とファシズム、東京オリンピックと高度経済成長など、メディア・イベントにはそれぞれの時代のイデオロギーや風潮が反映されている。現代のメディア・イベントが、国家観や所属集団への帰属意識を再認識させて国家との一体感をはかる役割を果たすとともに、グローバライゼーション時代における巨大企業による商業活動を実践させる場であるのならば、それを同時代体験として享受するわれわれは、それらをどのように受けとめたらよいのだろうか。サッカーのワールド・カップ世界大会やオリンピックなどのメディア・イベントの国民的熱狂の意味することを問い、全世界を驚愕させた同時多発テロの衝撃的映像に追従する各マス・メディアの情緒的な反応をいかに解釈するのかといったように、メディアによって加工されたメディア・イベントの物語性の意味を問うことこそ、メディアと社会と自分との関係性を理解する出発点となるだろう。

引用文献

川崎賢一『情報社会と現代日本文化』（東京大学出版会、1994年）13頁

猪木武徳『学校と工場——日本の人的資源』（読売新聞社、1996年）28—45頁

荒俣宏『開化異国助っ人奮戦記』（小学館、1991年）272—293頁

R．P．ドーア／松居弘道訳『江戸時代の教育』（岩波書店、1970年）300頁

小成隆俊『日本欧米比較情報文化年表』（雄山閣、1998年）

乾直明『外国テレビフィルム盛衰史』（晶文社、1990年）58—114頁

三浦展『「家族と郊外」の社会学』（ＰＨＰ研究所、1995年）42頁

小田光雄『〈郊外〉の誕生と死』（青弓社、1997年）157頁

D．ダヤーン、E．カッツ／浅見克彦訳『メディア・イベント——歴史をつくるメ

ディア・セレモニー』（青弓社、1996年）

ＮＨＫ放送文化研究所・監修『放送の20世紀——ラジオからテレビ、そして多メ
　　ディアへ』（ＮＨＫ出版、2002年）180—181、183—184頁

ビデオ・リサーチ社：『全局高視聴率番組50』（http://www.videor.co.jp/data/
　　all50.htm）

津金沢聰廣編著『近代日本のメディア・イベント』（同文館、1996年）

有山輝雄『甲子園野球と日本人——メディアの作ったイベント』（吉川弘文館、
　　1997年）

黒田勇『ラジオ体操の誕生』（青弓社、1999年）

吉見俊哉「メディア・イベント概念の諸相」津金沢聰廣編著『近代日本のメディ
　　ア・イベント』（同文館、1996年）3—30頁、6頁

江口圭一「満州事変と大新聞」『思想』583号（1957年）33—47頁

ヤング, L. 『総動員帝国：満州と戦時帝国主義の文化』（岩波書店、2001年）［原
　　著：Young, Louise, *Japan's Total Empire*：*Manchurian and the Culture of
　　Wartime Imperialism*（University of California Press, 1998）］

佐藤毅『日本のメディアと社会心理』（新曜社、1995年）82—90頁

山室建徳「軍神論」青木保他編『近代日本文化論10　戦争と軍隊』（岩波書店、
　　1999年）93—109頁

第2節　日本のマス・メディア

　まずは、メディア産業全体を眺めてみよう。表7—1は、それぞれのメデ
ィアごとに、2013年（一部2014年度のものも含まれる）の市場規模を比較し
たものである。オンラインによるメディアも、次第にその売上高を伸ばして
きてはいるものの、現状では新聞、出版、放送といったメインストリームと
して圧倒的な強さを発揮してきたメディアを駆逐するほどまでにはなってい
ない。しかしながら、いずれはオンライン系のメディアが、オールドメディ
アを駆逐するであろうことは容易に予想できるだろう。

　その一方で、新聞、テレビ、出版など、これまでに圧倒的な売上高で君臨
してきたオールドメディアの凋落を食い止めるのは不可能なようである。表
7—2は、2013年のそれぞれの売上高を2003年（新聞のみ2004年度）と比

第7章　日本のマス・メディア　201

表7−1　日本の主なメディア産業の事業規模　2013年度　（単位：億円）

メディア産業	事業規模 （単位：億円）	算出項目など
新聞	18,990＊	日本新聞協会
通信社	680	［59頁］
出版		
書籍	12,520	［63頁］
雑誌	14,658	［63頁］
放送		
民放テレビ	21,937	［129頁］
民放ラジオ	1,157	［129頁］
NHK	6,871＊	NHK事業収入
劇映画	2,070＊	興行収入：日本映画製作者連盟 （邦画58.3％、洋画41.7％）
音楽		［81頁］
レコード関連	3,190	
着信・ネット配信	912	
コンサート	2,318	
カラオケ	6,114	
コンテンツ・サービス		［171頁］
映像配信	1,230	
音楽	965	
電子出版	1,826	
オンラインゲーム	8,423	
広告		［185頁］
新聞	6,170	
雑誌	2,499	
テレビ	17,913	
インターネット	7,203	

出典：電通総研『情報メディア白書2015』(2015年) をもとに作成　［　］内は引用ページ
　　　＊は2014年度のもので各種協会のホーム・ページを参考にしたものである。

表7−2　2003-2013　新聞・放送・出版の市場規模の比較

	2003 年	2013 年
新聞	23,797 億円（2004 年）	19,000 億円
テレビ（地上波）	31,544 億円	28,036 億円
出版	42,276 億円	27,482 億円

出典：電通総研『情報メディア白書2015』（2015 年）、日本新聞協会ホーム・ページをもとに作成

表7−3　日本における主なマス・メディアの系列関係

全国紙	スポーツ紙	ラジオ局	キー局とそのネットワーク
読売新聞	報知新聞	ラジオ日本	日本テレビ
毎日新聞	スポーツニッポン	TBS ラジオ	TBS
産経新聞	サンケイスポーツ　夕刊フジ	日本放送　文化放送	フジテレビ
朝日新聞	日刊スポーツ		テレビ朝日
日本経済新聞		日本短波放送	テレビ東京

西正『超図解ビジネス見える！わかる！デジタル放送』（X-media、2001 年）37 頁。

較したものである。この 10 年間の推移から、新聞・出版の紙媒体の下降は顕著であることがわかる。また紙媒体ほどではないまでも、地上波テレビの事業規模も縮小しつつある。それぞれのマス・メディアが今後の生き残りの結果として、いかに棲み分けを行っていくのかを見守るのも興味深いことである。

　表7−3 は、それぞれのマス・メディア企業の系列関係を表にしたものである。ここからは、大手新聞社の傘下に、スポーツ紙、ラジオ・テレビ局が加わり、日本のマス・メディア企業の大半が、大企業の系列会社からなるグループを形成していることがわかる。世界のマス・メディアはグローバル化の動きや市場原理に左右され、異業種の進入や合併・買収の波にさらされているのが現状であるが、強固な系列関係にある日本のマス・メディア企業は、その結びつきに支えられたグループによる日本国内限定の企業活動を行って

いる。

　本章では、[新聞][放送][出版]の三つに[映画]を加えそれぞれのメディア産業ごとの実態と問題を考察する。

1　新聞

新聞の機能

　新聞の機能としてまずあげられるのは、その「報道機能」である。報道機能の中で最も重要な要素は、ニュースを即座に伝えることである（速報性）。この速報性は、のちに登場した映像・電子メディアに奪われたものの、新聞は、ニュースをさまざまな角度から報道し（詳報性）たり、背景や社会の文脈の中で位置づけを行う（解説性）ような、ニュースを掘り下げて理解することを助ける、フォローアップ情報を提供する段階において威力を発揮できる。さらに「評論機能」として、社説や紙面構成を通じて新聞社独自の価値判断を提示したり、投書欄や署名記事によって異なる意見や見解を紹介したりしている。また、社会生活を送るうえでの基本知識を提供したり、教養を深める手助けをしたりする「教育機能」、クイズや小説などの「読む」娯楽を提供したり、ラジオ・テレビ欄、新刊書案内、レジャー・ガイドなどの娯楽活動のための情報提供を行ったりする「娯楽機能」、商品の知名度を高めたり、消費者と商品、消費者とメーカーとの関係を提案する広告活動の場を提供したり、求人、不動産広告などの個人の生活に密着した広告活動の場を提供したりする「広告機能」などが考えられる（林［1995]）。

新聞の種類

　新聞はその分類の基準によって、さまざまな区分が可能となる。対象となる読者のタイプと新聞の伝える情報の内容を基準として大きく分けると、『専門紙』と『一般的な新聞』とに区分することができる。

　『専門紙』とは、ある特定の読者層をターゲットにして、その読者層の独自性、専門性に基づいて必要な情報提供を行う新聞のことをいう。ある職業の人々に対して、業界の動向や、同業者の人々との情報交換の場を提供する「業界紙」、主義や主張を共有する人々の集まり、利益団体、親睦団体、政党などがメンバーに対して発行する「機関紙」、政府や官公庁が政策への支持を得たり、理解を求めるために発行する、または、企業がイメージ・アップ

をはかるために、消費者に対してその企業活動を解説したり、その社会的な役割を紹介したりする「広報紙」、「ＰＲ紙」などがここには含まれる。

『一般的な新聞』には、「一般紙」「スポーツ紙」などが含まれる。

「一般紙」はそのカバーする地域によって、［全国紙］［ブロック紙］［地方紙（県紙）］の３タイプに分類できる。

［全国紙］は、『朝日新聞』、『毎日新聞』、『読売新聞』、『日本経済新聞』、『産経新聞』の５紙に代表され、全国くまなく読者を持つ日刊紙を指す。

［ブロック紙］はある県を中心としてその近県をカバーする新聞であり、『北海道新聞』、『中日新聞』（『東京新聞』、中日新聞と東京新聞は同一企業である）、『西日本新聞』の３紙がこれに当たる。

［県紙］は、一つの県を配布地域としている新聞であり、現在ほとんどの県に存在する。例外として、福島（『福島民報』、『福島民友新聞』）、沖縄（『沖縄タイムス』、『琉球新報』）などは、１県に有力な新聞が２紙となっている。

このように、全国紙と県紙の間にブロック紙が存在し、ほぼ１県に１紙が整然と存在するのは、政府が戦時体制における国策の一環として、1941 年の新聞事業令によってそれまで大小さまざまに並存していた新聞を統合整理したことの名残りである。１県１紙政策のもとで、軍部からの意思疎通が新聞を通じて効率よく行われることを意図していたものであるが、これが戦後の新興紙との競争にも生き残り、現在も県や地方を代表する新聞として存続している（田村［1995］）。

今日の「スポーツ紙」はスポーツ記事のみにとどまらず、芸能ニュースや、政治、社会、国際ニュースも扱っている。その対象は購読契約を結んだ読者のみに限られず、主に駅やコンビニなどのスタンドで売られる併読紙としても、人目を引くような見出し、カラー写真やレイアウトをふんだんに用いるなど、読者の購入意欲をそそるビジュアル効果を意識している。また、読者の嗜好を意識した独自のカラーを持ち、ほかのスポーツ紙との違いを意識している。例えば、『報知新聞』は『読売新聞』の系列のスポーツ紙であり、その読者層は『読売新聞』の所有している野球球団である読売ジャイアンツのファン層が圧倒的であり、その扱う記事やトピックも「巨人軍機関紙」と呼ばれるほど読者層の嗜好を反映したものとなっている（川井［1995］）。

このスポーツ紙のほかに、仕事帰りのサラリーマンをターゲットにした「夕刊紙」もある。東京圏や大阪の大都市を中心として『夕刊フジ』（1969年創刊）、『日刊ゲンダイ』（1976年創刊）などがあるが、この2紙は売上部数も首都圏で40万から60万部と推定されている。新聞のサイズを混雑した電車の中でも読めるタブロイド判とし、週刊誌に近い紙面構成ではあるが、対象のサラリーマン男性の生活に関連のある娯楽レジャー情報（プロ野球、ゴルフ、ポルノ、ギャンブル）や、サラリーマン層の立場から見た政治問題の解説も扱っている（川井［1995］）。

発行部数

日本新聞協会（http://www.pressnet.or.jp 参照）によると、2015年の日本の新聞の発行部数は、4536万2672部であり、発行部数1部あたりの人口は2.85名（10月発表）で、1世帯あたりの普及率は0.83部となる。

次にその新聞の内訳をみよう。2014年度の全国紙の発行部数を比較すると以下のようになる（電通総研［2015］60頁）。

読売新聞	38.7 %	（9,561,503）
朝日新聞	30.1 %	（7,433,577）
毎日新聞	13.5 %	（3,326,979）
日本経済新聞	11.2 %	（2,769,732）
産経新聞	6.5 %	（1,610,822）

全国紙すべての朝刊の発行部数は、2470万2,613部で、朝刊の総発行部数の75％を占めており、日本の新聞では、全国紙である大手5社が大きな勢力となっている。このように日本のほぼ全土を全国紙がカバーし、幅広い層の人びとに読まれているという実態は、日本の政治的・文化的中央集権制、画一性と無関係とは思えない。

戸別配達制度

大きな発行部数と高い普及率に次いで特筆に価する日本の新聞の特徴は、その宅配率の高さである（2015年10月：95.07％）。朝夕セット刊の存在も日本の特徴であるが、月極めの定期購読者に支えられた収入基盤は、日本の新

聞の質の維持に貢献しているという側面もある。紙面の内容に工夫を凝らさなくても売れ行きが急激に変動しないことは、新聞の売り上げを気にせず紙面作りに専念することを可能とし、売り上げのために無駄な競争をしなくても良い点はメリットといえる。

主なスポーツ新聞を見ても宅配率の高い傾向にある。それらの宅配率は、『日刊スポーツ』67.1％（2013年3月）、『スポーツニッポン』77.5％（2008年12月）、『スポーツ報知』82.0％（2014年4月）、『東京スポーツ』89.8％（2014年3月）となっている。唯一例外的に高い即売率を示す『東京スポーツ』の89.8％を除いて、スポーツ新聞も宅配率がおよそ7割以上のものが多くみられ、日本の新聞の宅配率の高さを示している（電通総研［2015］56頁）。

このような高い宅配率を支えているのは、新聞配達の仕事に従事している人びとである。2012年の全国の新聞販売店の数は、1万3212店であり、1999年と比較すると半減している。新聞販売店従業員46万4827人のうち、専業として従事している者は、17.3％であり、副業女性の比率は43.7％となっていた。学生と少年はそれぞれ1.2％と1.1％であった。このデータからは、日本の個別配達制度がパートタイマーの人びとによって維持されている実情を窺い知ることができる（電通総研［2015］56頁）。

内容の均一性

日本の新聞は高級紙と大衆紙の中間にあり、広くあまねく読者に受け入れられるようになっているが、その最も大きな特徴として、どの新聞も似通った紙面構成と内容であることがあげられる。優劣のない内容レベルの新聞の並存する理由はいろいろ考えられる。まずどの新聞にも編集方式に大きな違いがみられず、第1面の政治、中ほどに文化・スポーツなどと同じ紙面作りが定着している。また政治面は政治部記者というように紙面ごとの担当者がはっきりと区分され、取材の段階からクロス・オーバーなどありえない強固な縦割り構造となっている。月極めの購読者が多いため、新聞社が報道の中身に工夫を凝らすなどして、読者獲得の競争をする必要があまりない。東京に全国紙の本社が一極集中し、記事においても東京や首都圏発の情報が多い。ニュースの情報源が各新聞が一斉に集まる記者クラブの発表物の場合が多く、

発表情報への依存度が高いなどがその特徴と言えるだろう。また全国紙の新聞記者の多くは、偏差値の高い大学を卒業した高学歴男性の社員で占められ、ほぼ終身雇用に近い待遇でサラリーマンとして身分を保証されて、同質的な送り手集団を形成している。そのジャーナリズム活動は個人というより、会社の一員として遂行される意味合いがより大きい。このほかにも紙面内容の横並び性の理由はいろいろ考えられるだろう。

　「パック・ジャーナリズム」という言葉があるが、これは添乗員とともにお決まりの観光コースを団体で回る「パッケージ・ツアー」から転用された言葉で、何か大きな事件があると現場に大挙して押し寄せることに由来する。そしてどの新聞も同じニュース・ソースを頼りに同じような取り上げ方をするので、集団、寄合い、群れのジャーナリズムであると揶揄するときに使われる（天野ほか編 [1994]）。新聞は、国の文化を象徴するものの一つである。その新聞の内容が横並びで、それぞれの新聞が個性を持たないことは、日本の報道システムと新聞界の体質によるものであり、ひいては日本社会、日本人そのもののあり方を反映しているのかも知れない。

記者クラブ

　日本における新聞のジャーナリズム活動に最も大きな影響力を持っているのは「記者クラブ」であろう。記者クラブとは、各省庁、公共機関、団体、企業などが報道機関の便宜をはかるために、庁内・事務所内に提供している「記者室」のことをいう。中央諸機関に限らず、各都道府県の官公庁、支所、団体にもあるが、その代表的なものをあげると、以下の通りである：

内閣記者会（首相官邸）、霞倶楽部（外務省）、財政研究会（財務省）、文部科学記者会（文部科学省）、法曹記者クラブ（法務省）、宮内記者会、兜倶楽部（東京証券取引所）、金融記者クラブ（日本銀行）、有楽記者クラブ・鍛冶橋クラブ（東京都庁）、ときわクラブ（ＪＲ東日本）、平河クラブ（自由民主党）、警視庁七社会（警視庁）、防衛記者会

　記者クラブの起源は1890年（明治23年）の帝国議会開設の際に在京の新聞社の記者たちが結成した「議会出入り記者団」に始まるといわれている。

当時まだ社会的地位を確立していなかった新聞記者たちが集まる場所に過ぎなかったものが、大正時代に本格的な記者クラブへと発展した。太平洋戦争時の新聞統制で「1官庁1倶楽部」に統合され、それが戦後には親睦機関としてスタートしたものが今日に至っている（春原［1995］）。

　取材活動に大きな役割を果たしている記者クラブには、メリットとデメリットがある。メリットとして考えられることは、取材活動がスムーズに運ぶ点である。新聞社から見ればムダな競争を省くことができる。また、ニュース・ソース側から見れば能率的な発表が可能になる。会見はクラブが主催する形をとっているので、クラブの主体性のもとに取材活動を行うことができるし、質問をするメンバーが似通った記者ばかりなので、質問のポイントがずれないし、記者団に加わっていれば確実に発表記事を書くことができる。

　一方デメリットとしてこれまでに議論されてきたのは、記者クラブの排他性とニュース・ソースの問題であった。1993年の皇太子妃報道の際に、各社が報道協定を結び合っている中、ワシントン・ポストのスクープで一挙に協定が解除されるや、長期にわたり前もって取材しなければ書けない記事が各社の紙面をすぐに飾ったのもまだ記憶に新しい。このような協定や申合わせを守らないとクラブからの除名や一定期間の入室禁止処分を受けることもある。このように、送り手側から自発的に報道を自粛する「自主規制」においても、横並び傾向が見られる。

　また、日本発の情報が海外でますます重要視されてきているにもかかわらず、1996年6月まで日本に駐在する外国報道機関の加入をまったく認めてはいなかった。ホール（Hall［1998］）は日本の記者クラブはその制度と労働慣習に深く根ざした「知のカルテル」であると呼んだ。先進諸国においては公的な資源であるはずのニュースの流れが、日本ではジャーナリストとメディア企業の特権的なグループに独占されている。日本の報道機関が技術面でのハイテク化に対して、取材活動においていかに海外の報道機関を締め出してきたかをホールは詳述している。

　ジャーナリズム活動の側面から見た記者クラブ制の最大の欠点は、自主的な取材活動がおろそかになったり、特ダネ取材が不便になったりするなどの点であるといえるだろう（春原［1995］）。法的観点から見ても、誤った報道

により名誉毀損（名誉を傷つけられたこと）の訴えがあった場合、裁判において「真実と判断するに足る相当な理由」があれば免責され、「記者発表」によることは相当な理由と認められている。新聞記者が「おかみの発表」に依存せず、個人として取材活動を行った場合、記事の誤りは自己責任を問われるが、発表記事を書いている限りトラブルには巻き込まれないというのも、記者クラブの発表に依存する要因として考えられる。

2　放送

　放送とは電波を用いたマス・メディア、無線放送を指している。新聞・雑誌・映画に続くメディアとして登場した放送は、聴覚、視聴覚に訴え、瞬時にして広範囲の人々に情報を伝え、その影響力の大きさにおいてきわめて公共性の強いメディアである。ここでは1953年に始まったテレビ放送を中心として、その現状を考察する。

　戦後のテレビ放送が果たした役割の最も大きなものの一つに、東京中心の情報網を形成したことがあげられる。発足当初から放送を通じて全国にあまねく情報を伝えることを意図して作られたＮＨＫ（日本放送協会）に加え、民放テレビのネットワーク化による放送の普及は、日本のどこにいても東京から発信された情報を同時に視聴者が共有できるようにした。

　例えばテレビのニュースを例にとってみても、地方の人々は日常生活では地方の言葉を話しながらも、東京のスタジオから語られる共通語のニュースに慣れ親しむという言語の二重構造の中に生きるようになった。消費社会的側面から見ても、民放の歌番組やドラマの合間に流れるコマーシャルは、大量生産、大量消費のシステムに支えられ、購買意欲をそそる新しい商品を紹介し、東京を起点として日本全国に流行が普及するという流れを作り出した。放送が全国レベルにおける一元的普及によって画一的価値観をもたらしたことは、戦後の日本人の精神構造に大きな影響を与えた。ここでは制度的・産業的側面を中心として、テレビ・メディアの現状を見てゆく。

放送の制度とその構造

　放送事業は有限な電波（放送用周波数）が不可欠で、誰でも「送り手」にはなれないところが、活字メディアとは異なる。放送局の開設・運営においては、混信などのトラブルを避けるために周波数の割当てを受けるなど、免

許制度に基づいている。政府から許認可を受けるため、規制や指導を受けざるをえず、事業者主導型の事業展開が困難な産業の一つである。

現在、放送は、地上放送、衛星放送、ケーブルテレビの三つに区分することができる（総務省「放送政策の動向」、2003 年）。

地上放送は、テレビとラジオの中波放送とＦＭ放送からなっている。1953 年からはじまった地上テレビ放送は、電波が高い建物などによってさえぎられるために中継施設を保有する必要がある。現在地上波テレビ放送を行っているのは、約 4200 万の受信契約数を持つＮＨＫと、民放 127 局である。1925 年に放送が開始されたラジオに、ＦＭ放送は 1969 年に始まり、さらに、1992 年からコミュニティＦＭが、1995 年からは外国語ＦＭ放送がはじまり、聴取者の個別化に応えるメディアとして存続している。

衛星放送は、ＢＳ放送とＣＳ放送に大きく区分することができる。

ＢＳとは Broadcasting Satellite の略で、放送衛星を用いたものである。デジタル放送は、2000 年 12 月に始まり、2011 年 7 月にＢＳアナログテレビ放送は終了した。現時点でＢＳデジタル放送は、有料の放送と無料の放送に区分され、21 社が 31 チャンネルを保有して運営している。

ＣＳとは、Communication Satellite の頭文字を取ったもので、通信衛星を用いており、開始時からすべてがデジタル放送である。本放送は、1996 年 6 月から始まり、2002 年 3 月から、「110 度ＣＳ」放送と呼ばれる、東経 110 度の赤道線上に新たに打ち上げられた通信衛星を用いた放送が加わった。従来のＣＳとの違いは、ＢＳデジタル放送との互換性である。

ＣＡＴＶ（ケーブルテレビ）は、地上ＴＶ放送の難視聴地域の問題を解決するための再送信施設としてスタートし、同軸ケーブルや光ケーブルを通じて加入者に番組サービスを提供している。インターネット接続と併用したサービスを行っている事業者が加入者数をのばし、総務省による 2015 年のデータでは、ケーブルテレビ事業者の数は 680 社（自主放送を行う許可施設）を数えており、約 2918 万世帯に普及し、普及率は 52.2 ％を数えている。

日本における放送の特徴は、公共放送であるＮＨＫ（日本放送協会）と商業放送である民放が並存していることである。ＮＨＫは受信料を財源としている公益企業であり、放送の全国普及を目的として設立された単一の企業体

で、ただ一つ全国放送を許されている。民放は、地域特有の要望を充足することを期待されて免許を交付されて、コマーシャルなどの広告収入に頼る商業放送である。民放はその開設において、地域を限定して許可を与えられ、1社が複数の局を所有することは禁じられている。これは「マス・メディア集中排除原則」（できるだけ多くの者に対して放送局開設の機会を与え、大衆情報手段が集中しないようにする）によるものであり、特定の者の電波独占によって言論や報道がかたよることを避けることを意図しているものである。

これらの放送を法的に支えているものが「放送法」と「電波法」である。放送の社会的影響力の大きさから「放送法」は放送内容や運営方法の規制を通じて、その基本的あり方を徹底させている。「電波法」は電波の公平かつ能率的な利用の確保を目的として、放送局の開設、免許、周波数の割当てなど技術面に関することがらを定めている。これらの放送管理を含む電気通信に関する管理は郵政省が行っている（日本民間放送連盟［1997］35—57頁）。

放送局の財源

ここでは、日本の放送産業の四つの財源方式がどうなっているかを考察する（田村ほか編［1997］）。

まずNHKは、公共放送の形態をとる特殊法人で、受信料を徴収して財源としている。これは放送法で定められているが、視聴者が受信料を払わなかったときの罰則規定はない。放送大学は、UHFテレビ、FMラジオ、衛星放送で授業を行っているが、政府からの補助金によって運営されている。

衛星放送は「ペイ・テレビ」「サブスクリプション・テレビ」と呼ばれ、視聴者が事業者に受信料を直接支払っている。衛星放送の「スクランブル有料制」とは、放送電波に特別な信号をかけ（「スクランブルをかける」という）、視聴者はデコーダーと呼ばれるスクランブル解読の特別な装置を設置することによってのみ見ることができるシステムである。

民放のシステムは、商品を宣伝するコマーシャル・メッセージ（CM）を番組と番組の合間に流すかわりに、その番組の制作費や技術費をスポンサーの企業が払うシステムである。この仲介の仕事を行っているのが「電通」「博報堂」などの広告代理店であり、広告代理店はその広告料の中から一定の比率のマージン（仲介料）を受け取っている。広告料は普及テレビの台数

のうち何台がスイッチを入れているかによって左右され、その算定の基準として視聴率が使われる。その財源は消費者としての視聴者が商品購入時に支払った代金（消費支出）の一部であり、間接的に視聴者は負担を強いられているにもかかわらず、ＮＨＫの受信料と異なり、無料で視聴できるように思われている。政府からの圧力はなくても、スポンサーの意向が番組内容に影響力を持つ場合があり、言論の自由という点においては、民放も限界を持ったメディアであるといえるだろう。

ネットワーク

ネットワークとは、各キー局を中心に全国的に張りめぐらされた放送網のことである。1950年代に産声を上げた民放は、次々と系列局の数を増加させた。民放はもともと地域特有の要望を満たすことを期待されて、免許を交付されてきたために放送を送る地域が限定されていたが、放送産業の成長とともに、1970年代までの東京の各キー局を中心に地方のテレビ局が系列関係を結ぶ体制が形成され、番組制作の東京集中をもたらす結果を招いた。このネットワーク化は、ニュース素材の交換で全国の取材網が得られる、番組制作の経費分担や共同制作により制作コストを安くできる、全国広告媒体としての広告主のニーズに応えることができるなどの理由が考えられる（藤原[1995]）。

地方の民放であるネットワーク局は、中央のキー局から番組の大部分をもらい受けるフルネット局と番組の一部をもらうクロスネット局に分かれている。以下は2012年4月の時点で、キー局5社を中心としてほぼ全国に形成されているネットワークの系列局数を示したものである（図説日本のメディア[2012] 86頁）。

NNN＝日本テレビ系列　　30局
　（NTV　日本テレビ放送網）
JNN＝TBS系列　　28局
　（TBS　東京放送）
FNN＝フジテレビ系列　　28局
　（CX　フジテレビジョン）
ANN＝テレビ朝日系列　　26局

（ＡＮＢ　全国朝日放送）

ＴＸＮ＝テレビ東京系列　　6局

　（ＴＸ　テレビ東京）

ネットワーク非加盟………………独立Ｕ局13局

　このようなネットワークの形成によって、ＮＨＫと同じように、民放も同じ番組を見ることが可能な人々を全国に拡大した。

3　出版

　出版は情報や物語を伝える方法としての筆記文字の登場とともに登場した日本で最も古いメディアの一つであり、印刷術の発展とともに、書物を通じて知識を得たり、読書を楽しむ人々のすそ野を広げた。日本人は近代より遡るはるか昔から高いリテラシーを達成していたとされているが、近代印刷術の発明以前から人々の読み書き能力の向上に写本の果たした役割は計り知れない。

　出版は戦後の復興・高度経済成長とともに急成長した。とりわけ広告費に支えられた媒体である雑誌の登場は出版の世界を大きく変えた。以下は戦後に創刊されたそれぞれのタイプの雑誌の第1号である（出版ニュース社編［1997］）。

1956 年　『週刊新潮』　　　　［新潮社］　　　（週刊誌）

1959 年　『週刊少年マガジン』［講談社］　　　（漫画雑誌・コミック）

　　　　　『週刊少年サンデー』［小学館］　　　（漫画雑誌・コミック）

1958 年　『女性自身』　　　　［光文社］　　　（女性週刊誌）

1970 年　『ａｎ・ａｎ』　　　［平凡出版社］　（ファッション誌）

1972 年　『ぴあ』　　　　　　［株式会社ぴあ］（タウン情報誌）

1981 年　『ＦＯＣＵＳ』　　　［新潮社］　　　（写真週刊誌）

　それぞれのジャンルを定着させた雑誌は、読者のライフ・スタイル、年齢階層、趣味趣向ごとのニーズに合わせて読者のライフスタイルの確立に貢献した。雑誌の特徴としては創刊・休刊・廃刊に見られる浮き沈みも激しいこ

とと、2013 年度の雑誌の広告料収入は出版業務全体の収入の 12.5 ％（2336 億円）であることからも、広告との強い結び付きをあげることができるだろう（電通総研［2015］66 頁）。

　出版の世界では「雑高書低」という言葉が使われてきたが、これは出版物の二極化の進行、すなわち書籍よりも雑誌の方の売上げが高いことから使われるようになったものであり（林［1993］）、雑誌の売上げ高が書籍の売上げを抜いたのは 1979 年であった（清田［1995］）。しかしながら、最近の傾向としては雑誌がその販売収入を大幅に減らしている。

　「マスプロ・マスセールス」といわれるように戦後登場したマンガ、雑誌、週刊誌などは、広告収入に支えられた安い価格で、視覚に訴えるわかりやすい内容の商品を大量に売ることによって収益をあげるタイプの出版物である。また、書籍の中でも、文庫本だけは低価格を武器に成長した。また一時的なブームに支えられてベストセラーになるタイプの書籍もある。これらは人気タレントや著名人の知名度やメディア・イメージに乗じて出版される自叙伝、旅行記、ダイエット体験記などであるが、これらはある時期を過ぎればあきられることを見越して宣伝活動が集中的に行われ、商品として市場に出回る周期も短くすぐに姿を消してゆく。

　一方で、時代を越えて読み続けられている文学作品や学術書のような書籍が苦戦を強いられている。コピー機の登場、読者の価値観・ニーズ・余暇活動の多様化、情報メディア媒体の多様化による他メディアとの競合の結果など、その理由はいろいろ考えられる。現代は、「活字離れ」の時代と呼ばれるようになって久しいが、「読書」を楽しむという行為そのものが、家庭教育、学校教育の成果によって達成される側面の強い文化活動である点からも、「活字離れ」「読書嫌い」は社会の課題としてとらえる必要があるだろう。

　2010 年は「電子書籍元年」となった（佐々木［2010］）。アップル社の iPad が発売され、タブレット端末機を用いて、ネット経由で書籍を購入し、画面に映し出された電子化された書物のテクストを読むという、紙媒体による読書行為とは異なる新しい読書のスタイルが登場した。さらに 2012 年には、アマゾン・ジャパンから電子書籍端末機であるキンドル日本版も発売された。今後は、同様の読書行為を可能とするスマートフォンが普及するに従い、さ

らにネットによる読書行為は加速されていくことだろう。現状としてはコミックや文芸書が中心ではあるものの、2013 年度の市場規模は 789 億円であるが、前年比は 214.4 ％である（電通総研［2015］79 頁）。

出版と流通

　出版産業の担い手である出版社は、従業員 50 人以下の小規模企業が 75.2 ％（2013 年度）も占めている。しかしながら、売上高で見ると、講談社が核となる出版社の「音羽グループ」、小学館、集英社などを中心とした「一ツ橋グループ」など、大手の出版社のグループが小規模出版社全体の売上高を凌いでおり、二極化現象は出版社の産業構造においても見ることができる（諸橋［1997］）。

　本の流通ルートは複雑であり、さまざまなルートが存在する。その中でも「出版社—取次店—書店—読者」の「書店ルート」が寡占状況にある。この「書店ルート」が取り扱う比率は、1996 年では、全体の 68.2 ％に達した。「トーハン」「日販」と呼ばれる大手の取次店で、書店ルートの約 7 割を占めている。本や雑誌は実物を見て買う者が多いが、日本には 1 万 3107 軒（2013 年）の書店がある。またコンビニ（ＣＶＳ）も雑誌やコミックの販売の実績を伸ばしている（売上高 2,262 億円、5 万 3,451 店）。また、ネット書店ではアマゾン・ジャパン（Amazon.co.jp）が他の書店を圧倒している（2,980 億円＝2013 年度売上高）（電通総研編［2015］63 頁、68 頁）。

　日本における戦後の出版流通の世界は、委託制度と再販制度に守られてきた。「委託制度」とは、書店が売れない本を出版社に返却できる制度のことをいう。また「再販制度」とは再販売価格維持制度の略語であり、メーカーが価格を指定して末端小売店に守らせる制度のことを指す。1953 年の独占禁止法の改定により出版物などの著作物の再販が認められて以来、書籍や雑誌は文化的商品であり、広く人々に公平に行き渡らせる必要があるという理由から、定価販売が認められてきた。1995 年以来政府が進めている「規制緩和推進計画」の中に、新聞、音楽用のＣＤ、テープ、レコードなどと一緒に書籍、雑誌も含まれている。再販制度の存続を支持する側は、出版物は文化的商品であり、市場メカニズムになじまないこともあり、全国一律の価格が文化享受の公平性を保障している。もしこの制度が撤廃になれば中小書店

間の競争を激化し、出版社においては売れ行きの遅い専門書などの発行が困難となり、多種多様な書籍・雑誌の発行ができなくなる（伊従［1996］）としているが、まだ結論には至っていない。

4 映画

日本映画の黄金期

テレビが登場するまでの映画は、娯楽活動の中心的存在として全盛を極めていた。1958年（昭和33年）に年間入場者数がピークの11億2745万人となり、これは国民一人当たり年間13本の映画を観ていたことになる。1955年以降で年間入場者数が最も少なかった1996年は、1億1957万人であり、これは全盛期の一割を下回る数字である。また、1958年に公開された日本映画は、504本（75％）に対して、外国映画は169本（25％）に過ぎなかった。同年の配給収入の総額（394億円）のうちの日本映画（299.7億円）と外国映画（94億円）の比率は、76対24で、当時の国産映画は、売り上げの点からも外国映画を圧倒していた（社団法人日本映画製作者連盟）。

当時の映画制作会社は、松竹（1920年設立）、東宝（1936年設立）、新東宝（1947年設立、1961年倒産）、大映（1947年設立、1971年倒産）、東映（1951年設立）、日活（1954年設立、1993年倒産）の6社であった。各社ごとに、映画制作―配給―興行も一貫して担当し、監督、撮影クルー、その他スタッフを専属社員として雇い、俳優とも専属契約を結び、時代劇、メロドラマなど各社のカラーを反映した作品を配給していた。黒沢明（東宝）、小津安二郎（松竹）、溝口健二（大映）、成瀬巳喜男（東宝）などの日本の代表的な映画監督たちが活躍し、彼らの作品は、世界中の次世代監督たちに多大なる影響を与え、その作品は時代と国境を越えて、今でも映画ファンたちを魅了し続けている。

当時の日本映画は娯楽の中心として君臨し、人々の圧倒的支持を得ていた。この頃に制作された映画作品を見ると、その中には当時の日本人の生活や価値観を反映した日常生活が描かれ、庶民の夢や希望を映画がすくい上げていたことがわかる。川本は昭和20年代・30年代の映画に描かれている生活風俗を、ミシン、銭湯、自転車、ラジオなどの当時の生活を象徴する「もの」に着目して丹念に解説しているが、当時の映画から高度経済成長前の日本人

の暮らしがわかるとともに、家庭の中にまだテレビがなかった時代の娯楽として、映画がいかに人びとの生活の中に浸透していたかを窺い知ることができる（川本［1994］）。

1953年に登場したテレビは、1958年にはじめて受信契約数が100万台にのぼった。この興隆とともに、映画は娯楽の王座を奪われてゆく。これを契機に、映画は「斜陽産業」と呼ばれるようになり、58年をピークに観客動員数、映画館数も下降の一途をたどるようになる。この30年間で映画館の数75％、入場者数85％の減少が見られる（兼山［1997］）。全盛期に6社あった映画会社も淘汰され、現在まで残って映画製作を続けているのは松竹、東宝、東映の3社のみである。

シネマ・コンプレックスとフィルム・コミッション

今では「シネマ・コンプレックス」（Cinema Complex）もすっかり映画ファンの間に定着したようだ。第一号が1993年に神奈川県海老名市に登場したが、全国319か所までになった。シネマ・コンプレックスのタイプは多様化し、車で出かける郊外型もあれば、都心にホテルのような設備を完備したものも登場している。このメリットは、観客の数に対応した上映室の観客数の調整や、時差上映ができる点にあり、当日の観客数に合わせて柔軟な対応が可能な設備が備えられていることから、少数のファンに愛好される映画の上映も可能となる。

「フィルム・コミッション（ＦＣ）」とは、映画やテレビドラマの撮影を希望する製作会社に撮影許可やエキストラの調達などの便宜をはかる組織である。撮影クルーの滞在による地元への経済効果や映画やドラマに取り上げられることが地域のイメージアップにつながり、予想外の宣伝効果を生み、観光資源にもなるなど、地域を活性化する刺激剤としての期待から、関心を示す自治体が増え、2009年3月の時点では、全国の101団体が名乗りをあげている（全国フィルム・コミッション連絡協議会のＵＲＬ参照のこと：http://www.film-com.jp/index.html）。しかしながら、問題は、横並び的に参加したものの、撮影依頼が全く来ない、ノウハウがないために撮影に必要な便宜を結果としてはかれなかったりする団体がある一方で、有名な観光地や都市には依頼が殺到し、対応に追われ苦慮するケースもあるという。まちおこしの

一環として参加してみたものの、予算と人手不足になやまされるなど、まだまだ課題は残されている。映画のロケ地がブームとなり、日本人観光客だけでなく海外からもツアー客が訪れるというフィルム・ツアリズム（映画による観光客の誘致のこと）の効果を見せている例も出現しており、映画と地域を結ぶという意味では明るい話題の一つではあるだろう（東京新聞［2015年12月6日］）。

世界中のファンを魅了する日本人映画作家の墓

　筆者が訪れた時も、スペインやイタリアからやってきた映画ファンが残したメモが置かれ、そこには監督への賛美と感謝のメッセージが英語で綴られていた。鎌倉の円覚寺に眠る彼に会いに、外国からも彼のファンが訪れている。彼の名は、今もなお、国境や文化の壁を越え世界中のファンを魅了し続ける映画『東京物語』を残してくれた巨匠小津安二郎監督である。

　英国映画協会（The British Film Institute）では、10年毎に、古今東西のベスト・テン映画のランキング（The Poll of the Greatest Films of All Times）を発表している。2012年に発表された最新のランキング結果により、『東京物語』は、このランキング・リストにおいて、過去最多登場の日本映画作品となった。ランキングは批評家選出部門と映画作家選出部門に分かれている。以下がこれまでに登場した日本発の映画作品である：

第7章　日本のマス・メディア　219

```
東京物語（Tokyo Story：1953）　　　小津安二郎監督
          批評家選出部門　　1992年　3位
                          2002年　5位
                          2012年　3位
          映画作家選出部門　2012年　1位
雨月物語（Ugetsu Monogatari：1953）　溝口健二監督
          批評家選出部門　　1962年　4位
                          1972年　10位
羅生門（Rashomon：1950）　　　　　　黒澤明監督
          映画作家選出部門　1992年　10位
                          2002年　9位
七人の侍（The Seven Samurai：1954）　黒澤明監督
          映画作家選出部門　1992年　10位
                          2002年　9位
```

引用文献

林利隆「報道のシステムとスタイル」稲葉三千男＝新井直之＝桂敬一編著『新聞学（第3版）』（日本評論社、1995年）第2章第2節78—90頁

田村紀雄「全国紙・ブロック紙・県紙・コミュニティペーパー・ミニコミ」稲葉三千男＝新井直之＝桂敬一編著『新聞学（第3版）』（日本評論社、1995年）第5章第1節256—265頁

川井良介「スポーツ紙・夕刊紙・専門紙」稲葉三千男＝新井直之＝桂敬一編著『新聞学（第3版）』（日本評論社、1995年）第4章第2節266—281頁

電通総研編『情報メディア白書2015』（ダイヤモンド社、2015年）

天野勝文＝松岡由綺雄＝村上孝止編『現場からみたマスコミ学』（学文社、1994年）30頁

春原昭彦「記者クラブ」稲葉三千男＝新井直之＝桂敬一編著『新聞学（第3版）』（日本評論社、1995年）第4章第4節108—119頁

アイヴァン・ホール／鈴木主税訳『知の鎖国』（毎日新聞社、1998年）61—110頁

総務庁「放送政策の動向」（2003年）：http://www.most.tohoku.ac.jp/lecture/it/7-30-02.pdf

日本民間放送連盟『放送ハンドブック』（東洋経済新報社、1997 年）35―57 頁、
　280―281 頁

田村穣生＝鶴木眞編『メディアと情報のマトリックス』（弘文堂、1997 年）330 頁

藤原巧達「放送局」藤竹暁＝山本明編『図説日本のマス・コミュニケーション』
　（日本放送出版協会、1995 年）94―119 頁

藤竹暁『図説日本のメディア』（ＮＨＫ出版、2012 年）

出版ニュース社編『出版データブック』（出版ニュース社、1997 年）

電通総研編『情報メディア白書 2015』（ダイヤモンド社、2015 年）66 頁

林利隆「活字メディア」香内三郎ほか『メディアの現在形』（新曜社、1993 年）60
　―100 頁

清田義昭「出版」藤竹暁＝山本明編『図説日本のマス・コミュニケーション（第
　3 版）』（日本放送出版協会、1995 年）150―182 頁

電通総研編『情報メディア白書 2015』（ダイヤモンド社、2015 年）79 頁

佐々木俊尚『電子書籍の衝撃』（ディスカヴァー・トゥエンティワン、2010 年）

諸橋泰樹「出版――進む二極化の構造」田村穣生＝鶴木眞編『メディアと情報の
　マトリックス』（弘文堂、1997 年）第Ⅲ部第 2 章 190―197 頁

電通総研編『情報メディア白書 2015』（ダイヤモンド社、2015 年）63 頁、68 頁

伊従寛『出版再版――書籍・雑誌・新聞の将来は？』（講談社、1996 年）

社団法人日本映画製作者連盟：http://www.eiren.org/

川本三郎『映画の昭和雑貨店』（小学館、1994 年）

兼山錦二『映画界に進路を取れ』（シナジー幾何学、1997 年）

電通総研編『情報メディア白書 2015』（ダイヤモンド社、2015 年）95 頁

「ロケ誘致で地方創生――フィルムコミッション」東京新聞 2015 年 12 月 6 日

第8章　国際報道と日本

第1節　グローバライゼーションとニュースの流れ

　ＩＴ技術の発達によって、大量の情報が瞬時に世界中を駆け巡り、それに伴うメディアのグローバルな展開が加速されるようになって久しい。グローバル化は、さまざまな国の放送局が展開する海外向けのチャンネルや、メディア企業が多国籍に展開している活動に加え、映画などのコンテンツの輸出入や文学作品の翻訳活動のあり方までをも変えつつある。また、世界中からジャーナリストが取材に集結して選手たちの活躍を各国にリアルタイムで伝えるオリンピックやワールドカップのような国際的なメディア・イベントの中継を目にしても、グローバライゼーションの潮流に我々が身を置いていることを実感させられる。本章では、国家間におけるマス・メディアのニュースの流れに焦点をあてて、その先行研究を紹介しながら、日本からの情報発信というテーマを中心に、その問題意識やそれをめぐる議論について詳述する。

　まず問題とされるのは、先進国と発展途上国の間に歴然と立ちはだかる経済的・社会的格差が生み出す不均衡の問題である。国際報道の現場においては、国際的な情報の流れのアンバランスを生み出している。たとえ、いかにグローバライゼーションが進行しても、ニュース生産国がグローバルな力を発揮し続けるという現実は何ら変わることなく、一部のメディア企業の寡占化はそのまま継続し続けている。トムリンソン（Tomlinson［1997］）の「メディア帝国主義」という言葉は、裕福な大国がニュース生産国となり、力のない国の人びとは自国の出来事でさえも、先進国の通信社経由のニュースでしか知ることのかなわない現実や、映画や音楽などの娯楽メディアのマーケットが先進国の企業によって独占されている実情への懸念を示す言葉である。

　歴史的な観点からみると、かつて植民地支配をしていた国家は、経済面だけでなく文化的にも多大な影響を被支配国に与えてきた。第二次世界大戦後に独立を果たしたそれぞれの国から、それまで統治していた国々が撤退した後にも、被統治国にもたらされた欧米先進国の資本主義文化は、その社会や生活様式などに根をおろし、その後も影響を及ぼし続けている。また、旧植

民地の独立後にも、先進国から新たなメディアが第三世界に進出し、形を変えた寡占状態を再び形成する。このように、先進国の一握りのメディア企業が世界中のマーケットを寡占している状況は、グローバル化の進展する時代においても何ら変わっていない（バグディキアン［1985］）。

　ニュースによる情報の流れを見ても、本来は自由競争の中で多様な意見が形成され、格差のない社会にマス・メディアが貢献するというのが理想であるにもかかわらず、国家間の情報の流れは不均衡な状態にあるのが実情で、海外ニュースのマーケットは先進国の通信社やマス・メディア企業の寡占状態にある。また、どの国のマス・メディアを見ても、第三世界からのニュースが登場する機会は少ない。紙面やニュース番組のほとんどが先進国を扱ったニュースで占められているという現実は、文化的な同質化をもたらし、ひいては第三世界固有の文化のアイデンティティまでも脅かしかねないのではという懸念が、これまでの中心的な議論である。

　1970年代後半から、第三世界からの声として湧き上がったこのような国家間のニュースの流れにおける格差是正を求める問題提起は、これまでもマス・コミュニケーション研究の大きな課題の一つとして、さまざまな研究も

「グローバル・ビレッジ」

　「電気技術の登場から一世紀を経た今日、この地球に関する限り、空間と時間をともに取り去り、我々は自らの中枢神経系そのものを拡張し、地球全体を抱きしめるようになったのである…（中略）…萎縮させられた地球は、もはや一つの村に過ぎない」

　メディア・グローバライゼーションの議論に必ず登場するのが、カナダのメディア研究者マクルーハンのこの言葉である。これは情報を伝達する技術の発達によって、ニュースと文化の流れが地球全体を包みこみ、あたかも世界全体が一つの村のようになるさまを表している。それは、メディアが、古い社会的、人種的、民族的境界をつき崩し、新しい共同体を作り出すであろうというマクルーハンの予言でもあった。

McLuhan, M. *Understanding Media*
(McGraw-Hill Book Company, 1964) pp. 3-5

図8—1　ガーブナーの世界地図

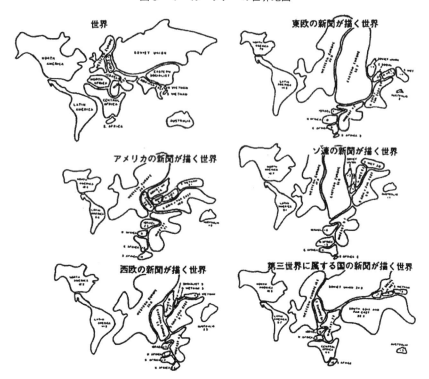

出典：ハワード・H・フレデリック／川端末人他訳『グローバル・コミュニケーション——世界秩序を迎えたメディアの挑戦』（松柏社、1996年＝原著出版1993年）180頁。

行われ、その議論も継続されている。その発端になったのは、1978年11月22日、パリで開催されたユネスコ第20回総会において採択された「マス・メディア宣言」である〔註(1)〕。その採択の過程で、「マクブライド委員会」〔註(2)〕が誕生し、「国際コミュニケーション年」の1983年を契機に、国家間の情報格差の問題がより多くの研究者に共有されるようになった。

　図8—1はガーブナー（Gerbner）らが世界の主な日刊新聞に登場した外国ニュースの分量を比較し、その結果をもとに世界地図を描いたものである。それぞれの地域ごとの海外ニュースの掲載量によって世界地図を描くことで、それぞれの地域は、どこの国に対して関心を持ち、その国からのニュース情

報を入手しているのかを実際の地図で表したものである。他の地域に対して多大な影響力を持つ国ほど、この地図では大きく描かれることになり、ここに見られる国や地域の大小と国家間の覇権の実情がほぼ重複し、国家間の力関係が情報の流れにも反映されることを示唆するものとなった。

第2節　国家間のニュースの流れと選別の基準

　図8—2は、マックネリー（McNelly［1959］）が国際的なニュースの流れを情報伝達装置の回路に見立てて図式化したものである。この中のEは、ニュース価値のある出来事を示している。S、S_1、S_2は各媒体におけるニュースの送り手がそれぞれの形式に合わせて作り出すニュース・ストーリーであり、まず海外の地域を担当する通信社の特派員（C_1）、その管轄地域の編集主幹（C_2）、その国全体を統括する編集部やその編集長（C_3）、本国や地域の本社の編集局長（C_4）、電信入力を担当する編集者やラジオやテレビのニュース担当者（C_5）それぞれの手を経て、Rで示されているニュースとなって送り届けられるまでのプロセスが描かれている。また受け手によって、そのニュース・ストーリーは準拠集団のメンバーに伝えられる。

　この図はまた、ゲート・キーパーによる情報の選別作業の実態をも示している。この図で、Cの記号で示されているニュース素材の選別に当たっている者たちは、ゲート・キーパーと呼ばれる者たちでもある。マクネリーはニュース素材である何らかの出来事が、ニュース素材として送り届けられるまでの経過に着目し、このゲート・キーパーたちが日々流れ込むニュース素材の中から、自らのメディアにふさわしい素材を選別する作業を行うことでニュース・ストーリーが送り届けられるさまを図式化した。それは各担当者やニュース・ルームの同僚の判断や関係するセクションとのやり取りによって選別され送られているものであることに着目したものである。

　このマクネリーのモデル図は、インターネット登場前のもので、送信手段を大手メディアが独占していた時代のニュース情報の流れを図式化したものである。今日の国際報道の現場では、このモデルに当てはまらないニュース・レポートも出現しつつある。本国や地域の本社の編集スタッフがインタ

図8−2　マクネリーのモデル

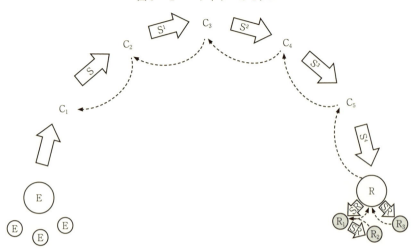

E：ニュースによる価値のある出来事
C_1：外国の通信社の特派員
C_2：現地支局の編集主幹
C_3：通信社の支局長または編集長
C_4：本国または地域を統括する局の編集者
C_5：電信入力担当者やラジオ・テレビニュースの編集局スタッフ
R＝受け手
R1, R2, etc. ＝家族、友人、同僚等
SR：口伝えされた物語
◀---：フィードバック

出典：Watson, James *Media Communication-An Introduction to Theory and Process*
　　　(Macmillan Press LTD. 1998) p.110

ーネット経由で直接現地から入手した情報を用いて本国にいながらにして記事を執筆し、現地のスタッフからの記事をリレーする従来のプロセスを省略してしまう事例などである。今後ソフト技術の進化によって、画像の緻密性やアマチュアによるレポートの技術的な問題点さえ克服されれば、ツイッターやYouTube（ユーチューブ）等に投稿されたメッセージや映像を素材として用いる海外レポートは、確実により多く登場することになるだろう。
　このマクネリーの図も示しているように、海外からのニュースも、実際は人からひとへ、それぞれのセクションにいる者たちの手によってリレーされ

たものであり、海外からのトピックが掲載記事に値するかどうかをそれぞれのセクションの個人的な判断が選別基準となっており、国際報道にはジャーナリストが重要な役割を果たしていることがわかる（ヘスター：Hester [1973]）。現地の特派員からのニュース記事を受け取った担当者たちが次のセクションの担当者にニュース素材を送るときに、そのトピックが時宜を得ているのかどうか、受け手にとって重要な話題かどうか、人びとの関心を呼ぶのか、また感動を喚起するものであるのかどうかなどがケースごとに判断基準とされることになる。いわばパーソナルな伝達作業のそれぞれの段階で、各中継ポイントにいる担当者が、絶対的な選別の基準とか厳密なマニュアルとかがあるわけではなく、それぞれが主観的に判断することで、ニュースは選別される。

　それではいったいどのようなニュースが最終的に、本国の読者や視聴者に送り届けられるのだろうか？　以下は、1970年代の後半から1980年代の初頭にかけてユネスコのために国際マス・コミュニケーション学会が行った調査の結果から得られた、国際的なニュース報道に共通してみられる傾向である。（Annabelle Srebany-Mohammadi［1984］）：

① 海外からのニュースの選択基準は、ほぼ全世界にわたって共通している。

② それぞれの国のメディアはすべて自国の出来事や登場人物を強調している。

③ アメリカと西ヨーロッパがどの地域においても常にニュースの種となる。

④ アメリカ・西ヨーロッパの次に来るのが「紛争・災害」など、異常な出来事の現場（ホット・スポット）である。

⑤ 第三世界の国ぐには「ホット・スポット」として扱われない限り、社会主義国と同様に、国際ニュース報道において最も登場回数の少ない地域である。

⑥ それぞれの国のニュース通信社やそれぞれの国の特派員が国際ニュースの重要な発信源であり、国際的なニュース通信社がそれに次ぐ。

それぞれの国のマス・メディアに登場するニュース・トピックは、まず自国のことが優先となり、たとえ外国に関するトピックが登場することがあっても、それらは経済大国を発信源とするニュースが中心となる。それ以外の国のニュースが登場するのは、紛争や災害などの未曾有の出来事に見舞われる、世界中の人びとの視線が注がれる「ホット・スポット」になった時に限られる。また、そのような出来事を伝えているのは特派員である。このような国際的なニュースの流れの傾向はどの国のメディアにおいても共通してみられる。

そのようなジャーナリズム活動に影響を与えているニュース・バリューについての先駆的な研究として、ガルチュングとルージ（Galtung and Ruge [1965]）の研究がある。以下にあげるゲート・キーパーたちに採用されやすい海外からのニュース素材に見られる 12 の項目は、ガルチュングのオリジナル論文と、そのガルチュングの原著を参考にしてハーバート（Herbert [2001]）が作成したカテゴリーの両方を照らし合わせながらカテゴライズしたものである。以下の条件を満たしたニュース素材が、国際放送におけるゲート・キーパーたちによる選別作業の関門をくぐりぬけて、新聞の紙面やニュース番組に到達することになる：

① 周期との一致（frequencies）
日本における全国紙の発行は毎日 2 回、テレビのニュース番組は朝と昼と晩にそれぞれニュース番組の枠を持っているように、どのメディアにも次のアウトプットまでの周期があり、編集活動はそのルーティンに合わせて行われている。それぞれの周期に一致しやすい出来事ほど取り上げられやすい素材として編集者にアピールする。

② 衝撃の大きさ（amplitude）
事件や事故の衝撃が大きいほど、ニュース選定担当者にとっては選びやすい素材となる。

③ 非曖昧性（unambiguity）
ニュース素材は単純明快であることがまず求められるため、不確かな要素を含まない出来事ほどニュースになりやすい。内容の理解が容易で、多義的

な解釈を招かないエピソードほど、ジャーナリストには扱いやすいからである。

④　文化的類似性（cultural proximity）

ニュースの発信地と受信地が、同じ言語を共有しているとか、植民地支配などによる関係があった国のエピソードなど、文化的つながりが近い国からの出来事ほど、読者や視聴者は親近感を持ちやすい。お互いの持つ文化的背景が類似しているほど、その出来事への理解を助けることもあり、ニュース素材として受け入れやすくなる。

⑤　予定調和性（predictability）

ニュースを選別する者たちは、あらかじめこうあってほしい、こうあるべきという願望や先入観をそれぞれ持っている。ジャーナリストたちが、意識的・無意識的にあらかじめ描くニュース・ストーリーのシナリオに当てはまりやすい素材が、より記事として選ばれやすい。

⑥　予期できなかったこと（unexpectedness）

まったく予想外の出来事や、めったに起きない事件はニュースになりやすい。その前提として、ニュースの発信地と受信地が同じ文化圏にある必要がある。

⑦　連続性（continuity）

ひとたびヘッドラインを飾った出来事は、しばらくは注目を集めやすいので継続して取り上げられやすい。読者や視聴者に、そのトピックがすでに認知されていることもあり、それに続くニュース・レポートは、ニュース選別への正当性が付与されやすい。

⑧　バランス（composition）

ある出来事のニュース・バリューよりも、新聞の紙面や番組の構成上のバランスから、その枠や他のエピソードと相性の良い記事であることの方が、より選ばれやすいので基準になることもある。

⑨　力のある国家（reference to elite nations）

他国より文化的、経済的、政治的に優勢を誇るエリート国家の出来事の方が、より多く取り上げられる傾向にある。

⑩　より権力に近い者（reference to elite persons）

ニュースを選別する者たちは、より社会的地位が高く、政治的・経済的に権力の中枢に近いエリートの行動の方が重要であると考える傾向にある。

⑪　個人名の言及（reference to persons）

特定の個人の名前をあげて、その人の行動を通じて出来事を描いた方が理解されやすいため、ニュースとして採用されやすい。

⑫　否定的なこと（reference to something negative）

明るいニュースより、不測の事態の方が選ばれやすい。曖昧な部分のない否定的な出来事の方が、受け手を納得させやすいからである。

海底ケーブルと情報覇権

有山輝雄『情報覇権と帝国日本Ⅰ：海底ケーブルと通信社の誕生』（吉川弘文館、2013 年）

　　　　『情報覇権と帝国日本Ⅱ：通信技術の拡大と情報戦』（吉川弘文館、2013 年）

　情報のグローバルな覇権争いとは何を意味するのかを歴史の視点から考えさせてくれる本である。また、メディア史を検証する切り口とともに、グローバルな視点からメディアを考えるヒントも提供してくれる。

　本書には、幕末から 1945 年の敗戦までの期間における通信技術（ハード）と情報の生産配信機構（ソフト）の二つの側面から国家間の情報の流れを検証することで、国際的地位の上昇を意図して西欧情報覇権へ果敢に挑んだ明治維新以降の日本がたどった軌跡が検証されている。

　幕末の開国は、海底電線（ハード）と通信社（ソフト）のネットワークを既に張り巡らした西欧の情報覇権のもとに日本が従属しなければならないことを、初めて思い知らされた機会でもあった。時すでに西欧の海底電線会社と通信社が独占的協定によって世界を分割支配しており、東アジアにおいては大北電信会社と大東電信会社が電信線によるネットワークを構築し、対外情報の送受信はこれらの企業と連動していたロイターの寡占状態にあった。

　対外情報戦が繰り広げられる戦時体制下になると、内閣情報局へと国家宣伝の機関が設置拡大され、そのもとで国策通信社による国策宣伝という形で、情報覇権をかけた日本の挑戦が始まるものの、軍事的拡大を正当化する対外

情報戦は敗戦ということで終焉する。これはまた、覇権形成を目指した日本にとっては挫折を意味するものであった。

国際報道への理解をさらに深めるには以下の書籍も参考になる：
　　　木村昌人＝田所昌雪『外国人特派員』（ＮＨＫブックス、1998年）
　　　萩原滋『テレビニュースの世界像　外国関連報道が構築するリアリティ』（勁草書房、2007年）
　　　吉田文彦『データが語るメディアの国際報道』（東海大学出版部、2014年）

第3節　日本発ニュースの検証

　国際社会におけるこれからの日本の立ち位置を示すような記事やニュースには「日本からの情報発信」という言葉が頻繁に登場する。グローバライゼーションという、これまでの社会のまとまりまでも大きく変えるようなうねりの中で、日本を海外にアピールすることは、今後の日本には大きな課題となっているようだ。この言葉には、1980年代に経済大国として海外からの注目を集めたものの、バブル崩壊後の経済の低迷やアジアにおける他の国の台頭に押されがちな日本を復活させるという、日本側からの意図的なプロモーションの意味合いも込められている。

　あるとき、この「情報発信」という言葉の英訳を試みたが、そのまま当てはまる英語の表現が見当たらないことに気が付いた。この言葉が使われるテクストの文脈を見ると、海外に日本をアピールしようとする者たちの意気込みや取組みなどを含むものが多くみられる。中には、「日本発のものが海外で注目を集めている」というニュースに喜ぶ日本人向けの、その実態以上に誇張したエピソードも含まれている。実際のところ海外のメディアに採用されやすいのは、異文化の人から珍しい習慣や慣習、国家元首や政治家・企業家の振る舞いや発言、未曾有の災害など、その国の読者や視聴者にアピールできるもの、すなわち、その国の読者たちの物差しに当てはまる日本固有の

ニュース素材がその国のメディアのゲート・キーパーの関門をくぐりぬけて送り届けられただけであり、「ニュースの流れ」という言葉しか英語には存在しない。

　この節では、欧米とアジア地域の現地の新聞に実際に登場した日本発の記事を分析した調査の結果を紹介しながら日本発のニュースの実情を紹介しよう。この調査は東京経済大学にあった国際メディア・コミュニケーション研究所が2007年の7月と8月に欧米とアジアの主要都市から取り寄せた現地の新聞から、すべて日本を発信源とするニュース記事を抽出して、比較分析したものである〔註(3)〕。

　表8―1は、国別の新聞のリストとそれぞれの記事の本数である。新聞記事の本数は、欧米の新聞よりも、アジア地域の新聞の方が圧倒的に多かった。その中でも突出して日本発の記事を掲載していたのは、新聞の頁数そのものが他の新聞に比べて多くないにもかかわらず掲載記事の本数が多かった東亜日報（韓国）、ジャカルタ・ポスト（インドネシア）、ハンギョレ新聞（韓国）であった。

　この期間の新聞すべての記事総数は1269本であり、この調査期間内に取り上げられた新聞一紙あたりの平均の記事数は79本となった。記事をジャンル別にみると、最も掲載された割合の高かったものは「政治」に関するもので、全体の29.1％であった。次いで多かったのが「経済」の21.8％、「スポーツ」16.9％、「社会問題」13.7％、「文化・社会現象」11.6％と続いた。この調査の対象となった新聞には経済新聞が含まれていることや、期間中に国際的なスポーツ大会が大阪で開催されたこともあり、この構成比のみから一般化することはできないものの、新聞にはテレビなどの娯楽メディアとは異なり、政治や経済に関するトピックが必ず登場することが明らかになった。

　また、この調査結果が示していた興味深い結果の一つは、首相が最も登場した日本人であったという点である。安倍首相は合計306本の記事に登場し、そのうちの154本には顔写真も掲載され、第一面に掲載された記事は19本であり、他の日本人の政治家の出現頻度を圧倒していた。これは、どの国のマス・メディアにも見られることであるが、国家元首や首長はその国の顔となり、あたかもブランドのトレードマークのように、マス・メディアでは扱

第8章　国際報道と日本　233

表8－1　調査対象となった新聞と日本発の記事の本数（2007年7・8月 単位＝本）

国名	新聞名	記事の本数（本）	
アメリカ	① The New York Times	68	
アメリカ	② USA Today	40	
アメリカ	③ The Wall Street Journal	51	
イギリス	④ The Guardian	34	
フランス	⑤ Le Monde	23	
香港	⑥ South China Morning Post	126	
インドネシア	⑦ The Jakarta Post	144	◎
インド	⑧ The Times of India	52	
フィリピン	⑨ Manila Bulletin	67	
シンガポール	⑩ The Straits Times	134	
中国	⑪人民日報	73	
中国	⑫ China Daily	57	
台湾	⑬中国時報	83	
韓国	⑭東亜日報	160	◎
韓国	⑮ハンギョレ新聞	122	◎
韓国	⑯ The Korea Herald	35	

註：◎は新聞紙面のページ数が少ないにもかかわらず掲載記事数の多かった新聞を示して
　　いる。
　　調査期間の日曜日の新聞は除いている。
出典：東京経済大学国際メディア・コミュニケーション研究所『日本発国際ニュースに関
　　する研究』（財団法人新聞通信調査会、2008年）30頁。

われている。いわばその国の代表として、まず海外の人たちのいだく日本人
のステレオ・タイプ的なイメージ形成に少なからず影響することが推測でき
る。
　この期間を調査対象期間とした最も大きな理由は、まず原爆記念日と終戦
記念日をめぐる外国メディアの報道の実態の検証を意図したことと、参議院
選挙に加え、8月の末には大阪で世界陸上の大会が予定されており、短い期
間でありながら、海外からの関心を集めそうな多くの出来事が予定されてい

234

表 8 — 2　調査期間中の主な出来事（2007 年）

政治・政治家	久間防衛大臣原爆投下容認発言　6 月 30 日 参院選公示　7 月 12 日 参院選投票日　7 月 29 日 自民党歴史的大敗　7 月 30 日 赤城大臣更迭　8 月 1 日 安倍内閣改造　8 月 27 日
災害・事故	新潟中越地震　7 月 16 日 柏崎刈羽原発水漏れ　7 月 17 日 原発火災　7 月 19 日 中華航空機燃料漏れ炎上　8 月 20 日
記念日・イベント	原爆投下記念式典　8 月 6 日、8 月 9 日 終戦記念日　8 月 15 日 世界陸上大阪大会　25 日〜

出典：東京経済大学国際メディア・コミュニケーション研究所『日本発国際ニュースに関
　　する研究』（財団法人新聞通信調査会、2008 年）38 頁の表より作成。

たからであった。表 8 — 2 は、この調査期間中に各新聞紙面を飾った出来事
である。政治関連の記事では、参議院選挙の大敗に加えて、閣僚の問題発言
や更迭も関心を集めた。この調査期間中には、はからずも新潟中越地震が発
生し、柏崎刈羽の原子力発電所のプラントで事故が起きたが、これらの出来
事に対しても海外のメディアは大きな関心を示した。

　それぞれの新聞の取り上げたトピックを時間的な経過とともに検証するこ
とで、日本情報の採用方法は、三つのパターンに区分された。それらは、図
8 — 3 に示したように「Ⅰ　欧米型」、「Ⅱ　東南アジア型」、「Ⅲ　隣国型」
に分類した。

　Ⅰの「欧米型」は、欧米の価値観に基づき記事の選別を行っている新聞の
示したパターンである。どの新聞にも、おしなべて日本に関する記事そのも
のが少なく、新潟地震と原発の事故に大きな関心を示す記事が掲載された後、
世界陸上の大阪大会に本国から来た記者たちによる自国のスポーツ選手の活
躍の様子を伝えるレポートが若干の頻度を押し上げた。

　欧米の各メディアにとって、日本はアジア地域に位置する一つの国に過ぎ
ないためか、その他の出来事はほとんど紙面には登場しなかった。前述した

第8章 国際報道と日本 235

図8―3 日本情報採用のパターン

Ⅰ. 欧米型 Europe-US Pattern

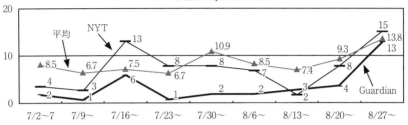

Ⅱ. 東南アジア型 Southeast Asia Pattern

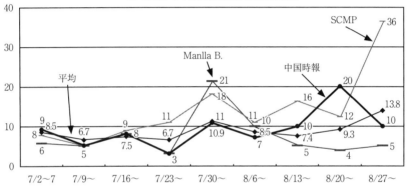

Ⅲ. 隣国型 Neighbor Pattern

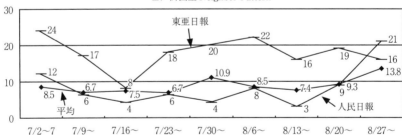

出典：東京経済大学国際メディア・コミュニケーション研究所『日本発国際ニュースに関する研究』（財団法人新聞通信調査会、2008年）40頁。

ように、先進国からはホット・スポットやメディア・イベントにならない限り、ニュース素材として関心が持たれないという点において、このタイプの新聞が示した傾向は、国際的なニュース報道の流れの法則通りであった。

Ⅱの「東南アジア型」は、日本からの情報を万遍なく伝えていた。各地域の新聞によって採用された日本発の記事のジャンルや量には、それぞれ若干の違いは散見されるものの、欧米型に比べて、明らかに文化的類似性（cultural proximity）が作用していると考えられる。これらの国ぐににとって、日本はアジアの中では経済大国の一つである。東南アジア諸国と日本の間には、経済的な結びつきもあることからも、各国の人びとが日本発の政治的・経済的な情報にはとりあえず一目を置くこともその理由の一つであろう。また今回対象とした新聞には英字新聞が多く含まれていたことも理由として考えられる。

　この一連の調査プロジェクトでは、東京在住の海外特派員についても調べたが、ロイターやＡＰなどの欧米の大手通信社の特派員が、東京には多く駐在していることがわかった。海外のニュースは、世界中の多くの新聞社にとって商品的な価値を持つものであり、アジア経済圏でビジネスを展開している東南アジア諸国の新聞社は、これらの欧米のニュース・エージェンシーにとって、東京発の情報を購入してくれる貴重な顧客であることが、ここからは推察できた。

　Ⅲの「隣国型」に当てはまる新聞において掲載された記事数は、他のグループの新聞の記事数を圧倒しており、これらの国にとって日本は高い関心を持つ国であることを示唆していた。文化的・地理的至近性を示す記事に加え、領土問題、戦後処理問題を扱った記事も多く紙面を飾っていた。とりわけその傾向が強かったのが韓国の新聞であり、紙面では日本の動向や発言を丹念に伝えていた。日本との経済的な結びつきに加え、両国間の歴史認識、領土問題もあり、日々首相や政治家の言動をチェックし、日本国内で活躍する同胞のスポーツ選手の様子や、日本の新聞でも見過ごしてしまいそうな技術革新のトピックに至るまで、韓国の新聞はきめ細かく日本情報を伝えていた。また中国・韓国ともに、通信社ではなく、現地に派遣した特派員の取材による記事が多くみられた。

　図8―4はニュースの発信地別の記事量の割合に合わせて作成した地図である。海外で取り上げられた記事の発信地を東京都とそれ以外の地方を五つの地域に分けて、その記事数を比較したところ、東京発の記事が全体の

第8章　国際報道と日本　237

図8―4　地域ごとのニュース記事発信数から描いた日本地図

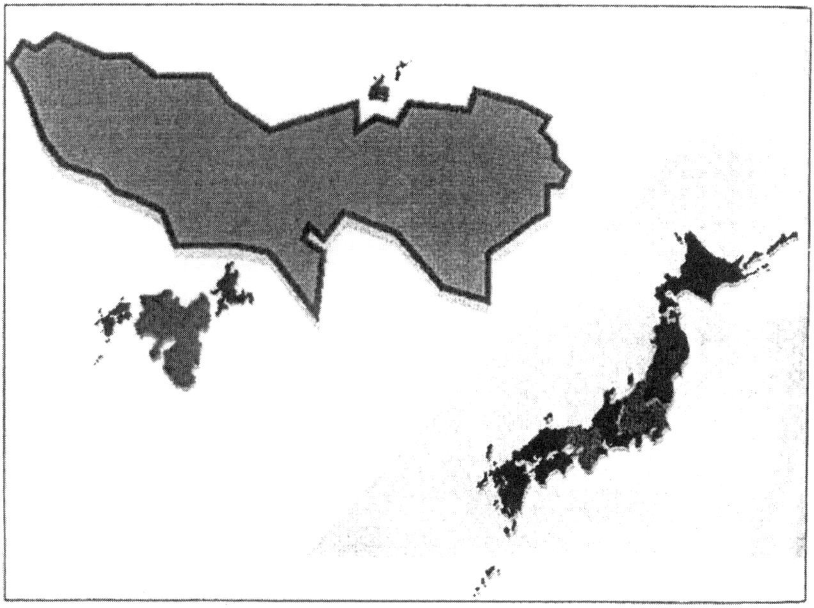

出典：東京経済大学国際メディア・コミュニケーション研究所『日本発国際ニュースに関する研究』（財団法人新聞通信調査会、2008年）58頁。

70.9％（900本）であることがわかった。日本発の記事の数は、東京から発信されている記事が本数では圧倒しており、首都が海外の新聞に登場する日本情報の主たる発信源となっていた。それは、日本に派遣されている海外特派員のほとんどが東京を活動拠点としており、そのようなジャーナリストたちから送られた政治・経済の記事が、新聞メディアでは尊重されていることを示していた。

　この調査期間中には、大阪で世界陸上の大会が開催され、また新潟では大きな地震と原子力発電所での事故などが起きているにもかかわらず、東京以外の発信元の地名が確認できた記事は240本（18.9％）に留まった。この結果は、日本における地方から海外に向けた情報発信の実情を示すとともに、日本国内発の国際報道のニュースの流れにも不均衡があることを実感させられるものとなった。

238

　8月になると日本国内のマス・メディアでは、アジア太平洋戦争時の原爆投下と終戦記念日の特集が紙面を飾るようになる。ここでは日本国民が忘れてはならない集団の記憶を伝えるマス・メディアの役割が発揮され、戦争を体験した世代がますます少なくなってゆく今後も、新聞は戦争体験を後世に伝える語り部の役割を果たすことだろう。

　海外メディアの扱いも、広島と長崎への原爆投下に関してだけは例外で、それぞれの追悼式典は世界中から注目を集めていた。リアルタイムで式典を伝えていたアメリカのニュース専門チャンネルも含めて、日本の記念式典は丁寧に紹介されており、人類史上初めて、社会生活を営む普通の人びとに対して、大量殺戮兵器である原子力爆弾が広島と長崎に2度にわたり投下されたという史実の重みを反映するものとなっていた。

　筆者はかつて、米国ワシントンD.C.のスミソニアン博物館を訪れる機会に恵まれた。そこで目にしたアメリカの歴史をたどるコースでの第二次世界大戦終結と原爆投下の展示では、終戦を知りニューヨークの大通りに出て歓喜に沸くアメリカ国民の大きな写真のパネルの前に、エノラ・ゲイ（Enola Gay ＝原爆投下を行った爆撃機につけられていた呼称）によって投下された原子力爆弾の模型が置かれていた。それは、「ヒロシマ・ナガサキへの原爆の投下は、第二次世界大戦の終結を早めることで多くの命を救った救世主となった」というアメリカ国民のごく一般的な歴史認識を反映するものであった。

　たとえ受け止め方はそれぞれの国や各個人によって異なっていようとも、ヒロシマ・ナガサキへの原爆投下の被害者たちを追悼する式典を、その出来事をいつまでも記憶し、一瞬にして命を落とした多くの市民や後遺症で苦しんできた人びとへの思いを世界中で共有するべき瞬間であるとして、日本の新聞以上に大きく扱い、その国の読者たちに伝えていた新聞もあった。それはアジア太平洋戦争では激戦地となり地元民も多大な被害をこうむった国の新聞でもあった。

註：
⑴正式な名称は「平和と国際理解の強化、人権の促進、ならびに人種差別主義、

第 8 章　国際報道と日本　239

マニラ・ブレティン　2007 年 8 月 7 日

出典：東京経済大学国際メディア・コミュニケーション研究所『日本発国際ニュースに関する研究』（財団法人新聞通信調査会、2008 年）58 頁。

アパルトヘイトおよび戦争の煽動に対抗するうえでのマス・メディアの貢献に関する基本原則の宣言」。日本新聞協会研究所年報第 3 号に全訳が掲載されている。

(2) 正式な名称は「コミュニケーション問題研究国際委員会」である。ノーベル賞受賞者である委員長のショーン・マクブライド（Seán MacBride）はアイルランドの元外務大臣でアムネスティ・インターナショナルの創設者でもある。この

成果がユネスコから出版された『多くの声、一つの世界』という本である。

(3)東京経済大学国際メディア・コミュニケーション研究所が2007年7月1日から2007年8月31日（日曜日を除く）まで、欧米及びアジア地域から取り寄せた16紙の新聞の内容分析を行ったものである。この期間に調査対象国の現地で発行された新聞をすべて取り寄せ、その新聞の中にある日本を発信地としている新聞記事1269本を全て抽出し、その傾向を量的・質的に分析したものである。この期間を選んだ第一の理由は、その前年に行われた首相の靖国参拝へのアジア諸国の反発が強かったことによる。しかしながら、この年の夏に首相の靖国参拝はなかった。

　この調査の後、世界的な流れとして、紙媒体による新聞の時代が終焉しつつある。紙媒体で発行されていた新聞がネットへと移行したばかりではなく、新聞そのものが消えていく傾向にもある。実査を行った2007年は、リアルタイムで紙媒体の新聞を用いた調査を実施する最後のチャンスであったようだ。プロジェクト全体の詳しい結果は、東京経済大学国際メディア・コミュニケーション研究所『日本発国際ニュースに関する研究』（財団法人　新聞通信調査会、1200円）にまとめられている。

参考文献

東京経済大学大学院コミュニケーション学研究科編『日本の国際情報発信』（芙蓉書房出版、2004年）

東京経済大学国際メディア・コミュニケーション研究所『日本発国際ニュースに関する研究』（財団法人　新聞通信調査会、2008年）

トムリンソン，ジョン／片岡信訳『文化帝国主義』（青土社、1993年）〔原著：Tomlinson, John *Cultural Imperialism*（Pinter, 1991）〕

バグディキアン，ベン・H／藤竹暁訳『メディアの支配者——米マスコミを独占する500の企業』（光文社、1985年）〔原著：Bagdikian, Ben H. *The Media Monopoly*（Beacon Press, 1983）〕

長谷川倫子「日本からの国際ニュース調査」東京経済大学国際メディア・コミュニケーション研究所『日本発国際ニュースに関する研究』（財団法人　新聞通信調査会、2009年）25—75頁

フレデリック，ハワード　H．／川端末人・武市英雄・小林登志夫訳『グローバル・コミュニケーション　世界秩序を迎えたメディアの挑戦』（松柏社、1996

年）〔原著：Frederick Howard H. *Global Communication & International Relations*（Woodworth, Inc., 1993）〕

ユネスコ／永井道雄訳『多くの声、一つの世界』（日本放送協会、1980 年）〔原著：Sean MacBride, *Many Voices, One World-Report by the International Commission for the Study of Communication Problems*（UNESCO, 1980）〕

Annabelle Srebany-Mohammadi "The 'World of the News' Study: Results of International Cooperation," *Journal of Communication*, Winter 1984, vol. 34, no. 4: 121-142.

Galtung J. and M. Ruge, "The Structure of Foreign News: The Presentation of Congo, Cuba and Cyprus in Four Norwegian Newspapers," *Journal of Peace Research*（1965）1: 64-91.

Hester, Al, "Theoretical Consideration in Predicting Volume and Direction of Information Flow," *Gazette* 19（1973）: pp. 238-247.

Herbert, John, *Practicing Global Journalism-Exploring Reporting Issues World Wide*（Focal Press, 2001）

第9章 マス・メディアと現代社会
──過去・現在・未来へ

マス・メディアが我々の社会に持つ意味（有用性）というのは、そのジャーナリズム性にあるといえよう。ジャーナリズムとは、その語源の通り"日々の"記録ということである。かつてドイツの哲学者ショーペンハウアー（A.Schopenhauer 1788-1860）は「新聞は世界史の秒針である」といったが、この社会のできごとを刻々と記録し、報道するジャーナリズムの機能があればこそ、マス・メディアやジャーナリストの活動、役割が人々に期待され、尊重されているのである。ただ、歴史を刻むといっても、社会を構成する人間の活動は、国、地域によって同じではない。時代によっても大きく違っている。そこにジャーナリズムの活動の相違、変遷がある。また新しい伝達手段・方法の出現・衰退によって、メディア・コミュニケーション、個々のメディアの社会における役割は、変化することもあるが、ジャーナリズムの使命は変わらない。

メディアのジャーナリズム活動といっても、現在ではいろいろな分野があげられるが、基本的なものは報道機能と言論機能である。古来多くの人、特に権力者がメディアを利用し、時には権力を行使したのはこの機能のためである。そこでまずメディアに現れたこの二つの活動をたどり、その社会の性格、特徴、つまりその歴史をたどってみよう。それによって逆にその時代のメディアのあり方がわかるということにもなる。

I　報道──ニュースの変遷

報道の基本はニュースである。通信・伝達（公示）手段が始まったといわれるローマ時代の初期のニュースは、元老院・民会の議事録など（アクタ・ディウルナ＝Acta Diurnaと総称されている）や、貴族同士の"書簡"によるニュース交換であったといわれる。これは中国においても同じで、唐の『邸報』は、都、長安からの法令、公報、皇室の動静などを各地に伝える内容だった。

次いでヨーロッパにおいては、十字軍の遠征やトルコの侵入などが相次ぐと、戦いの模様、辺境地区のできごとなど、外部世界とのかかわりが関心の的になってくる。同時に都市の成立に伴い広域的な経済活動が盛んになると、商売に関する各地のニュースの需要が高まった。アウグスブルクの豪商、フ

第9章　マス・メディアと現代社会——過去・現在・未来へ　245

ッガー家の『フッガー・ツァイトゥンゲン＝Fugger Zeitungen』などはその一例である。

　このようにニュースとは、まずその社会のルール（政府、為政者の決定、方針など）を伝えること、次いで社会環境の変化、特に暮らしや生命の危険、安全にかかわるできごとを通知すること、さらには人間の営みに関する事項、特に経済、商業活動に関する内容が古来中心になっている。

　日本でも、幕末に現れた初期の伝達メディアは、海外の事情を紹介するものであった。これは日本の特殊な政治情勢にもよる。長い鎖国政策を転換して、開国に踏みきった当時の日本人にとって、海外の諸情勢、未知の外国の様子は最大の関心事だった。

　徳川幕府が倒れ、明治に入ると、新政府の新しい示達公布の役割が新聞に求められた。維新による政治制度の変革は、中央政府のみならず、藩に替わって設けられた各府県にも及んだため、府県は率先して新聞紙の発行を薦めて、公示の手段とするとともに「知識ヲ広メ陋習ヲ免レントスル捷経ハ新聞誌ヲ見ルニアリ」（明治6年2月『埼玉新聞』緒言）と近代国家へ進む手段として、新聞を活用しようとした。メディアの社会教育機能が、ここで認識されたわけである。以後、新聞は、文明開化の推進手段となるとともに、孝行・出世美談、勧善懲悪の道徳思想に基づく善行や犯罪記事などを掲載し、これが当時の人々に社会を支える規範（ルール）として受け入れられた。

　19世紀から20世紀にかけて日本は、欧米の先進国にならい、立憲君主国の制度を整え、資本主義国家への道を歩み始める。それとともに議会、内閣、政党などの政治ニュースや経済ニュースが報道の基本となっていった。

　ところで近代日本のメディア報道の中で、特別な位置を占めていると考えられるのが災害と戦争である。これは近代的メディア以前の、いわゆる「読売瓦版」といわれる「一枚刷」の役目にも当てはまる。江戸時代の日本では、火事、地震、津波、火山の大噴火などが相次いだ。これらの自然災害の伝達に「瓦版」は大きな役割を果たしている（当時の瓦版は、現在でも日本の地震研究の貴重な資料となっている）。新聞社は、これら自然災害に対して早くから多角的な取組みを行い、被災報道のみならず、救援・募金活動など被害者救済、並びに対策にも力を入れてきた。

戦争報道では、国内報道の始まりでもあった戊申戦争（1868年）から、西南戦争（1877年）を経て、日清戦争（1894—95年）に至って、はじめてリアルな新聞報道のスタイルが確立、日露戦争（1904—05年）では戦場写真も登場した。だが第一次世界大戦（1914—18年）を経て、昭和のアジア・太平洋戦争に至ると、言論・報道が、戦争遂行という国策によって、伏せられたり、一方的に曲げられるという特別な事態を、メディア界は迎えることになった。戦争は、新聞やラジオ放送などのメディアの普及、発展に貢献した面も大きいが（短波放送は外国からの言論を遮断する意味で聴取が禁止された）、軍部並びに関係機関（政府、指導者など）によって真実が隠されてしまうというのは、日本だけではなく、湾岸戦争（1990年）の例を見ても世界に共通する動きである。

　第二次大戦後の日本のメディアは、民主主義体制のもと、戦前の報道に対する反省もあって報道の客観性が強く要請されることになった。このことは以後の日本の報道のあり方にも少なからぬ影響を及ぼした。つまり政府、官僚など為政者側の報道のほかに、民衆、世論の動向を探り伝えることが、大きく国の進路を方向づけることになったからである。

　だがここに問題がないわけではない。現在のジャーナリズム界では、主観性の排除を意識するあまり、第三者の言を（または見たことだけを）そのまま伝えるのが《客観的》と誤解されている場合が多い。客観的記事とは、取材を積み重ねた上で（よく記者は「裏をとれ」といわれるが、これは関係者の話を鵜呑みにせず、談話は必ず裏づけをとって確認してから記事にせよ、という意味）書いた記事でなくては《客観的事実》とはいえないからである。

　もうひとつの問題は、ニュース・バリューの選択基準、つまりニュースの判断力にかかわる問題である。例えば、日々の新聞のニュースの扱いが、ニュースそのものの意義（本来ニュース価値は、長い視点から総合的に判断すべきもの）よりは、単にその日のできごとの範囲の中で、人々の関心、注目を引きそうな事件を、一律に「その日の大ニュース」として大きく扱うようになっていることである。これは機能上、ニュースに大小の差をつけられない放送ニュース（せいぜい取り上げるニュースの順序か長さ、扱いの頻度で重要度の違いを示す程度）の影響とも考えられるが、新聞は紙面に記事を、ニュー

ス・バリューによって大小さまざまに配列することによって、そのニュースの重要性、価値を伝達できるところに特徴を持つメディアである。時には昨日のニュースと今日のニュースの重要性の違いを扱いの差で知らせ、読者の頭の中に、できるだけ誤りのない世界像・社会像を形成しようとする。新聞によって同一記事の扱いに違いがあるのは、その判断の差であり、各社、記者のレベルが判然とするから、記者には読みと分析が欠かせないわけである。

近頃一部に「見られ（読まれ）なければニュースではない」「おもしろくなければニュースではない」といういい方をする人があるが、テレビのニュース・ショーのように、政治でも社会現象でもヒューマン・インタレスト・ニュースとして扱われねばならないというのであれば、それは危険な見方である。「どんな重要なニュースでも読者に読まれなければ何にもならない」という意味でいわれたのであれば、それは重要な課題である。

II　言論機能——世論に訴え、社会を変える力

社会のできごとの伝達とともに、ある場合にはそれ以上に、ジャーナリズムに要請される役割が言論機能である。ジャーナリズムが人間の思想、表現を表す活動である以上、その言論主張の機能は切っても切り離せない。表現手段が、支配者のものであった時代は、言論をめぐる対立は生じなかった。せいぜい政治的反対者との争いであった。15世紀にグーテンベルク（Johannes Gutenberg 1400?-1468）が活版印刷術を完成して以来、印刷による複製物（出版物）が普及し、人々にいろいろな知識や思想を広めることになった。権力者が印刷物に警戒の目を注ぎ出したのはそれからである。16世紀に起こった宗教改革は、この印刷術の発明、普及を無視しては語れない。当時、新教徒の多い街に現れた新聞には、反カトリック色のものが多かったという。

こののち、欧州諸国に広まった新聞など種々の出版物は、人々の間にいろいろな思想を養い、伝播するのに貢献した。フランスの人権宣言（1789年）、アメリカの独立宣言（1776年）などに現れる人権思想は、その中から生まれたといってもよい。資本主義社会のみならず近代国家の成立に、出版物は少なからぬ役割を果たしたといえる。

JOIN, or DIE（Pennsylvania Gazette 1754. 5. 9.）

　このように新聞は、出現以来その言論機能によって、思想、宗教、文化に種々の影響を及ぼしてきたが、注目されるのはその政治的機能である。民主政治の確立に大きな役割を果たした英国の議会制度の成立・発展は、ジャーナリズムの言論を無視しては語れないし、アメリカの独立運動には、新聞の役割が非常に大きかった。

　ひとつ有名な例をあげると、フランクリン（Benjamin Franklin 1706-1790）が、オルバニー会議をひかえて、植民地連帯意識を昂揚するために『ペンシルベニア・ガゼット』（Pennsylvania Gazette）1754年5月9日号に掲載した蛇の諷刺画「結合か死か（JOIN, or DIE.）」で、この風刺画は、植民地の人々の脳裏に深く刻まれ、1765年の印紙条例に対する反対闘争や、1775年の革命戦争の際にも『マサチューセッツ・スパイ』（Massachusetts Spy）などいくつかの有名な新聞にも使われ、独立のために戦う人々を鼓吹した。

　この新聞による言論活動は、社説など社論や署名論文によって行われるのが一般的だったが、時には報道と社論を総合して行われることもある。これをキャンペーンというが、欧米ではクルーセード（crusade）と呼ぶものが多い。

第 9 章　マス・メディアと現代社会──過去・現在・未来へ　249

　そもそも crusade は、社会悪の粛正、撲滅など社会改革運動を指し、campaign は、選挙戦、遊説などの勧誘、（社会的）運動に使われることが多いが、必ずしも明確な違いはない。典型的なクルーセードとしては『ニューヨーク・タイムズ』が、タマニー・ホールに陣取り、南北戦争直後のニューヨーク市政を牛耳っていた民主党の一派にメスを入れ、1870 年から 71 年にかけて論陣を張り、「ボス・ツイード」一派を打倒し、市政浄化の成果をあげた例が有名である。戦後では、1972 年の大統領選挙を前にして、民主党全国委員会本部（Watergate）に侵入した犯人が、共和党のニクソン再選委員会から資金を得ていた事実を『ワシントン・ポスト』が暴露し、ついに大統領辞任にまで追い込んだウォーターゲート事件が、米国における言論の力を世界に見せつけたできごととして知られる。

　同様な例としては、わが国でも新興企業「リクルート」が、事業展開に関連ある政界、財界、官界、報道界の有力者に、関連企業の未公開株を安く譲渡して、莫大な利益を提供していた事実を『朝日新聞』が 1988 年から 89 年にかけて暴露・追及して、竹下登首相はじめ関係要人を退陣に追い込んだリクルート事件などの調査報道によるキャンペーンは有名である。

　このような社会悪の摘発、社会の不正を正す動きは、言論活動をめざすメディア、およびそれに携わる人にとっては欠かせない役割である。それは記者を職業とする者だけにとどまらない。むしろその志を持つものが、ジャーナリストといえよう。そのような活動は新聞のみならず雑誌などの活字メディアによっても行われている。

　戦後の例を二つあげると、ひとつは占領下に起きた松川事件の裁判における作家広津和郎と『中央公論』の活動である。広津は『中央公論』1953 年10 月号に「真実は訴へる──松川事件・判決迫る」を掲載して以来、被告の容疑に疑義を抱き、54 年 4 月から 58 年 10 月まで、法廷記録を実証的に検討した裁判批判を連載、これが世論を巻き起こし、被告の無罪判決をもたらす原動力になったものである。戦前の雑誌は、日本の思想的運動の先駆者の役割は果たしてきたものの、実際の社会的活動に、直接力を発揮することは、ほとんどなかった。その意味でこの『中央公論』の役割は高く評価されている。

もうひとつは『文芸春秋』1974年11月号に掲載された立花隆の「田中角栄研究――その金脈と人脈」で、この論文がきっかけになって田中金権政治への批判が強まり、田中内閣は退陣に追い込まれることになった。雑誌の論文が政変の導火線になるというのも、これまでなかったことであった。

　放送の場合には、新聞や雑誌とは違った効果を発揮している。これは電波と活字の役割効果の違いによるものであるが、短期間のチャリティー、募金キャンペーンなどにはよく効果を発揮している。有名な例は、第二次大戦下のアメリカで行われた戦時国債募集キャンペーンで、1943年9月21日の戦時国債デーにＣＢＳ放送が、当時人気の高かったラジオ・スターを起用し、18時間で3900万ドルの戦時国債を売り上げたというもので、ケイト・スミス（Kate Smith）のマラソン放送として知られている。日本でもよく、テレビなどが24時間ショーとして募金キャンペーンを行っているのは周知の通りである。また放送にはもうひとつの違った役割機能がある。1962年の参議院議員選挙の全国区で、ＮＨＫテレビの人気番組で名を売った藤原あきさんが、100万票を超す支持票を集めて最高点で当選し、人々を驚かせた。以後テレビの人気タレントが、その知名度によって各種選挙で当選するようになったほか、最近では、ワイドショー化したテレビの政治番組が、選挙の動向に与える影響が問題になるなど、メディアによっては以前と違ったキャンペーン効果が出ているのも事実である。

Ⅲ　通信手段とメディアの発展

　多メディア時代といわれる現代は、種々の情報媒体が存在するほか、その伝達スピードは飛躍的に短縮されている。特にニュースにとって速さはその生命である。そこで通信（交通）手段の進歩が、メディアを発展・変化させることになる。ローマの通信は"道"の完備が基盤となっていたし、中国で新聞の祖といわれる『邸報』は、駅逓制度に支えられていた。定期の通信・運輸制度が実現すると、17世紀のドイツに週刊、次いで日刊の新聞が生まれた。郵便制度と新聞の発達が切り離せないのは、欧米も日本も同様である。

　日本で郵便が創業したのは1871年だが、当初から郵便は、新聞の配送のみならず、新聞原稿の送付にとっても欠かせない存在であった。電信が入っ

第 9 章　マス・メディアと現代社会——過去・現在・未来へ　251

たのは明治の初期のことだが、1870 年代の終わりには、全国ほとんどの主
要都市に電信局が設置された。1871 年には、長崎—上海間の海底電信が開
通、日本は、上海からインド経由で、欧州諸国、さらには米国とも電信でつ
ながるようになった。日本における真の意味の“開国”は、ここに始まった
といっても過言ではない。電話は、1876 年ベル（Alexander Graham Bell
1847-1922）によって発明されるとその年に日本に渡来しているが、実際に
実用化したのは 1890 年、東京・横浜で電話交換が開始されて以後である。

　この頃になると重要なニュースの送信には電信（電報）が使われているが、
料金が高かったため、使用はまだ限られていた。1889 年 2 月 11 日大日本帝
国憲法が発布されたとき『大阪朝日新聞』が全文を東京から大阪へ電報で送
って号外を出し、世間を驚かせたのは有名な話である。電話の活用はさらに
遅れる。1899 年東京—大阪間に長距離電話が開通するが、これを契機に新
聞社には、記者の電話送稿を速く、間違いなく書き取るための速記者が現れ
る。以後速記者は、送稿が電話からコンピュータ入力に替わる 1990 年代ま
で、長く新聞社の通信部門を支えてきたのである。

　写真の電送が本格的に取り入れられたのは、昭和天皇即位の大礼が行われ
た 1928 年からで、以後、戦争に突入すると、大陸や戦地からの写真電送は
増え、性能も向上するが、まだ運搬手段としては“伝書鳩”などとの併用が
続く。戦後、模写電送（facsimile）の技術は、急速に進歩し、他方マイクロ
波（micro wave）網の敷設が進むとともに、写真のみならず、紙面の電送ま
で可能になった。1959 年 6 月『朝日新聞』が札幌で、ファクシミリ方式に
よる新聞の印刷、発行を開始したが、これは世界ではじめての試みとして注
目を集めた。通信伝送機器の発達によって、戦前からの新聞街の名物だった
伝書鳩が消えたのも、この頃である。さらに 1980 年代から 90 年代にかけて、
新聞の製作過程は一変する。コンピュータの導入により、グーテンベルク以
来の活字がなくなり、記者の原稿は、紙と鉛筆からワープロ（word
processor）、パソコン（personal computer）入力に替わった。また写真機材と
その伝送手段も大きく変化した。電子カメラの写真は、1984 年のロサンゼ
ルス五輪が最初だったが、最近では、デジタルカメラを駆使してパソコンで
伝送するというシステムが一般化している。

このような製作過程の技術革新は、雑誌界にも及んでいる。

Ⅳ　20世紀の新しいメディア

　人類にとって長い間、多数を対象にする伝達手法は、文字（活字）媒体、つまり雑誌・新聞が主流であったが、20世紀に入ると新しく音と視覚に訴える動くメディアが現れ、人間の感覚、社会行動を一変した。遠隔地のできごとが、いながらにして見聞きできるという現象など、20世紀初頭の人々にとっては、想像もつかぬことであったろう。

　映像によるメディアの始まりは、19世紀の終わりに出現した映画（活動写真）である。初期は珍しい見世物に過ぎなかった映画が、20世紀になると娯楽のみならず、ニュース、記録映画として、テレビが登場するまで、報道の重要な一翼を担うに至った。次いで現れたのが放送である。第一次世界大戦終了の頃から各国に出現したラジオは、第二次大戦を経て、速報手段として普及するとともに、政治的、軍事的、社会的に人々の生活に大きな影響を及ぼすことになった。第二次世界大戦（1939—45年）の頃に現れたのがテレビで、20世紀後半には世界の隅々にまで広まり、人々の態度、日常の生活に大きな変化をもたらしただけでなく、政治体制や社会体制の変革を促す起爆剤の作用を示すに至った。

　この音と映像の伝達手段・スピードの変化というのが、20世紀の大きな特徴のひとつで、電話の普及と機能の変化（携帯電話やファックスなど）、有線・無線通信、海底電線などの発達から衛星通信に至るまで、通信技術は急速な進歩を遂げた。この動きは20世紀末になって一層加速した。新聞界では、インターネットの普及に伴う取材、報道態勢の変化がある。1998年2月に開かれた「長野冬季オリンピック」の報道では、全国紙はインターネットとカラーコピー機を活用して、競技結果の速報号外を発行し、地元の『信濃毎日新聞』は、インターネットのホームページに記事、写真をいち早く掲載して好評を博した。新聞各社がインターネット上にホームページを開いたのは1995年からだが、98年10月現在、主要新聞・通信社のうち、71社が81のホームページを開設し、情報を提供している。

　放送界でも21世紀になると、大きな変化が予想される。ひとつは放送衛

星（ＢＳ）、通信衛星（ＣＳ）を使った衛星放送で、これまでの地上波放送と違い、全国一律に電波が到達するため、民間放送におけるキー（基幹）局、系列局の放送秩序に当然変化が起こるし、特に地方局にとって問題は深刻になると考えられる。もうひとつは、放送のデジタル化である。デジタル放送は、現在のアナログ方式より格段に多くのチャンネルがとれるため、100を超えるチャンネル数の放送がすでに現れている。多メディア・多チャンネル時代の到来だが、そこで出てくるのが番組内容（コンテンツ）の問題である。米国では現在、ハリウッドの映画産業が大きな力を発揮しているが、これはテレビ用映画の製作・供給能力が高く評価されているからである。日本でも映画産業は、テレビに押され、斜陽化して久しいが、再び日の目を見る可能性がないとはいえない。メディアの盛衰は、新しい技術の展開にかかっているといえよう。

V　マス・メディア研究をふりかえって

現在、見られるようなマス・メディア研究は、日本では第二次大戦後に始まった、といってよいが、ジャーナリズムを対象にする研究は、戦前にもあった。そもそも新聞研究は、17世紀から18世紀頃ドイツに始まったといわれるが、その理由は、時の権力者（専制君主、僧侶など）が、大衆にニュースを与えることの不安から、ニュースに対する好奇心の分析、新聞を読んだ結果についての分析が始まったという。

米国における新聞教育の始まりとして有名なのは、南北戦争（1861―65年）に南軍の総司令官を務めたロバート・リー将軍（Robert E. Lee 1807-70）が戦後、総長となったワシントン大学（バージニア州レキシントン）で、印刷および新聞製作の実習の教育を始めたことだが、1908年にはウォルター・ウィリアムズ（Walter Williams）の努力によってアメリカ初のジャーナリズム学部が、ミズーリ大学に誕生した。さらに新聞で巨額の富を築いたピュリッツァー（Joseph Pulitzer 1847-1911）の寄付でコロンビア大学（ニューヨーク）に1912年、新聞学部が創設されたが、いずれも優秀な記者の養成が大事なことを痛感した現れともいわれる。

日本における最初の『新聞学』と題する著書は、1899年に松本君平が博

文館から出版した本で、これは欧米の新聞事情を例にとり、新聞社の組織、活動、記者の養成を紹介したものであった。20世紀に入り、紙面製作などに米国式のスタイルが取り入れられてくると、1915年に、ウィスコンシン大学ドレーヤー教授の「新聞の書き方と編集法」を骨子に、日本の新聞事情を加味した小野瀬不二人の訳著『最新実際新聞学』が出る。同年にはまた杉村広太郎の『最近新聞紙学』が出たが、この本は、内容の新鮮さ、普遍性などにおいて、今日でも立派に通用する水準の本である。この系列に属するものとして、戦前のジャーナリズム論の集大成ともいえるのが、1930—31年に刊行された『綜合ヂャーナリズム講座』全12巻（内外社）である。

　本格的な新聞研究は小野秀雄によって始まった。『東京日日新聞』記者であった小野秀雄は、1922年に毎日新聞社から、記念出版として『日本新聞発達史』を刊行したのを機に研究生活に入り、欧米を回ってドイツの新聞学者カール・ビュッヒャー（Karl Buecher 1847-1930　経済学者、ライプチヒ大学に新聞学研究所を創設）などに新聞学を学び、帰国後、1929年、東京帝国大学に設置された新聞研究室で、新聞研究を開始した。1932年、小野の構想により上智大学専門部に新聞科が設置され、新聞学の教育が始まったが、戦争に突入したため、戦前の新聞研究・教育は、宣伝研究など国策の要請による一部の研究を除いて、それ以上には広がらなかった。

　第二次大戦後、米軍の占領政策もあったが、新聞教育は大学をはじめ各界に普及し、同時にアメリカのマス・コミュニケーション研究の成果が輸入され、日本のマス・コミュニケーション研究は飛躍的に進展した。研究者も増え、1951年には、米国、ドイツに次いで世界で3番目の研究者団体「日本新聞学会」が誕生、日本のマス・コミュニケーション研究を推進してきた。前述したようにこののち、日本のメディア状況は大きな発展と変化を遂げるが、マス・コミュニケーション研究は、メディアの現場と理論研究者の相互の協力のもとに発展してきた。これらの研究の流れは、第1章第4節に記述されているので、参照していただきたいが、研究の領域が拡大してきたのは疑えない。この分野の研究を直接カバーする学会を見ただけでも、日本マス・コミュニケーション学会（日本新聞学会が改名）、情報通信学会、日本出版学会、日本広告学会、日本選挙学会ほか、数多くある。マス・コミュニケ

第9章　マス・メディアと現代社会——過去・現在・未来へ　255

ーションに関するアプローチは法学、政治学、経済・商学、教育学、社会学、心理学、歴史学、地理学から文字・文章、時には視覚など医学的な面にも及ぶ。

　総合科学としてのマス・コミュニケーション研究は、今後どのように発展するか、課題は多く、人々の興味を引く分野である。

引用文献

E. Emery and M. Emery: The Press and America (4th edition), Prentice-Hall, Inc. 1978. p. 63

参考文献

第1章

第1節

池上嘉彦『記号論への招待』（岩波書店、1984年）

藤竹暁『メディアになった人間——情報と大衆現象のしくみ』（中央経済社、1987年）

ブーアスティン，D. J.／星野郁美＝後藤和彦訳『幻影の時代』（東京創元社、1974年）

ベンヤミン，W.／高木久雄＝高原宏平訳『複製技術時代の芸術作品』（晶文社、1970年）

リップマン，W.／掛川トミ子訳『世論　上・下』（岩波書店、1987年）

第2節

甘利璋八『「ニュース・ペーパー」上陸す』（新人物往来社、1987年）

稲葉三千男『コミュニケーション発達史』（創風社、1989年）

大輪盛登『メディア伝説——活字を生きた人びと』（時事通信社、1982年）

オング，W. J.／桜井直文＝林正寛＝糟谷啓介訳『声の文化と文字の文化』（藤原書店、1982年）

カルヴェ，ルイ＝ジャン／矢島文夫監訳『文字の世界史』（河出書房新社、1998年）

香内三郎『活字文化の誕生』（晶文社、1982年）

香内三郎＝山本武利ほか『現代メディア論』（新曜社、1987年）

樺山紘一『情報の文化史』（朝日選書、1988年）

クローリー，デイヴィッドほか編／林進＝大久保公雄訳『歴史のなかのコミュニケーション　メディア革命の社会文化史』（新曜社、2002年）

佐藤卓巳『現代メディア史』（岩波書店、1998年）

庄司淺水『本の五千年史』（東京書籍、1989年）

高柳健次郎『テレビ事始——イの字が映った日』（有斐閣、1986年）

竹山昭子『ラジオの時代　ラジオは茶の間の主役だった』（世界思想社、2002年）

鶴見俊輔＝粉川哲夫編『コミュニケーション事典』（平凡社、1988年）

中川邦昭『カメラ・オブスキュラの時代』（ちくま学芸文庫、2001年）

中西秀彦『活字が消えた日』（晶文社、1994年）

永嶺重敏『雑誌と読者の近代』（日本エディタースクール出版部、1997 年）

永嶺重敏『モダン都市の読書空間』（日本エディタースクール出版部、2001 年）

永嶺重敏『"読書国民"の誕生——明治 30 年代の活字メディアと読書文化』（日本エディタースクール出版部、2004 年）

広瀬秀雄＝矢牧健太郎『図説映像トリック——遊びの百科全書』（河出書房新社、2002 年）

マクルーハン，M.／栗原裕＝川本仲聖訳『メディア論——人間拡張の諸相』（みすず書房、1987 年）

水越伸『メディアの生成　アメリカ・ラジオの動態史』（同文館、1993 年）

ロジャーズ，E.M.／安田寿明訳『コミュニケーションの科学——マルチメディア社会の基礎理論』（共立出版、1992 年）

山本武利『新聞記者の誕生』（新曜社、1990 年）

第 3 節

イニス，ハロルド・アダムズ／久保秀幹訳『メディアの文明史——コミュニケーションの傾向性とその循環』（新曜社、1987 年）

大谷和利『iPod をつくった男——スティーブ・ジョブズの現場介入型ビジネス』アスキー新書 048（アスキー、2008 年）

神田敏晶『YouTube 革命——テレビ業界を震撼させる「動画共有」ビジネスのゆくえ』（ソフトバンククリエイティブ、2006 年）

小寺信義『USTREAM がメディアを変える』ちくま新書 874（筑摩書房、2010年）

佐々木敏尚『電子書籍の衝撃』（ディスカヴァー・トゥエンティワン、2010 年）

西垣通『集合知とは何か——ネット時代の「知」のゆくえ』中公新書 203（中央公論社、2013 年）

第 4 節

児島和人『マス・コミュニケーションの受容理論の展開』（東京大学出版会、1993 年）

竹下俊郎『メディアの議題設定機能——マスコミ効果研究における理論と実証』（学文社、1998 年）

田崎篤郎＝児島和人『マス・コミュニケーション効果研究の展開』（北樹出版、1992 年）

田中伯知『コミュニケーションと情報』（芦書房、1996 年）

デニス，E.＝E.ウォーテラ／伊達康博ほか訳『アメリカ–コミュニケーション研究の源流』（春風社、2005 年）

広井脩「アメリカ初期プロパガンダ研究と亡命社会科学者」『新聞学評論』27 号
　（1978 年）92—107 頁

第 2 章
第 1 節
アイゼンスタイン，E．L．／別宮訳『印刷革命』（みすず書房、1987 年）

伊藤明己『メディアとコミュニケーションの文化史』（世界思想社、2014 年）

イニス，H．A．／久保訳『メディアの文化史』（新曜社、1987 年）

稲葉三千男『コミュニケーション発達史』（創風社、1989 年）

倉田保雄『ニュースの商人ロイター』（新潮社、1987 年）

クローリー，D．＝ヘイヤー，P．編／林進＝大久保公雄訳『歴史のなかのコミュ
　ニケーション』（新曜社、1995 年）

白根孝之『ヒューマン・コミュニケーション』（以文社、1976 年）

スミス，A．／仙名紀訳『ザ・ニュースペーパー』（筑摩書房、1988 年）

ホグベン，L．／南博ほか訳『コミュニケーションの歴史』（岩波文庫、1973 年）

マーチン，J．／後藤和彦訳『テレコム』（日本ブリタニカ、1980 年）

吉見俊哉＝水越伸『メディア論』（放送大学教育振興会、1997 年）

『コミュニケーション史』（講座・コミュニケーション、研究社、1973 年）

『コミュニケーション思想史』（講座・コミュニケーション、研究社、1973 年）

第 2 〜 4 節
毎日新聞社編『明治ニュース事典』（毎日新聞社、1983—86 年）

毎日新聞社編『大正ニュース事典』（毎日新聞社、1986—89 年）

『明治初期新聞全集』全 64 巻（ぺりかん社、1986—97 年）

日本新聞協会『別冊新聞研究　聴き取りでつづる新聞史』No.1〜34（1975—98
　年）

朝日新聞「新聞と戦争」取材班『新聞と戦争』（朝日新聞社、2008 年）

朝日新聞「検証・昭和報道」取材班『新聞と「昭和」』（朝日新聞社、2010 年）

石井寛治『情報・通信の社会史——近代日本史の情報化と市場化』（有斐閣、
　1994 年）

井出孫六『抵抗の新聞人　桐生悠々』（岩波新書、1980 年）

鵜飼新一『朝野新聞の研究』（みすず書房、1985 年）

内川芳美＝新井直之『日本のジャーナリズム』（有斐閣、1983 年）

小野秀雄『新聞研究五十年』（毎日新聞社、1971 年）

鈴木秀三郎『新版本邦新聞の起原』（復刻版、ぺりかん社、1987 年）

竹山昭子『ラジオの時代』（世界思想社、2002 年）

田中浩編『近代日本のジャーナリスト』（御茶の水書房、1987 年）

田中浩編『長谷川如是閑——人・時代・思想と著作目録』（中央大学出版部、1985 年）

土屋礼子編著『近代日本メディア人物誌——創始者・経営者（編）』（2009 年）

西田長壽『日本ジャーナリズム史研究』（みすず書房，1989 年）

前坂俊郎『兵は凶器なり——戦争と新聞 1926—1935』（社会思想社、1989 年）

前坂俊郎『言論死して国ついに亡ぶ——戦争と新聞 1936—1945』（社会思想社、1991 年）

津金沢聰廣『近代日本のメディア・イベント』（同文舘、1996 年）

ナイトリー，フィリップ／芳地昌三訳『戦争報道の内幕』（時事通信社、1987 年）

春原昭彦『日本新聞通史　三訂版』（新泉社、1990 年）

第 5 節

朝日新聞取材班『戦後五〇年　メディアの検証』（三一書房、1996 年）

朝日放送編『検証　戦後放送』（朝日放送、1996 年）

新井直之『メディアの昭和史』（岩波ブックレット、1989 年）

佐藤卓己『八月十五日の神話——終戦記念日のメディア学』（ちくま新書、2005 年）

高桑幸吉『マッカーサーの新聞検閲：掲載禁止・削除になった新聞記事』（読売新聞社、1984 年）

松本三之介＝山室信一『言論とメディア』（日本近代思想体系 11、岩波書店、1990 年）

藪下彰治郎＝刀祢館正之『言論　20 世紀の軌跡』（朝日新聞社、1986 年）

第 6 節

新井直之『戦後ジャーナリズムの断面』（双柿社、1984 年）

桂敬一『現代の新聞』（岩波新書、1990 年）

児島和人＝橋元良明編著『変わるメディア社会生活』（ミネルヴァ書房、1996 年）

田中義久＝小川文弥編『テレビと日本人「テレビ 50 年」と生活・文化・意識』（法政大学出版局、2005 年）

原寿雄『ジャーナリズムの思想』（岩波新書、1997 年）

藤竹暁『マスメディアと現代』（放送大学教育振興会、1992 年）

松田浩『ＮＨＫ』（岩波新書、2005 年／新版、2014 年）

メディア総合研究所編『放送中止事件50年──テレビは何を伝えることを拒んだか』（メディア総合研究所、2005年）

第7節

天野勝文＝橋場義之編著『新現場から見た新聞学』（学文社、2008年）

津金沢聰廣＝武市英雄＝渡辺武達（編集企画）『叢書　現代のメディアとジャーナリズム』（全8巻、ミネルヴァ書房、2003〜2010年）

関谷直也『風評被害──そのメカニズムを考える』（光文社新書、2011年）

渡辺武達＝田口哲也＝吉澤健吉編『メディア学の現在〔新訂第2版〕』（世界思想社、2015年）

第3章

第1節

リップマン，ウォルター／掛川トミ子訳『世論(上)(下)』（岩波文庫、1987年）

マクルーハン，マーシャル／後藤和彦＝高儀進訳『人間拡張の原理』（竹内書店新社、1967年）

清水英夫ほか『マス・コミュニケーション概論』（学陽書房、1997年）

田村穣生＝鶴木眞編『メディアと情報のマトリックス』（弘文堂、1995年）

第2節

新聞整理研究会編『新聞整理の研究〔初版〕』（日本新聞協会、1966年）

杉村楚人冠『最近新聞紙学〔復刻版〕』（中央大学出版部、1970年）

シュラム，ウィルバー編／学習院大学社会学研究室訳『マス・コミュニケーション』（創元新社、1968年）

関一雄『新聞ニュースの研究』（厚生閣、1933年）

島崎憲一『現代新聞の原理──ニュース加工論』（弘文堂、1968年）

第3節

原田棟一郎『新聞道』（大阪出版社、1927年）

大内兵衛ほか編『長谷川如是閑選集』（栗田出版会、1970年）

戸坂潤『戸坂潤全集』（勁草書房、1968年）

笠信太郎『事実を視る』（講談社、1968年）

笠信太郎『笠信太郎全集』（朝日新聞社、1969年）

臼井吉見編『マスコミの課題』（筑摩書房、1967年）

小林信司『新聞の行動原理』（毎日新聞社、1971年）

立花隆『ジャーナリズムを考える旅』（文藝春秋、1978年）

新聞報道研究会『いま新聞を考える』（日本新聞協会研究所、1995年）

田村紀雄＝林利隆編『ジャーナリズムを学ぶ人のために』（世界思想社、1993年）

稲葉三千男ほか編著『新聞学〔第3版〕』（日本評論社、1995年）

第4節

シュラム，ウィルバーほか／内川芳美訳『マス・コミの自由に関する四理論』（東京創元社、1959年）

武市英雄『日米新聞史話』（福武書店、1984年）

橋本正邦『新訂・アメリカの新聞』（日本新聞協会、1988年）

田勢康弘『政治ジャーナリズムの罪と罰』（新潮社、1994年）

川崎泰資『ＮＨＫと政治』（朝日新聞社、1997年）

竹山昭子『戦争と放送』（社会思想社、1994年）

第5節

読売新聞社『新・書かれる立場、書く立場』（読売新聞社、1995年）

清水英夫『マス・メディアの自由と責任』（三省堂、1993年）

清水英夫『言論法研究』（学陽書房、1979年）

清水英夫『法とマス・コミュニケーション』（社会思想社、1970年）

新聞編集関係法制研究会編『法と新聞』（日本新聞協会、1972年）

川中康弘『新聞の自由と責任』（南窓社、1972年）

清水英夫『心なき記事』（山手書房、1980年）

清水英夫『情報の倫理学』（筑摩書房、1985年）

清水英夫『マスコミの倫理学』（三省堂、1990年）

前沢猛『マスコミ報道の責任』（三省堂、1985年）

村上孝止『プライバシー vs マスメディア』（学陽書房、1996年）

清水英夫『テレビと権力』（三省堂、1995年）

朝日新聞社会部編『被告席のメディア』（朝日新聞社、1994年）

東京弁護士会編『取材される側の権利』（日本評論社、1990年）

山川洋一郎＝山田卓生編『有名人とプライバシー』（有斐閣、1987年）

第6節

川中康弘『現代コミュニケーション』（ヴェリタス出版社、1971年）

第4章

第1節

シーバート，Ｆ.Ｓ.ほか／内川芳美訳『マス・コミの自由に関する四理論』（東京創元社、1971年）

シラー，H. I.／斎藤文男訳『世論操作』（青木書店、1979 年）

第 2 節

ウエーバー，マックス／世良晃男訳『支配の諸類型』（岩波書店、1970 年）

カーツァー，デビット／小池和子訳『儀式・政治・権力』（勁草書房、1989 年）

ゲルナー，アーネスト／加藤節監訳『民族とナショナリズム』（岩波書店、2000 年）

サイード，エドワード・W.／中野真紀子＝早尾貴紀訳『戦争とプロパガンダ』（みすず書房、2002 年）

サイード，エドワード・W.／浅井信雄＝岡真理＝佐藤成文訳『イスラム報道』（みすず書房、2003 年）

佐藤卓巳『大衆宣伝の神話』（弘文堂、1992 年）

里見脩『姿なき敵——プロパガンダの研究』（イプシロン出版企画、2005 年）

シャイラー，ウィリアム／井上勇訳『第三帝国の興亡——ナチ・ドイツの滅亡』（東京創元社、1960 年）

サイード，エドワード／白石隆＝白石さや訳『想像の共同体——ナショナリズムの起源と流行』（リブロポート、1987 年）

瀬川裕司『ナチ娯楽映画の世界』（平凡社、2000 年）

高田博行『ヒトラー演説』中公新書 2272（中央公論新社、2014 年）

バーネイズ，エドワード／中田安彦訳『プロパガンダ［新版］』（成申書房、2010 年）

平井正『20 世紀の権力とメディア——ナチ・統制・プロパガンダ』（雄山閣、1995 年）

ベイトソン，グレゴリー／宇波彰＝平井正訳『大衆プロパガンダ映画の誕生』（御茶の水書房、1986 年）

広田厚司『ゲッベルスとナチ宣伝戦』（潮書房光人社、2015 年）

マクナブ，クリス／松尾恭子訳『図表と地図で知るヒトラー政権下のドイツ』（原書房、2011 年）

マンヴェル，ロジャー＝フレンケル，ハインリヒ／樽井近義＝佐原進訳『第三帝国と宣伝——ゲッベルスの生涯』（東京創元社、1976 年）

南博『体系　社会心理学』（光文社、1974 年）

モレリ，アンヌ／永田千奈訳『プロパガンダ 10 の法則』（草思社、2002 年）

山本武利『ブラック・プロパガンダ——謀略のラジオ』（岩波書店、2002 年）

第 3 節

キャントリル，H.／斎藤耕二＝菊池章夫訳（川島書店、1971 年）

ホブランド，C．I．ほか／辻正三＝今井省吾訳『コミュニケーションと説得』
　　（誠信書房、1960 年）

マートン，ロバート・K．／柳井道夫訳『大衆説得』（桜楓社、1970 年）

山田實『マス・コミュニケーション研究への招待』（芦書房、1988 年）

第 5 章

アイゼンク，H．J．＝ナイアス，D．K．B．／岩脇三良訳『性・暴力・メディ
　　ア』（新曜社、1982 年）

青池慎一『イノベーションの普及論』（慶応義塾大学出版会、2007 年）

アリエス，フィリップ／杉山光信＝杉山恵美子訳『子どもの誕生』（みすず書房、
　　1980 年）

カッツ，E．＝ラザースフェルド，P．F．／竹内郁郎訳『パーソナル・インフル
　　エンス——オピニオン・リーダーと人びとの意思決定』（培風館、1965 年）

クラッパー，J．T．／NHK放送学研究室訳『マス・コミュニケーションの効
　　果』（日本放送出版協会、1966 年）

子安増生＝山田冨美雄『ニューメディア時代の子どもたち』（有斐閣、1994 年）

斎藤賢治『子育てテレビ——テレビを見ながら大きくなると』（金子書房、1986
　　年）

佐藤毅『マスコミの受容理論』（法政大学出版局、1993 年）

佐々木輝美『メディアと暴力』（勁草書房、1996 年）

白水繁彦『イノベーション社会学——普及論の概念と応用』（御茶ノ水書房、
　　2011 年）

竹内郁郎『マス・コミュニケーションの社会理論』（東京大学出版会、1990 年）

ホヴランド，C．L．＝ジャニス，I．L．＝ケリー，H．H．／辻正三＝今井省吾訳
　　『コミュニケーションと説得』（誠心書房、1960 年）

ポストマン，ニール／小柴一訳『子どもはもういない——教育と文化への警告』
　　（新樹社、1985 年）

無藤隆編『テレビと子どもの発達』（東京大学出版会、1987 年）

ラザースフェルド，P．F．ほか『ピープルズ・チョイス——アメリカと大統領選
　　挙』（芦書房、1987 年）

ロジャーズ，エベレット／三藤利雄訳『イノベーションの普及』（翔泳社、2007
　　年）

参考文献　265

第6章

岡田直行＝佐藤卓巳＝西平重喜＝宮武実知子『輿論研究と世論調査』（新曜社、2007年）

安野智子『重層的な世論形成過程──メディア・ネットワーク・公共性』（東京大学出版会、2006年）

佐藤卓己『輿論（よろん）と世論（せろん）　日本的民意の系譜学』（新潮社、2008年）

高橋徹『世論』（有斐閣、1960年）

竹下俊郎『増補版　メディアの議題設定機能　マスコミ効果研究における理論の実証』（学文社、2008年）

ノエル－ノイマン，E.／池田謙一＝安野智子訳『改訂復刻版　沈黙の螺旋理論　世論形成過程の社会心理学』（北大路書房、2013年）

南博『体系　社会心理学』（光文社、1957年）

リースマン，ディヴィッド／加藤秀俊訳『孤独な群衆』（みすず書房、1964年）

第7章

第1節

赤澤史郎＝北河賢三編『文化とファシズム』（日本経済評論社、1993年）

荒俣宏『開化異国助っ人奮戦記』（小学館、1991年）

有山輝雄『甲子園野球と日本人──メディアの作ったイベント』（吉川弘文館、1997年）

有山輝雄『占領期メディア史研究──自由と統制』（柏書房、1996年）

乾直明『外国テレビフィルム盛衰史』（晶文社、1990年）

猪木武徳『学校と工場──日本の人的資源』（読売新聞社、1996年）

小成隆俊『日本欧米比較情報文化年表』（雄山閣、1998年）

小田光雄『〈郊外〉の誕生と死』（青弓社、1997年）

川崎賢一『情報社会と現代日本文化』（東京大学出版会、1994年）

黒田勇『ラジオ体操の誕生』（青弓社、1999年）

佐藤毅『日本のメディアと社会心理』（新曜社、1995年）

ダヤーン，D.＝カッツ，E.／浅見克彦訳『メディア・イベント──歴史をつくるメディア・セレモニー』（青弓社、1996年）

津金澤聰廣編著『近代日本のメディア・イベント』（同文館、1996年）

津金澤聰廣『現代日本のメディア史の研究』（ミネルヴァ書房、1998年）

ドーア，R.P.／松居弘道訳『江戸時代の教育』（岩波書店、1970年）

平野共余子『天皇と接吻——アメリカ占領下の日本映画検閲』（草思社、1998年）

ＮＨＫ放送文化研究所監修『放送の 20 世紀——ラジオからテレビ、そして多メディアへ』（ＮＨＫ出版、2002 年）

三浦展『「家族と郊外」の社会学』（ＰＨＰ研究所、1995 年）

山本武利『新聞記者の誕生——日本のメディアをつくった人びと』（新曜社、1990 年）

ヤング，Ｌ．／加藤陽子ほか訳『総動員帝国：満州と戦時帝国主義の文化』（岩波書店、2001 年）

第 2 節

天野勝文＝松岡由綺雄＝村上孝止編『現場からみたマスコミ学』（学文社、1994年）

伊従寛『出版再版——書籍・雑誌・新聞の将来は？』（講談社、1996 年）

兼山錦二『映画界に進路を取れ』（シナジー幾何学、1997 年）

川本三郎『映画の昭和雑貨店』（小学館、1994 年）

佐々木俊尚『電子書籍の衝撃』（ディスカヴァー・トゥエンティワン、2010 年）

出版ニュース社編『出版データブック』（出版ニュース社、1997 年）

田村穣生「放送メディア」香内三郎ほか『メディアの現在形』（新曜社、1993年）

田村穣生＝鶴木眞編『メディアと情報のマトリックス』（弘文堂、1997 年）

電通総研編『情報メディア白書 2015』（ダイヤモンド社、2015 年）

日本民間放送連盟『放送ハンドブック』（東洋経済新報社、1997 年）

藤竹暁『図説日本のメディア』（ＮＨＫ出版、2012 年）

ホール，アイヴァン／鈴木主税訳『知の鎖国』（毎日新聞社、1998 年）

第 8 章

ドルフマン，アリエル＝マトゥラール，アルマン／山崎カヲル訳『ドナルドダックを読む』（晶文社、1984 年）

有山輝雄『情報覇権と帝国日本Ⅰ：海底ケーブルと通信社の誕生』（吉川弘文館、2013 年）

有山輝雄『情報覇権と帝国日本Ⅱ：通信技術の拡大と情報戦』（吉川弘文館、2013 年）

木村昌人＝田所昌雪『外国人特派員』（ＮＨＫブックス、1998 年）

スクレアー，Ｌ．／野沢慎司訳『グローバル・システムの社会学』（玉川大学出版

部、1995 年）

東京経済大学大学院コミュニケーション学研究科編『日本の国際情報発信』（芙蓉書房出版、2004 年）

東京経済大学国際メディア・コミュニケーション研究所『日本発国際ニュースに関する研究』（財団法人 新聞通信調査会、2008 年）

トムリンソン，ジョン／片岡信訳『文化帝国主義』（青土社、1993 年）

萩原滋『テレビニュースの世界像　外国関連報道が構築するリアリティ』（勁草書房、2007 年）

バグディキアン，ベン・H／藤竹暁訳『メディアの支配者――米マスコミを独占する 500 の企業』（光文社、1985 年）

フレデリック，ハワード・H.／川端末人＝武市英雄＝小林登志夫訳『グローバル・コミュニケーション　世界秩序を迎えたメディアの挑戦』（松柏社、1996年）

門奈直樹「グローバル・メディアと文化帝国主義」井上俊ほか編『岩波講座現代社会学 22　メディアと情報化の社会学』（岩波書店、1996 年）

ユネスコ／永井道雄訳『多くの声、一つの世界』（日本放送協会、1980 年）

吉田文彦『データが語るメディアの国際報道』（東海大学出版部、2014 年）

第 9 章

天野勝文ほか編『岐路に立つ日本のジャーナリズム』（日本評論社、1996 年）

佐藤卓己『現代メディア史』（岩波書店、1998 年）

川崎泰資＝柴田鉄治『ジャーナリズムの原点』（岩波書店、1996 年）

山本博『追及』（悠飛社、1990 年）

渡辺光一『テレビ国際報道』（岩波書店、1992 年）

竹内郁郎『マス・コミュニケーションの社会理論』（東京大学出版会、1990 年）

岡田直之『マスコミ研究の視座と課題』（東京大学出版会、1992 年）

内川芳美『マス・メディア法政策史研究』（有斐閣、1989 年）

吉見俊哉＝若林幹夫＝水越伸『メディアとしての電話』（弘文堂、1992 年）

水越伸『メディアの生成』（同文館、1993 年）

●執筆者紹介（＊印は編者）

＊**春原昭彦**（はるはら・あきひこ）第9章担当
　　上智大学名誉教授

＊**武市英雄**（たけいち・ひでお）第3章担当
　　上智大学名誉教授

鈴木雄雅（すずき・ゆうが）第2章担当
　　上智大学文学部新聞学科教授

長谷川倫子（はせがわ・ともこ）第1章、第4章～第8章担当
　　東京経済大学コミュニケーション学部教授

ゼミナール　日本のマス・メディア［第3版］

1998年12月20日　第1版第1刷発行
2004年5月10日　第2版第1刷発行
2016年4月15日　第3版第1刷発行
編　者／春原昭彦・武市英雄
発行者／串崎　浩
発行所／株式会社 日本評論社
　　　　東京都豊島区南大塚3-12-4　郵便番号170-8474
　　　　電話　03-3987-8621（販売）　3987-8631（編集）
　　　　振替　00100-3-16　　http://www.nippyo.co.jp/
印刷／株式会社 平文社　　製本／井上製本所　　装幀／神田程史

JCOPY 〈（社）出版者著作権管理機構　委託出版物〉
本書の無断複写は著作権法上での例外を除き禁じられています。複写される場合は、そのつど事前に、（社）出版者著作権管理機構（電話 03-3513-6969、FAX 03-3513-6979、e-mail: info@jcopy.or.jp）の許諾を得てください。また、本書を代行業者等の第三者に依頼してスキャニング等の行為によりデジタル化することは、個人の家庭内の利用であっても、一切認められておりません。
© A. Haruhara, H. Takeichi　2016　Printed in Japan.
ISBN 978-4-535-52148-3

逐条解説 特定秘密保護法

青井未帆・斉藤豊治・清水 勉・田島泰彦・晴山一穂・三宅 弘・村井敏邦[著]

2014年12月に施行された特定秘密保護法を、批判の先頭に立つ法学者・弁護士が徹底的に検証する。批判的解説書の決定版。　　　　　　　◆本体3,900円+税

マス・メディア法入門[第5版]

松井茂記[著]

マス・メディア法についての定評ある学習書。国家秘密と情報公開、インターネットをめぐる問題など、新事例を大幅に追加。　　　　　　　◆本体2,800円+税

秘密保全法批判 脅かされる知る権利

田島泰彦・清水 勉[編]

国家が情報を過度に管理し、市民の知る権利を阻む秘密保全法。弁護士・研究者達が徹底的に批判検証する。　　　　　　　◆本体2,500円+税

表現の自由とメディア 田島泰彦[編著]

NHK番組改変事件で明るみに出たように、メディアの自己規制、事実上の検閲は表現の自由に背馳するかたちで深刻化している。ネット化が進むなかで、市民のアクセス、公平原則、反論権、取材源秘匿等を位置づけながら、メディアが社会的責任を果たす方途を探求する。◆本体4,300円+税

ソーシャルメディア時代の個人情報保護Q&A 第二東京弁護士会[編]

新しいITサービスを提供する企業が、個人情報保護のために気をつけることは何か？　企業の相談に弁護士が答える形で明快に解説。　　　　　　　◆本体2,700円+税

記者ときどき学者の憲法論

山田隆司[著]　　　　　　　　　　　　　〈法セミ LAW CLASSシリーズ〉

憲法学者であり新聞記者であった著者が、二つのプロフェッショナルの観点から、表現の自由を中心とした憲法論を分かりやすく説く。　　　　　　　◆本体1,900円+税

出版メディア入門[第2版]

川井良介[編]

電子化の激流に晒されている出版・編集の現況を整理し、その課題を平易に解き明かす。好評を博した標準的テキストの新版。　　　　　　　◆本体2,700円+税

日本評論社
http://www.nippyo.co.jp/